Dieses Buch ist nach bestem Wissen und Gewissen entstanden. Alle hier angegebenen Nutzungsweisen sind Möglichkeiten, die ich Ihnen als Autorin aufzeige.

SIE entscheiden stets für sich selbst.

Bitte achten Sie auf Ihre persönlichen eigenen Verträglichkeiten bei allen Rezepten und Anwendungen. Die Autorin übernimmt keinerlei Haftung für Schäden jedweder Art, die aus den direkten oder indirekten Anwendungen aus diesem Buch entstehen.

Dieses Handbuch ersetzt keinen Arzt

AF139562

1

Energiestraßen

Rituale in Natur und Resonanz

Überarbeitete Korrigierte 2 Auflage Juli 2015
Sprache Deutsch

Impressum
Titel und Coverbilder ©Susanne Redmann
Texte soweit nicht anders angegeben
© Susanne Redmann.

Herstellung und Verlag:
BoD - Books on Demand, Norderstedt

ISBN 9 783738 627220

Liebe Leserinnen und Leser,
danke, dass Sie sich für das Buch
„Energiestraßen"
„Rituale in Natur und Resonanz"
entschieden haben.
Ich wünsche Ihnen beim Lesen und Nutzen
des Inhaltes stets viel Liebe und Freude.
Ihre Susanne Redmann

Vorwort
LIEBE ist die größte Magie, die größte Zauberei. Die größte Kraft, die es
im Universum und auf Erden gibt.

Schenken Sie sich selbst Liebe, nehmen sie sich Zeit für sich, denn Sie sind
wichtig. Sie sind das Licht das alles vereint. Behandeln sie sich gut,
behandeln sie ihr Leben als größtes Ereignis und Geschenk, das es gilt zu
hüten, zu schützen und immer wieder
neu in Harmonie zu gestalten.
Nutzen Sie kleine und große Rituale
um Ihr Leben zu bereichern.

Rituale, Lateinisch *rituales* oder den Ritus betreffend, ist eine Durchführung von bestimmten Handlungen und Gesten, die auch mit Worten unterlegt sein können. Es wird oft als ein Zeremoniell, also feierlicher Akt empfunden. Dabei gehen viele nach einer bestimmten Ordnung vor, die vorab festgelegt wurde. Rituale sind bekannt aus dem traditionellen aber auch religiösen Ursprung. Viele von Ihnen verbinden mit dem Wort Ritual bestimmte Gruppen und Anhänger bestimmter Lebensweisen.

In diesem Buch jedoch möchte ich Ihnen Rituale in ihrer natürlichen lichtvollen Urfassung näher bringen. Als eine bewusste Handlung, die Sie in Ihren Alltag integrieren können, ohne dass es alltägliche Routine wird. Als eine Erschaffung Ihrer eigenen Energiestraßen, die sie mit und in Liebe für sich aufbauen können. Stück für Stück werden Sie in diesem Buch erfahren wie Sie in sich Energien aufbauen, aufnehmen und wieder abgeben. Mit jedem Kapitel lernen Sie mehr über Natur und Energien, Zubereitungen, Genuss und Nutzungsweisen.

Inhaltsverzeichnis

7

Kapitel VI

*

Kapitel I

Rituale

Rituale bedeuten Bewusstwerdung meiner Gedanken, meiner Taten, bei jeder energetischen Arbeit. Der rote Faden, den man braucht, um Energiearbeiten liebevoll durchzuführen. Rituale sind der Rahmen, den wir gerne nutzen, um Einweihungen in Energiesysteme zu geben. Rituale ermöglichen uns aus dem Alltag für einen Moment auszusteigen, um uns ganz auf die energetische Übertragung zu konzentrieren. Sie sind das Bewusste erwachen und erleben, dass jetzt etwas Wundervolles geschieht. Dass sich unvergleichliche einzigartige Energien erzeugen lassen. Sie beinhalten den Willen, etwas zu verändern. Rituale sind die Krafthilfen, um Energiewellen gezielt und konzentriert auszusenden.

Rituale benutzen wir fast täglich, ohne uns darüber Gedanken zu machen. Und alles was wir dabei an Energie aussenden, findet irgendwo auf der Erde und im Universum seine Resonanz. Was also liegt näher, als uns Rituale bewusster zu machen, sie bewusster zu erleben, sie bewusster zu praktizieren. Denn was wir bewusst, mit natürlicher Liebe, in Dank, Licht und Respekt für alles Lebende praktizieren, also aussenden, kommt durch die Resonanz auch zu uns zurück.

Ich beschäftige mich seit 36 Jahren mit Ritualen und darf immer wieder erleben, dass ich jede Energie, die ich durch meine liebevollen Rituale aussende, zurück erhalte. Denn durch das Praktizieren von Ritualen öffne ich mich gleichzeitig den Energien, die ich aussende. So werde ich selbst immer wieder ein Resonanzkörper.

Im Laufe von vielen Jahren des Lernens, der persönlichen Erfahrungen und Erlebnisse, erhielt ich immer mehr Einblick und Verständnis für diese kosmischen Gesetze. Und durch Führung der kosmischen Energie ist jetzt die Zeit gekommen, dieses Wissen für Sie aufzuschreiben.

Resonanzwege

Resonanz bedeutet das erzeugen einer Schwingung in einem Körper, und die Reaktion als zurückkommende Welle. Also ruft eine Aktion eine Reaktion hervor. Und mit schlichten Worten beschrieben, wie es aus Ihnen hinausschallt, wenn Sie ihre Stimme ertönen lassen, oder hinaus fließt , wenn Sie ihre Gedanken und Gefühle nutzen, schallt oder fließt es auch zu ihnen zurück. Das Gesetz der Resonanz besteht seid Anbeginn der Zeit und wird immer bestehen. Jedes Wort erzeugt Energie. Jede Tat entfacht eine Welle der Energie, die in beide Richtungen schwingt. Jede Ursache erzeugt eine Wirkung, einen Widerhall.

Die außergewöhnliche Kraft, die im Gesetz der Resonanz liegt, ist eine große Entdeckung für unser Leben. Wenn Ihre Wünsche sich bis jetzt nicht erfüllt haben, wenn Ihre Sehnsucht unerfüllt blieb, wenn

Situationen plötzlich Ihr Leben verändern, auf eine Art, die Sie gar nicht wollten, finden Sie den Schlüssel dafür im Gesetz der Resonanz. Wenn Sie beginnen, das Gesetz der Resonanz zu verstehen, dann möchten Sie es auch nutzen. Wenn Sie das Gesetz der Resonanz als natürliches Geschehen begreifen und für sich nutzen, dann ist in Ihrem Leben alles möglich.

Es heißt, das Energiefeld, das vom Herzen ausgesendet wird, sei 500-mal stärker, als das Energiefeld unserer Gedanken.

Stellen Sie sich nun vor, Sie senden mit Herz und Verstand zur gleichen Zeit, die gleiche Energiewelle. Diese Energie könnte man schon mit einer Megawelle vergleichen.

Ganz egal ob wir es bewusst oder unbewusst tun. Diese Energiewelle zieht nun alle Energien an, die genauso aufgebaut sind, wie diese Energiewelle selbst. Das bedeutet zum Beispiel, die Energiewelle der Liebe fließt zur Energiewelle der Liebe, das Glück zum Glück, die Gesundheit zur Gesundheit, der Frieden zum Frieden und der Reichtum zum Reichtum.

Dies ist sogar wissenschaftlich bewiesen. Es ist ein physikalisches Gesetz. Das Gesetz der Resonanz. Niemand kann dieses Gesetz umgehen. Kein Mensch kann dieses Gesetz austricksen. Stattdessen können wir es für den Aufbau unseres eigenen Lebensweges nutzen. Wir bekommen durch das Gesetz der Resonanz ein kosmisches Geschenk. Denn so haben wir die Möglichkeit, unser Leben ganz bewusst, einzigartig, wunderschön, gesund, glücklich, reich, liebend und lichtvoll zu gestalten, somit selbst zu erschaffen. Was bedeutet dies nun für Rituale die wir durchführen.

Einfach gesagt wir erschaffen uns mit den Ritualen die passende Straße für das Resonanzgesetz. Dafür nutzen wir unsere mentale Gedankenkraft, unsere Emotionen, unsere Sprachfähigkeit und einige Utensilien, die uns energetisch dabei unterstützen und helfen.

Gedankenkraft

Wenn ich hier von Gedankenkraft schreibe, beziehe ich mich auf die Energie unserer Gedanken. Die tatsächliche Stärke und Intensität, mit der wir unsere Gedanken senden. Und da wir alle Menschen sind, die mitten im Alltag stehen, Hunderte von Gedanken durch unseren Kopf fliegen, wir an alles mögliche Denken, Dinge die es noch zu erledigen gilt, helfen uns hier Rituale. Damit wir konzentriert nur die Energiewellen senden, die wir auch beabsichtigen. Es wird sicher schwierig, wenn wir Geschäftserfolg bekommen möchten, und doch ständig an den Abwasch und die viele Arbeit denken. Denn was vermitteln wir dem Universum? Viel Arbeit ist nötig, um geschäftlich erfolgreich zu sein.

War das unsere Absicht? Wir möchten Harmonie in unser Leben ziehen, denken aber dabei an unseren Chef, der gerade schlecht gelaunt ist. Nun beim Universum kommt an: Mit schlechter Laune möchten wir in Harmonie gehen. Bedenken wir dabei noch die Emotionen, die dabei fließen, wird die Welle der Energie sehr stark sein. Wir bekommen diverse Energien zurück, in der schlechte Launen enthalten sind. Sicherlich auch die Energie der Harmonie, doch da diese Energie wahrscheinlich nur mit dem Verstand gesendet wurde, die Erinnerung an den Chef aber verbunden mit Emotion war, wird die schlechte Laune Energie wohl vorherrschend sein. Sie merken selbst, wie konfus das ist.

Deshalb ist es wichtig und sinnvoll, die Wünsche und Ziele, die wir für uns haben, so konzentriert wie möglich auszusenden.

Dabei helfen uns Rituale. Sie bringen uns hinaus aus dem Alltag, uns wird bewusst, dass wir etwas Besonderes tun. Während des Ritualaufbaus kommt unser Geist zunächst zur Ruhe. Haben wir uns gut vorbereitet für unser Ritual, wird es mit dem bündeln und der Konzentration unserer Energien viel leichter. Sind wir beim Aufbau und bei der Durchführung mit unserem ganzen Herzen dabei, lassen wir unsere Liebe und positiven Gedanken dabei fließen, bauen wir schon vorab ein Energiefeld auf, das uns später bei der Ritualdurchführung stärkt.

Und gerade während dieser mentalen Konzentration auf das spätere Ritual senden wir bereits hohe Energiewellen. Und fühlen mitten in den Vorbereitungen eine enorme Stärke, die uns durchfließt. Ein Gefühl der Liebe, die uns umschließt. Herzklopfen in einer großen Freude, die sich in uns ausbreitet. Und spüren die erste Resonanz, durch unsere Liebe die wir ausgesendet haben. Wir fühlen, da ist mehr als nur ein bloßer Gedanke.

Nehmen Sie sich die Zeit dafür, nehmen Sie sich Zeit für ihre gewünschten Veränderungen. Ein Ritual, mit einer Dauer von 5 bis 10

Minuten, kann in seiner Ausdrucksstärke und Energiefülle gleichwohl genauso stark wie ein zwei Stunden Ritual sein. Den Rahmen dafür bauen Sie selbst. Ob Sie sich nun für ein Kerzenritual entscheiden, ein Kräuter Ritual, ein Gebetsritual, ein Kraftritual, ein Wunschritual oder Schutzritual. Immer kommt es auf ihre persönliche innere Wirksamkeit an.

Vertrauen

Den meisten Menschen fällt das bedeutsam schwer, sich selbst und ihrer Wahrnehmung zu vertrauen. Zu schnell hören Sie auf Ihren Verstand, der alles als Einbildung darstellt. Doch gerade hier, bei einem Ritual, darf es die Einbildung geben. Sie ist sogar erwünscht. Denn das in sich hinein bilden können, also erschaffen von Bildern oder Bilderserien, von bestimmten Ereignissen und Geschehnissen, die so werden sollen, wie wir sie in uns hineinbilden, ist eine wundervolle Begabung. Und was tun Sie, wenn sie etwas in sich tief hineinbilden? Sie erschaffen Energiewellen und senden diese aus. Somit wird genau jene Energiekraft, die Sie vorher in sich hineinbildeten und als Energiewelle aussendeten, zu ihnen wieder zurückfließen.
Gerade an dieser Stelle bemerken Sie, wie wichtig Rituale und die Konzentration auf ihre Wünsche bis ins Detail sind.
Sie erinnern sich, wenn sie an den Abwasch oder den Regen denken, wird auch das von Ihnen ausgesendet, und auch genau das fließt in Ihr Leben zurück.

Erschaffen Sie jedoch mittels eines konzentrierten Rituals eine wunderschöne energetisch reich blühende Straße, werden Ihnen auch exakt diese Energien auf dieser Straße begegnen. Denn Sie ziehen diese Energien magnetisch an. Und hier kommt es dann zu Erlebnissen und Ereignissen, bei denen viele alles infrage stellen. Gefühle, Gedanken, und mitunter auch Stimmen sind vorhanden, die wir wahrnehmen und geistig hören. Und nun sehe ich hier schon fast Ihr Stirnrunzeln, höre ihr Dementi.

Doch dass Sie wahrnehmen und hören, bedeutet letztendlich, diese Energiestraßen, die Sie gerade erschufen, werden auch von anderen Energien wie zum Beispiel Lichtwesen genutzt. Und alles was diese Lichtwesen aussenden, fließt über diese Straße auch wieder in Sie hinein. Viele nennen das Channeling. Doch wie man es bezeichnet ist nicht so gravierend. Wichtig ist, dass Sie ihren Wahrnehmungen vertrauen. Das Ihnen bewusst wird, hier geschieht etwas völlig Normales und Wunderbares. Sie sind gerade auf der gleichen Welle wie dieser Engel, dieses Lichtwesen, dieses Krafttier oder diese Glücksenergie, Erfolgsenergie oder Heilenergie. Und genau das ist das Ziel eines Rituals.

Und nun sind wir auch bei den vielen Helfern und Utensilien, die uns mannigfaltig zur Verfügung stehen. Jede dieser Hilfen besitzen ihre eigenen Energien und Schwingungsfrequenzen, die sie uns gerne unterstützend zu unseren eigenen Energien schenken.

In meinem ersten Buch „Tore Wege und Ziele mit Farben Worten und Zahlen" schrieb ich schon über die Frequenzen und Schwingungen. Selbstverständlich gilt dies auch für Rituale. Es gibt viel Unterstützung, die uns beim Aufbau unserer Energiestraßen nützlich ist. Es bleibt immer ein kann. Ihr eigenes Ermessen und Erspüren, ob Sie sich dieser Hilfsmittel bedienen möchten.

*

Kapitel II

Energieaustausch

Der Mensch und jedes Lebewesen ist immer und überall in einem steten Energieaustausch. Den meisten Menschen ist diese Tatsache kaum bewusst. Sie spüren, dass ihnen jemand auf Anhieb sympathisch ist, doch wie und weshalb sie dies spüren, inwiefern sie in der Lage sind diese Energien des anderen aufzunehmen oder selbst Energien auszusenden, wissen oder verstehen manche nicht.

Ich halte es jedoch für absolut wichtig, Kenntnisse über diesen Energieaustausch zu besitzen.

Es mag für einige Leser eine Wiederholung sein, doch bin ich überzeugt, für sehr viele andere ist es eine Möglichkeit sich und den Umgang mit Mensch und Natur viel eher zu begreifen und zu verstehen.

Die Lichtzentren und Energie Straßen unseres Lebens. Wir Menschen besitzen dafür sieben traditionelle Hauptchakren, mehrere Nebenchakren und unsere Aura. Diese Chakren, die begrifflich wörtlich aus dem Sanskrit übersetzt „Räder des Lichts" bedeuten, und unser magnetisches Feld, die Aura, ist Bedingung, um überhaupt Energien mit anderen Lebensformen auszutauschen. Hier in diesen Lichträdern, die sich im Uhrzeigersinn drehen, wird unsere Energie erzeugt. Zu dem nehmen wir in diesen Chakrenrädern Energien auf bzw. geben diese auch ab. Jedes dieser Chakren hat daher bestimmte Funktionen und Aspekte.

Diese Lichträder sind jedoch nicht als materieller fester Körper zu verstehen oder zu sehen.
Es handelt sich hierbei um feinstoffliche ätherische Energiekörper.
Hellsichtige vermögen diese wahrzunehmen, jedoch gibt es heute schon ähnlich der Kilianfotografie der Aura, bild gebende Darstellungen.

Längst wird davon ausgegangen, dass der Mensch 12 solcher Hauptträger besitzt. Zwölf, eine Zahl, die uns seit Menschengedenken begleitet.12 Monate, die ein Jahr ergeben, 12 Sternzeichen, die die Astrologen nutzen. 12 Stunden, die einen Tag oder eine Nacht ergeben. 12 Apostel heißt es in der Bibel, in der Musik sind es 12 Töne. Vom Satz des Pythagoras über 12 Prüfungen des Herakles, bis hin zu den 12 Plätzen der Arthusrunde. Es gäbe eine immense Anzahl von Beispielen. Und so spiegelt sich auch in diesem Buch die Zahl 12 an mancherlei Stelle wieder.

Doch zunächst geht es um die sieben Hauptchakren sowie den Nebenchakren der Hände und Füße. Sehr wichtige Dinge um Energierituale, Energiefluss und deren Resonanz besser zu verstehen.

Alle 7 Hauptchakren in unserem Körper sind mit einem Hauptenergiekanal, der sich an unserer Wirbelsäule entlang vom Steißbein bis zum Haupt befindet, verbunden. Dieser Hauptenergiekanal windet sich im gewissen Sinne wie eine Lichtschlange an der Wirbelsäule entlang. Wenn Sie sich zudem die Chakren ähnlich einer Zahnradkette vorstellen, verstehen Sie die Dynamik und Bewegung dieser Lichträder.

Der feste Stand im Ritual oder der Energiearbeit

Im 1 Chakra, unserer Basis, dass am Steißbein liegt, bilden wir die Fähigkeit zu leben. Doch wird hier ebenfalls das Urvertrauen, Freude, Tatendrang, Lebenslust, unsere Instinkte, und vor allem unsere Erdverbundenheit gebildet. Durch dieses Lichtrad sind wir in der Lage unseren Körper, zudem alle fließende Energie wahrzunehmen. Dieses 1. Chakra, das in der Farbe rubinrot strahlt, ist eng mit unseren Füßen und deren Chakren verbunden. Es ermöglicht uns physisch als auch energetisch stehen zu können. Diese Fußchakren wiederum beinhalten ein Spiegelbild jedes Chakra des Körpers. Und wer von Ihnen die Fußreflexzonentherapie kennt, wird um diesen wundervollen Umstand wissen. Unsere Fußsohlen lassen uns Einblick nehmen in alle Regionen unseres Körpers. So ist es auch verständlich, dass die Erdenergie, die wir gerade über die Fußchakren aufnehmen, unserem gesamten Körper zugute kommt. Das sogenannte Erden, einer der wichtigsten Aspekte der Energiearbeit, besitzt hier seinen Ursprung.

Dreht sich nun dieses Basischakra, und das tut es, sowie wir geboren wurden, erzeugt es einen Energiestrom von positiver Polarität, und gibt diese erzeugte Energie ab.

Gleichzeitig jedoch kann dieses Chakra über Energiebahnen auch Energien aus der Erde aufnehmen. Es ist also ein abgebendes und aufnehmendes Chakra. Ist dieses Chakra jedoch nicht in Harmonie, wirkt sich dies auf alle Chakren im Körper aus. Erinnern sie sich an die Zahnräder, funktioniert das Erste untere schon nicht, können alle darüber liegenden Zahnräder sich ebenfalls nicht gleichmäßig drehen. Stimmt die Basis oder das Fundament nicht, gerät alles darüber in Disharmonie.

Ist dieses Wurzelchakra jedoch gestärkt und in seiner Schwingung und Drehung im Gleichklang, spüren wir das an erhöhter Konzentration und einem hohen Lebensgenuss. Wir erhalten inneres Wissen über die Wunder und Heilungsmöglichkeiten der Erde und der Entstehung des Lebens.

Das Aufnehmen von Energien im Ritual oder der Energiearbeit

Das 2. Chakra liegt ca. acht Zentimeter unterhalb des Bauchnabels und ist in der Lage die Energien aufzunehmen. Man spricht hier allgemein von einem „Aufnahme Chakra". Ein besonders wichtiger Aspekt in der Energiearbeit. Denn hier nehmen wir die Gefühle, Emotionen und Heilung auf. Dieses, in leuchtendes orange strahlendes Chakra, erweckt das Bedürfnis nach Berührung, Zärtlichkeit und dem Geschmack von Essen und Trinken.

Kindliche Urbedürfnisse, die hier gestillt werden, mütterliche Liebe, die hier geboren wird, lehren, dass es ein Wir gibt. So findet sich hier die körperliche lustvolle Zuwendung als Ursprung, wie auch die Fähigkeit des Mitgefühls und der Beziehung zu anderen Lebewesen.

Dreht sich dieses Chakra ausgeglichen, wird die essenzielle energetische Nahrung gestillt. Hier fließt die Lebensenergie weiter, bildet Energiefelder der Freude, des Begehrens, der kreativen Lust die Welt zu erfahren. Unsere Seele findet in diesem Chakra die Fülle des Glücks, um im schöpferischen Einklang zu sein.

Hier nehmen Sie die Energien eines anderen Menschen oder anderer Lebewesen auf, um instinktiv zu fühlen, ob Sie ihn mögen oder auch nicht. Besitzen Sie die gleichen Energiewellen wie Ihr Gegenüber in sich, werden Sie sich schneller erspüren und wahrnehmen. Ob Ihnen gefällt, was Sie gerade erspüren, hängt jedoch sicherlich von der Eigenschaft der Energiewelle ab. So wie wir auch nicht jede Eigenschaft an oder in uns mögen, werden wir wohl auch nicht jede Eigenschaft des anderen mögen.

Auch alle energetischen Potenziale, die Sie bei einem Ritual aufbauen, nehmen Sie mit diesem Lichtrad in sich auf.

Alle erzeugten Energien der Hilfsmittel finden Zugang in Ihr inneres durch dieses 2. Chakra.

Ebenso fließt die Erdungsenergie, die Sie bei der Nahrungsaufnahme erzeugen, in das zweite Chakra und wird von dort in das Basischakra geleitet.

Das Abgeben von Energien im Ritual oder der Energiearbeit

Das 3. Chakra ist das Sonnengeflecht oder auch Solarplexus genannt. Es strahlt in goldgelben Farben und befindet sich direkt unter dem Brustbein, ca. 3 - 4 Fingerbreit über dem Bauchnabel. Hier wird das "ICH" entwickelt, die Hingabe, sich auf natürliche Weise zu entwickeln. Das eigene höchste Potenzial, das es zu erreichen gilt. Verantwortung für die eigenen Handlungen, Meinungsbildung, Kraft, Macht, Wille, Logik, Motivation und Leidenschaft werden hier erzeugt. An dieser Stelle haben wir einen Wandel erreicht.

Dieses Lichtrad mit seiner abgebenden Energie schenkt uns die Freiheit, wir selbst zu sein oder zu werden. Das erfordert zunächst ein starkes Ego, bevor wir unsere Persönlichkeit und unsere Fähigkeiten verbinden. Erst dann kommen wir in der Welt harmonisch zurecht.

Folglich können auch wirklich unabhängige Meinungen durch Intellekt und Verstand erst ab diesem Zeitpunkt hervortreten.

Alles, was nicht förderlich für uns ist, können wir hier über dieses Chakra willentlich mittels Gedankenkraft und gezieltem Energiefluss loslassen. Über den Hauptkanal weiter hinab in die Füße und deren Chakren geleitet, fließen diese dann in die Erde.

Sie geben jedoch hier aus diesem Chakra auch Ihre Energien hinaus in die Welt. Sie senden aus dem 3 Chakra, was ein anderer in seinem 2. Chakra aufnimmt. Selbstverständlich auch Ihre Energiestraßen, die Sie sich erbauen wollen, werden von hier aus, mittels selbst erzeugter und eventuell vorher durch Hilfsmittel aufgenommener Energien im 2. Chakra, gebündelt aus diesem 3. Chakra hinaus fließen.

Die Energien der Liebe und des Ertastens im Ritual oder der Energiearbeit

Das 4. Chakra, das in kräftigem grün und rosa erstrahlt, liegt als Mittelpunktchakra in Höhe des Herzbereiches. Dieses Chakra nimmt Energien auf, was so wichtig ist, denn hier geht es um die bedingungslose Liebe. Um Gemeinschaft und das lernen von Mitgefühl. Harmonie, Schönheit und Heilung fließen hier hinein. Der Kontakt nach außen, das mentale wie körperliche Tasten nach anderen Lebewesen wird hier erlernt. Zwischenmenschliche Beziehungen, Toleranz, Akzeptanz, soziale Funktionen, doch auch die reine klare Energie des Kosmischen oder Göttlichen wie Reiki oder andere Energieformen werden hier wahrgenommen. Dieses Herzchakra ist über Energiebahnen direkt mit unseren Händen verbunden. Alles, was in das Herzchakra fließt, strömt auch weiter zu unseren Händen.
Was wir auch berühren und an Energie über die Hände aufnehmen, fließt in das Herzchakra hinein. Ein aktives Herzchakra aktiviert gleichzeitig mentale Fähigkeiten der Fernenergieübertragung. Denn wir senden mit den Händen und Gedanken Liebe hinaus und erhalten reine Liebe im Herzen zurück. Die Handchakren befinden sich mittig in der Innenhand und leuchten in den Farben grünblau bis hin zu den Regenbogenfarben.

Wenn Sie ihre Pflanzen und Hilfsmittel berühren, dann streicheln Sie diese, umgeben Sie diese mit Ihrer Liebe. Unendlichfach höher werden die Energien sein, die diese verströmen. Denn die Liebe ist unendlich.

Das Reden, Hören und Schmecken im Ritual und der Energiearbeit

Das 5. Chakra liegt im Halsbereich in Höhe des Kehlkopfes und zeigt sich als energetische Farbe in einem leuchtenden strahlenden blau. Hier pflegen wir Sprache in Harmonie mit unserer Umwelt. Wahrheit und Ausdruck der persönlichen Belange, sowie unserer Wünsche und Gefühle, sind uns damit möglich.

Kreativer Selbstausdruck und Selbstbestimmung, Inspiration und Wahrnehmung der inneren Stimme, sowie das Öffnen für andere feinstoffliche Ebenen, werden hier in diesem abgebenden Chakra erlernt. Reden und Zuhören gleichermaßen sind ein wichtiger Bestandteil in der Kommunikation miteinander. Doch auch das Hören der feinstofflichen Stimmen von Energiewesen, wie zum Beispiel den Engeln, ist hierdurch möglich. Denn dieses Chakra ist über Energiebahnen mit Ohren, Hals, Nacken, Kiefer, Bronchien, Lunge, Speiseröhre und Schilddrüse verbunden.

So gehören Hunger und Durst Gefühl ebenso in dieses Chakra. Liebe und Nahrung sind eng miteinander verbunden. Schwingt und dreht sich dieses Chakra ausgeglichen, so können wir zuhören, uns verständlich anderen mitteilen, sind Diskussionen gegenüber offen, und auch in der Lage über unsere Gefühle zu sprechen.

Lassen Sie Liebe in ihre Sprache fließen, legen Sie ihre Hände sacht und weich auf ihre Kehle, senden Sie über ihr Herzchakra Liebe in Ihre Hände, diese werden diese Liebe an ihr Kehlchakra dann weiter leiten. Wenn sie Affirmationen oder Gebete sprechen, einen Schutzspruch oder Ritualspruch, ihre Wünsche äußern oder mittels Sprache ihre Energiestraße formulieren, wird diese Energie über ihr 5. Chakra abgegeben.

Reden Sie mit Ihren Pflanzen und Hilfsmitteln. Auch eine Kerze freut sich über liebevolle Worte. Nutzen Sie die Sprache der Liebe und Harmonie. Sagen Sie ihrer Blüte, wie wunderschön sie ist, wie dankbar Sie ihr sind. Fühlen Sie die Liebe, wenn Sie Ihr Brot oder andere Nahrungsmittel genießen. Spüren Sie mit Ihren Händen, wie die Energie kribbelt, während Sie ihrem Gemüse oder Obst mitteilen, wie köstlich es ist. Lassen Sie mit Ihren Händen Ihre Liebe in das Gemüse oder Obst fließen und legen Sie es sich dann auf die Zunge. Verharren Sie einen Moment, spüren Sie in die Frucht oder das Gemüse, fühlen sie.

Der Strom der Energien, die diese dann verströmen und senden, wird auch hier potenziert und kraftvoll zu Ihnen fließen.

Vorstellungskraft, mentale Reise und Hellsicht im Ritual und der Energiearbeit

Das 6. Chakra befindet sich mittig auf der Stirn unterhalb der Augenbrauenlinien. Es wird auch als drittes Auge bezeichnet, da es uns intuitive innere Bilder zeigen kann. Erkenntnisse und Weisheiten die wir bis hierher erlernt haben, lassen unseren Geist aufleuchten. Die Farbe dieses Chakra schwingt in dunklem violett.

Außersinnliche Wahrnehmung und das Visualisieren können hier erlernt werden. Hellsichtigkeit, Fantasie, Präsenzen der Gedanken und der Seele manifestieren sich energetisch in diesem Lichtrad. Unsere Ideen, schöpferischen Gedanken, unsere Durchsetzung all dessen, wird uns durch dieses Chakra ermöglicht. Wir nehmen Energien auf.
Schließen Sie die Augen und stellen Sie sich eine Erdbeere vor. Rot, saftig, aromatisch.
Üben Sie dieses Visualisieren, wenn Sie möchten. Völlig egal welchen Gegenstand Sie herbei visualisieren wollen. Üben Sie so lange, bis sie dabei sogar den Geschmack auf der Zunge haben oder den Geruch in der Nase. Bis es für Sie zum Greifen nahe ist.
Sie können sich so jedwede Pflanze, Kerze, Duftrichtung, Farbe ect. herbei visualisieren. Jede Ihre Energiestraßen mit Blumen säumen, mit Düften intensivieren.

Träumen Sie, erschaffen Sie einen Film der Liebe, des Glückes, der Harmonie.
Seien Sie ihr Regisseur für Ihre Energiestraße.
Werden Sie kreativ, malen Sie, basteln Sie, folgen Sie Ihren Ideen. All das wird Ihr 6. Chakra weit öffnen. Im Gegenzug wird Ihr 6. Chakra Ihnen das Wahrnehmen von Schwingungen, das Versenden von mentalen Energien, vor allem aber auch die positive Umkehrung von negativen Energien ermöglichen.

Das Geben und Nehmen, der Funke zur Ganzheit im Ritual und der Energiearbeit.

Vollendung des wirklichen Seelenplans.
Das 7. Chakra, oben auf unserem Haupt, ca. 3 cm über dem Scheitel, leuchtet in weiß und zartem violett. Unser Kronenchakra ist das Tor hinauf in den Himmel zur kosmischen Welt, der Weg zum Höheren Selbst. Hier bekommen wir Kontakt zu früheren Leben, denn das Höhere Selbst ist ein Teil unserer Seele, der nicht inkarniert, also wiedergeboren wird. Somit vergisst das Höhere Selbst nichts. Erinnerungen bleiben hier erhalten, da sie fest gespeichert wurden. Dies ist sehr wichtig für unser jetziges Leben, denn das Höhere Selbst behält im wahrsten Sinne den Überblick über alles Vorangegangene, um zu entscheiden, welche Aufgaben in diesem Leben zu erfüllen sind. Hier haben wir die Möglichkeit Energien abzugeben, direkt in die Urquelle des Göttlichen zu leiten. Und ebenfalls die aufnehmenden Energien durch den Hauptenergiekanal zurück in die Erde zu leiten. Denn unser Ego wirkt hier nicht mehr, wir erfahren und erleben Spiritualität, unseren Glauben und das Vertrauen, das der göttliche Plan erfüllt wird. Erkenntnis über die Einheit alles Seins ist das Ziel.

Unsere Seele und unser Höheres Selbst haben gemeinsam ein Ziel. Heilung, Glück, Harmonie, Liebe, im Körper, im Geist und in der Seele. Dazu gehören Zuversicht, Vertrauen, harmonischer Wohlstand und Zufriedenheit.

Wie oben so unten heißt ein kosmisches Gesetz. Wie außen so innen ein weiteres. Alles was Sie im außen erbauen, erschaffen, leben und lieben, fließt zu Ihnen ins Innere zurück. Gänzlichst was Sie an Liebe und Heilung und Glück für sich selbst erzeugen, geben Sie auch an das Universum zurück. Das ist ein weiteres kosmisches Gesetz.

Nicht das Ego möchte dieses, sondern der göttliche Plan von Weisheit und Licht.

Sie verschenken also Liebe, Harmonie, Wohlstand, Glück, Zuversicht, Zufriedenheit und so vieles mehr, wenn Sie für sich selbst Energiestraßen erbauen und anlegen, die diese Aspekte beherbergen.

Tun Sie etwas für sich selbst, tun sie es auch für die Welt, für alle Menschen und Lebewesen, für das Göttliche, das Universum. Dann werden Sie zum Funken der heilenden Flamme der göttlichen Einheit, zu der wir alle zurückfinden möchten.

Namaste, ich danke Ihnen aus tiefem Herzen dafür.

Sich Erden

Überall auf dieser Erde sind die Freuden des Himmels verstreut.
Es gibt Menschen die besitzen eine besondere Ausstrahlung, sie sind
optimistisch, glücklich und selbstvertrauend. Es wird Ihnen eine starke
Persönlichkeit zugeschrieben. Sie verwirklichen alles, was ihrem
Bedürfnis und Willen entspricht.

Alle diese Menschen haben eines gemeinsam. Sie stehen fest auf der Erde
mit ihren Beinen, sind mit einem Strom von Energie zwischen ihrem
Wurzelchakra, dem so genannten ersten Lebensrad und dem Kern der
Erde verbunden. Sie haben ein gut ausgeglichenes, harmonisch drehendes
und geöffnetes Basis Chakra. Sie sind gut geerdet.
Warum ist das so wichtig, werden Sie sich jetzt sicher fragen. Das
Wurzelchakra ermöglicht das Leben. Ein lebendig erhalten. Es ist für die
Instinkte des Essens, Schlafens, der Fortpflanzung sowie Selbsterhaltung
verantwortlich. Es sorgt für ein gutes Urteilsvermögen und hilft Gefahren
rechtzeitig zu erkennen.
In dem wir uns immer wieder Erden, unsere Wurzeln sowie das Basis
Chakra pflegen, stabil und gesund halten, können wir geistig und
spirituell entsprechend arbeiten.
Verbinden Sie sich also mit Ihren Wurzeln und den Wurzeln der Mutter
Erde. Ihr Lohn wird Stabilität, Sicherheit, Geborgenheit,
Selbstbewusstsein und Glück sein.
Erden bedeutet, wir nutzen unser Energieband als stetige Energiestraße
zwischen der Erde und unserem eigenen ersten Wurzel Lebensrad.

Nahrung in Form von reiner Energiekraft strömt in das Wurzelchakra. Ohne diese so wichtige Arbeit wären wir sonst bald ein Baum ohne Wurzeln, ein Haus ohne Fundament.

Das Wurzel Chakra, jenes besondere Lichtrad von etwa 7,5 cm, bildet einen Lichttrichter, der mit seiner kleineren Öffnung direkt zur Erde weist, und mit seiner größeren Öffnung direkt gerade in den menschlichen Körper zeigt. Sein Sitz ist am unteren Ende der Wirbelsäule am Steißbein. Das Lichtrad dreht sich am langsamsten von allen Chakren. Seine drehende oder auch rotierende Frequenz liegt im Bereich der Schwingungswelle des roten Lichtstrahles bzw. der Farbe Rot. Daraus erklärt sich, dass dieses Chakra in einem leuchtenden Rot zu erkennen ist. Ähnlich der Farbe eines Rubins, der die gleiche Lichtfrequenz aufweist.

Wie an anderer Stelle schon beschrieben, nimmt dieses Chakra die Erdenergie in vollem Umfang auf, um sie weiter zu transportieren sowohl in das 2. Chakra als auch in den Hauptenergiekanal. Dieser jedoch lässt Energien in beide Richtungen fließen. So können wir über diesem Wege alle Energieschlackestoffe loslassen, heraus fließen lassen, um sie der weisen Mutter Erde zu übergeben.
Welch ein Geschenk, das wir unbedingt nutzen sollten.

Möchten Sie über dieses Chakra einmal meditieren, empfehle ich Ihnen sich eine vierblättrige Lotosblüte vorzustellen, denn diese Form erkannten viele sensitive Menschen beim Betrachten dieses Chakra.

Doch nun zur praktischen Erdung. Die einfachste Art ist es, Nahrung zu sich zu nehmen.

Haben Sie nach einem Ritual oder anderen energetischen Arbeit häufig beträchtlichen Hunger verspürt? Das ist leicht erklärbar. Sie haben ihr Wurzelchakra sehr in Anspruch genommen. Daraus sehr viel Energie gezogen und weiter geleitet. Mittels Essen und Trinken können Sie es wieder auffüllen. Beziehungsweise nähren Sie es im wahrsten Sinne des Wortes.

Eine andere Erdungsweise ist das tatsächliche Fühlen der Erde. Pflanzen Sie im Garten oder auf dem Balkon Blumen oder Kräuter. Stecken Sie ihre Hände in Mutter Erde, baden Sie Ihre Hände im Sand.

Oder laufen Sie barfuß am Strand, im Sand, oder allgemein auf der Erde. Ein besonders wirkungsvoller Satz dabei könnte sein:

„Meine Lebenskraft lädt sich durch die Verbindung zur Erde energetisch auf."

oder auch; „ Ich spüre die Lebenskraft in mir hochsteigen. Sie füllt mich glücklich auf."

Versuchen Sie sich vorzustellen, wie die Energie auf diesem Band und dieser Straße fließt. Aus Mutter Erde in ihren Körper, in Ihr Lebensrad. Und alles, was sich bei Ihnen an nicht gewollten, oder nicht mehr benötigten Energien angesammelt hat, strömt aus dem Hauptenergiekanal zurück zu Mutter Erde. Wie die Wellen des Meeres. Energien kommen an, Energien fließen zurück.

Einige in diesem Buch beschriebenen Pflanzen haben ebenfalls die energetische Wirkung zu erden. Somit ist ein energetisches Arbeiten mit diesen Pflanzen während einer Erdungsabsicht besonders zu empfehlen.

Eine etwas umfangreichere Weise der Erdung ist die Baum Energie Arbeit. Auch hier lehrte uns die Natur schon seit ewigen Zeiten, wie wichtig und gleichzeitig einfach eine Erdung ist.

Werden Sie wie ein Baum. Ein Baum braucht Wurzeln, ohne die kann er nicht leben. Lassen Sie gedanklich Wurzeln aus ihren Füßen wachsen, die bis tief in die Erde reichen. Ein Baum braucht ein Kronendach bis fast in den Himmel um die Sonne einzufangen. So lassen sie auch aus Ihrem Kronenchakra ein Kronendach und Kronenblättern mental wachsen, hoch hinauf, bis fast in den Himmel.

Verbinden Sie Himmel und Erde mit einer Energiestraße, die mitten durch Sie hindurchführt.

Erleben Sie diese kraftvollen Energien, die in Sie hinein strömen, dann durch Sie hindurch fluten und aus Ihren Füßen hinaus fließen. Energien, die Ihnen einerseits Kraft und Stärke spenden, Sie gleichzeitig von Energiemüll befreien, in dem ihre Aura und Ihr Chakra ein Energiebad erhalten. Und bei alle dem ernähren Sie auf hohe Weise ihr Wurzelchakra und erden sich absolut. Aktivieren Sie ihren Erdstern, der sich 20 cm unter Ihren Fußsohlen befindet. Sie werden eins mit der Erde und der Urliebe sein.

In Kapitel V finden Sie die genaue Anleitung zu diesem Baum Energie Ritual.

Im Glossar Kapitel VI zudem eine nähere Beschreibung des Erdsterns.

Der Schutzkreis

Der Schutzkreis, für viele der Sprung in die sogenannte Magie oder
Zauberwelt.

Das Wort Magie bedeutet jedoch lediglich, wir nutzen bestimmte
Energien, um unsere eigenen Energien zu fördern und oder anzuheben.
Wir nehmen bewusst Einfluss auf unsere unmittelbare Umgebung,
mittels, wie hier im Buch beschriebener Pflanzen, Kerzen, Invokationen
(Hineinrufungen in uns selbst), Gebeten und Ritualen. Wir übertragen
diese Energiekräfte, um unser Wollen, Handeln und unser Leben
willentlich zu beeinflussen.

Was bewirkt nun aber ein Schutzkreis? In erster Linie hält er die Energien
zusammen, die Sie aufgebaut haben. Ob diese mit Hilfsmitteln, oder
alleine durch ihre Gedankenkraft erschaffen wurden, ist dabei nicht
vorrangig. Denn was nutzt die größte Energiewelle, wenn sie sich
womöglich zu schnell verflüchtigt, oder auch zu schnell in alle
Richtungen fließt.

Doch der Schutzkreis kann noch mehr. Er hält Ihre aufgebauten Energien
rein von Energien, die Sie zu diesem Zeitpunkt nicht dabei haben
möchten. Er fokussiert ihre Energien und komprimiert diese, bis eine
Energiestraße entstanden ist, die dem Gesetz der Resonanz folgend nur
das anzieht, was Sie gerade gesendet haben. Einen Schutzkreis zu nutzen
ist recht einfach. Legen Sie einige Blüten als Kreis und belegen Sie diesen
Kreis mit einem kleinen Spruch. Eine Bitte oder ein Gebet vermag
ebenfalls die Energien, die Sie dort in dem Kreis erschaffen, zu schützen.

Nutzen Sie Heilsteine, Kräuter, Kerzen oder auch ein buntes Band. Es gibt so viele Möglichkeiten Ihre Energien zunächst ortsständig anwachsen zu lassen. Selbst ein gezeichneter Kreis auf ein Blatt Papier vermag Energien zu halten. Nur rund sollte er sein, der Schutzkreis, was sich durch seine Namen schon erklärt.

Der Kreis ist ein uraltes Symbol und war schon unseren Vorfahren bekannt. Schauen Sie sich in der Natur um, Blüten, Steine, die Erde, der Wasserstrudel, die Planeten, Beerenfrüchte, all dies besitzt eine runde Form.

Es heißt die Kreisgestalt ist unter den regelmäßigen Figuren von einzigartiger Ganzheit und Geschlossenheit, das Runde schlechthin. Der Kreis gilt als ein Zeichen der Unendlichkeit, weil er aus einer unendlichen Linie gebildet ist. Der Kreis steht für Ganzheit und Bewusstwerdung. Denken wir an die vielen Steinkreise, die es schon seit Jahrhunderten gibt. Und schauen wir auf uns selbst, im Hier und Heute. Die Umarmung bildet einen Kreis. Wir umarmen unsere Kinder zum Schutz. Der Kreis ist das Symbol des kosmischen, der schützenden Liebe.

Unsere Uhr, das Rad, der Ring, der runde Tisch, ein Iglu, Rundbauten aus älteren Kulturen, Verkehrsschilder aus der heutigen Zeit, der Ausspruch: „Die Kreise schließen sich".

All dies ist uns bekannt und wir nehmen es als absolut normal an. Weshalb also sollte ein Schutzkreis für uns etwas anderes sein?

Es kommt nicht auf die Größe des Schutzkreises an, sondern auf die Liebe, die wir hineingeben, auf die Gedankenkraft, mit der wir einen

Kreis bilden. Wir können auch hier mittels Sprache und anderer Utensilien die Kraft des Kreises verstärken.

Zeichne Sie auf ein Blatt Papier einen Kreis, so gut sie es vermögen, sprechen sie dazu zum Beispiel:

„Kreis ist rund Schutz gegeben, Licht und Liebe im Inneren sei zugegen".

Oder diesen Satz:

„Runder Schutz, Kreises Kraft, im Inneren sei vollbracht"

Dies sind nur zwei Satz Beispiele. Weder ein Reim ist erforderlich, noch muss es sich wunderlich oder magisch anhören. Ihre Worte, Ihre Bitte, Ihre Gedankenkraft beim Kreisziehen. Nur darauf kommt es an. Einfache Worte wie: „Heiliger Kreis schütze mich bitte hier" oder „Ich bitte den Kreis um Schutz" sowie „Ich bitte um das Zusammenhalten meiner Energien" sind genauso wirkungsvoll. Fühlen Sie in sich hinein.

Es darf sich magisch zauberhaft anhören, es muss es jedoch nicht.

Sie können sich ebenfalls eine Handvoll Blüten als Kreis um eine Kerze legen, bevor Sie diese entzünden. Oder binden Sie sich ein farbiges Band um ihren Kräutertopf, mit dem Sie gerade eine Energiestraße erschaffen möchten. Stellen Sie sich mehrere Kerzen als Kreis auf, um ihr geschriebenes Gebet einzuhüllen und zu schützen.

Eine Handvoll Gewürznelken als Kreis gelegt um ihre Duftkugeln oder den Utensilien zur Ölgewinnung, sind perfekt geeignet. Gleichfalls einige Laubblätter im Wald als Kreis gelegt um Mutter Natur zu danken.

Ebenso der imaginäre Energiering, den Sie sich vorstellen und mit ihrem Zeigefinger in die Luft zeichnen können. Seien Sie kreativ, lassen sie sich von ihrem Herz führen. Umarmen Sie sich selbst und bilden Sie auf diese Weise einen Kreis, in diesem Sie ihre Affirmation sprechen.

Auch hier, wie für alles aus diesem Buch gilt, Sie können, Sie dürfen, wenn Sie möchten.
Doch Sie müssen zu keiner Zeit. Liegt ihnen die Arbeit mit dem Schutzkreis nicht, dann lassen Sie es. Ein Schutzkreis ist eine zusätzliche, wundervolle Hilfe, doch er bedingt keineswegs das Gelingen Ihrer neuen Energiestraße. Zudem wird es im manchem kleinen Kurzritual, dass Sie in diesem Buch finden, vielleicht gar nicht in den Ablauf passen.
Erproben Sie sich selbst, in wie weit für Sie persönlich gerade die Zeit, der Ort, das Ritual und ein Schutzkreis stimmig sind.

Alles zu seiner Zeit

Alles zu seiner Zeit. Auch hier können wir das alte Wissen unserer Vorfahren nutzen.

Grundsätzlich ist es so, dass es Ihnen überlassen bleibt, wann Sie ein Ritual vollziehen. Und das hat auch seine Stimmigkeit, denn Sie bestimmen Ihr Leben.
Doch wie all die anderen Hilfsmittel, die ich Ihnen in diesem Buch vorstelle, gehört auch die Hilfe bestimmter Tagesqualitäten dazu. So hat

jeder Tag der Woche ein eigenes Energiepotenzial das Wir uns zusätzlich zunutze machen können.

Eventuelle fühlen Sie sich schon immer an einem Tag in der Woche besonders wohl, ohne wirklich zu wissen, warum es gerade dieser Tag ist. So können Ihnen diese Zuordnungen hier eventuell Klarheit bringen. Denn dieser Tag, oder auch diese Lieblingstage, sagen etwas über uns persönlich aus.

Die Energie der Wochentage erschließt sich aus dem Einfluss von Planeten, Namensgebung des Wochentages, Düften, Pflanzen, Elementen, Bäumen, Edelsteinen, Farben und Zahlen.

Montag - der Tag des Mondes

Der erste Wochentag wird auch als Tag des "Mena" bzw. „Manac" oder „Dies Lunae" bezeichnet. Jedes dieser Worte bedeutet Mond oder Tag des Mondes.
Mondregierte Tage und Stunden sind besonders günstig für Liebe, Versöhnungen, Empfängnis und weibliche Fruchtbarkeit. Ein sensibler Tag des Unterbewussten, des instinktiven Schutzes.
Der Mond lässt alles fließen, er beeinflusst Ebbe und Flut, den Zyklus der Weiblichkeit, die Intuition, die Visionen, die Hellsicht.
Der Montag steht im engen Bezug zu unserer Seele und unserem inneren Licht. Daher ist es auch stimmig, wenn viele Lichtrituale oder Lichtkreise

an einem Montag stattfinden. Das Sternzeichen Krebs wird sich hier sehr wohl fühlen, denn es wird dem Mond und Montag zugeordnet.
Handwerkliches dagegen, das wussten schon die Menschen im Mittelalter, sollte an diesem Tag ruhen. So sind auch heute noch einige Handwerksbetriebe am Montag geschlossen.
An einem Montag werden keine, oder zumindest sehr selten Klassenarbeiten geschrieben, sowie möglichst keine Verträge unterzeichnet.
Montags würden wir gerne „blau" machen. So ist diese Redewendung auch kein Zufall, denn die Farbe blau symbolisiert den Montag.

Düfte wie Iris, Maiglöckchen, Myrrhe, Weide, Geißblatt und Schlüsselblume entfalten an einem Montag besonders intensiv ihre Kraft.

Pflanzen wie der Funkie, die Korkenzieherhasel, die Kissenmispel und fast alle Wasserpflanzen geben ihre Energieschwingungen gleichmäßig fließend ab.

Der Montag wird dem Grundelement Metall (Silber) zugeordnet, da geschmolzenes Metall ähnlich fließt wie Wasser. Somit ist der Bezug zum Mond hergestellt. Formen, die wellig oder tropfenförmig sind, geben daher eine besondere Unterstützung. Der Brunnen im Garten, die Tropfkerzen, das verweilen am Meer, um nur einige Beispiele zu nennen. Auch das Sitzen unter einem Kirschbaum, das Essen von reifen Kirschen, die mentale Baumenergiearbeit mit einem Kirschbaum bringen an einem

Montag tiefere Kräfte.

Die Edelsteine Amazonit, Aquamarin, Mondstein, Rauchquarz und Smaragd lassen ihre Energien freier fließen.

Nutzen wir an einem Montag die Farbe weiß, silber, blau und graublau, ob als Kleidung oder Ritualzubehör, werden uns diese Farben besonders unterstützen.
Weiß oder grau ist auch das Reiskorn, das an einem Montag besonders bekömmlich ist.

Der Montag enthält die Energieschwingungen der Zahlen 2 und 7 als Hauptzahlen, diese wiederum mit den Zahlen 1- 4 und 5 kombiniert werden können, um in Harmonie zu bleiben. So könnten Sie für ein Ritual am Montag 7 Blüten als Schutzkreis auslegen, dazu 2 weiße Kerzen anzünden. Oder ebenso 7 Kerzen anzünden, dazu 5 Blüten nutzen und 1 wasserblaues Tuch umbinden. Viele Hilfsmittel sind herrlich zu kombinieren.
Gehört der Montag nicht zu ihrem Lieblingstag, versuchen Sie doch einmal einige energetische Hilfsmittel dieses Tages bei sich zu tragen. Viele Menschen berichten, dass es ihnen so weit leichter fällt, mit den Energien dieses bestimmten Tages umzugehen.
Dies gilt selbstverständlich für alle Wochentage. Oft ist ein mitgeführter zum Tag passender Heilstein, ein farbiges Kleidungsstück in der stimmigen Tagesfarbe eine außerordentliche Hilfe. Ein wenig Parfüm im

Duft des jeweiligen Tages kann Sie verblüffend einfach durch diesen Tag bringen.

Dienstag der Tag des Mars

Er wird auch der Tag des "Tiu" oder "Dies Martis" genannt. Beide Worte beziehen sich auf den Planeten Mars.

Mars hat starke Energie Qualitäten, in denen es sich um Mut, Durchsetzung, Willensstärke, Lebensfreude sowie Geschäftliches und Aktivitäten dreht.

Dieser Wochentag eignet sich besonders für Kraftrituale, Friedensstiftung oder Lösen von Unerwünschtem. Desgleichen zum Aufbau von Wohlstandsstraßen und Räucherungen, überdies auch beim Grenzen ziehen.

Der Widder, aber auch der Skorpion genießt sicher mit Vorliebe den Dienstag, beide Sternzeichen sind dem Mars und somit auch dem Dienstag zugeordnet.

Düfte der Aloe, Nelke, Lilien, roten Rosen, Patchouli und Blut-Berberitze entfalten intensiv ihre Energien an einem Dienstag.

Pflanzen wie Wermut, Zypresse, Paprika und Knoblauch wirken energetisch sehr schnell.

Der Dienstag wird ebenfalls dem Element Metall zugeordnet, jedoch hier der starken Hitze wegen, die es braucht, um Metall zu schmelzen. Ganz so, wie ihn der Mars ausstrahlt. Alle Formen, die spitz zulaufend oder sternförmig sind werden für den Dienstag empfohlen. Die Spitzkerze findet hier ihren Platz ebenso, wie auch die spitzzulaufende Gartenkunst. Das Lagerfeuer bekommt hier sinnbildliche wunderschöne Bedeutung, um Mars zu zeigen, dass auch das Feuer den Frieden kennt.

Genießen Sie an einem Dienstag Stachelbeeren, bevorzugt unter einer Eiche, sie werden erstaunt über diesen Energiekick und einem wahren Funkenfeuer von energetischer Willenskraft sein.

Edelsteine wie der Amethyst, Bergkristall, Howlith, roter Jaspis und Rubin sind hier stimmig dem Dienstag zugeordnet.

Die Farben weinrot, rot, orange und violett entfalten sich an diesem Tag stärker als an anderen Tagen.

Gerste, an diesem Tag gegessen oder als Malzgerste getrunken, schenkt zusätzliche, positive Tatkraft.

Auch der Dienstag hat die Energieschwingungszahl 7 und ist somit ebenfalls mit den Zahlen 1,4, und 5 kombinierbar. Doch zudem hat er auch Schwingungen der Zahl 9 und ist somit auch mit den Zahlen 1, 2, 5 und 6 kombinierbar.
4 Bergkristalle auf einen Tisch gelegt, um diese Kristalle 9 rote Rosenblüten als Kreis gezogen, dazu 2 Gläser kräftigen Rotwein, ergeben ein feuriges Beziehungs- Ritual.

Mars wird ihren Willen unterstützen, der Dienstag und die Zahl 2 ihre Liebe.

Mittwoch der Tag des Merkurs

Früher galt der Mittwoch als mittlerer Tag der Woche, da die Woche am Sonntag begann und am Samstag endete. Auch heute noch ist er als Wochenteiler bekannt.

Seinen Namen erhielt er unter anderem durch die Zuordnung des Planeten Merkur, dem "Dies Mercurii", eben dem Tag des Merkurius. Aus dem englischen kennen wir das Wort Wednesday, dem der Bezug zum germanischen Gott Wodan zugesagt wird, Dieser Gott Wodan wiederum dem Mercury zugeordnet ist.

Die Sternzeichen Zwilling und Jungfrau empfinden den Mittwoch häufig als ihren Lieblingstag, So sind auch beiden Sternzeichen der Merkur und der Mittwoch zugeordnet.

Der Mittwoch gilt als der Tag der Gespräche, der Bewegung und des Lachens. Geschäfte, Verträge, Wissen, Weisheit und Studium finden ihren besten energetischen Platz an einem Mittwoch. Ein liebevoller Plausch mit der Nachbarin oder Freundin, die Aussprache in Beziehungen sind am Mittwoch positiv bestrahlt.

Düfte wie Lavendel, kriechender Wacholder, Steinginster, Schlüsselblume, Jasmin oder die Gartenwicke werden ihre Energien am intensivsten an einem Mittwoch verströmen.

Pflanzen wie Holunder, Eisenkraut, Gräser, Oregano und Lorbeer wirken schneller, als an einem anderen Tag.

Der Mittwoch ist dem Element Quecksilber zugeteilt. Wer von Ihnen noch die alten Fieberthermometer mit ihrem Quecksilberkern kennt, wird wissen, wie unglaublich schnell sich dieses Quecksilber beim herabfallen auf dem Boden als zwei Kügelchen verteilen kann. So ist dem Mittwoch auch alles paarweise zugeordnet, möglichst oberflächeneben und bodennah. Ein Picknick zu zweit, aber auch in einer Gruppe, am Boden sitzend, dabei Pfefferminzlimonade trinkend, erhebt allseits den frischen Geist und fördert eine fröhliche Kommunikation.
Genießen Sie an einem Mittwoch würzige frische Speisen im Schatten einer Ulme. Erleben Sie dabei, wie schnelle Ideen Ihnen zufliegen.

Edelsteine wie der Aquamarin, Heliotrop, Labradorit, Goldtopas, Tigerauge und gelber Jaspis werden an einem Mittwoch ihre Energien besonders schnell entfalten.

Umgeben Sie sich an einem Mittwoch mit Farben wie gelb, gold, gelborange und violett, werden Sie Ihre Stimme als weit wärmer und kräftiger, ihre Sprache als deutlicher sowie ihre Konzentration als weit höher erleben.

Genießen sie an einem Mittwoch Hirse als süßen Brei oder als Hirsebrot, wird sich das wärmend auf ihre Seele auswirken.

Die Zahlenenergie dieses Tages ist die 3, die eben genau die Kommunikation und Kreativität beinhaltet. Sowie die Zahl 5, die für ein hohes, bewegendes, schnelles Energiepotenzial steht. Diese beiden Hauptzahlen können mit den Zahlen 1, 2, 6 und 9 kombiniert werden. Zum Beispiel einen Schutzkreis aus 9 Lorbeerblättern gelegt, sowie in die Mitte 3 goldene oder 3 violette Kerzen gestellt. Direkt in die Mitte 1 Tigerauge Edelstein positioniert. Oder auch Ihre Stimme zum 5maligen hintereinander sprechen nutzend. In Windeseile werden Sie die zugehörige Zahlenenergiekraft des Tages spüren. Vor allem aber geistig mental erleben, wie sich eine hell leuchtende Energiestraße aufbaut. Ebenso könnten Sie 5 Esslöffel Hirsebrei in einem gezogenen Kreis von 6 Aquamarin Edelsteinen verspeisen, dabei die Augen schließen und eine Energiestraße des Lachens in sich aufbauen.

Jonglieren Sie mit den Tageszahlen, erproben Sie sich in Ihren Ritualen.

Donnerstag der Tag des Jupiters

Dieser Tag wurde nach dem Wetter Gott Donar bezeichnet. Der sich jedoch auch unter dem Namen „Dies Jovies" also Tag des Jupiter, oder im spanischen als „yueves" wieder findet.

Jupiter, der Planet des Glückes oder auch des Schicksalsrades. Er ist als der am schnellsten drehende Planet, sowie vierthellste Planet bekannt. Sehr stimmig, denn der Donnerstag ist der vierte Tag der Woche. Es heißt, dieser Tag würde das Glück magnetisch anziehen.

Sternzeichen Schütze und Fische spüren besonders die Kräfte des Donnerstag sehr positiv, beiden ist daher dieser Tag zugehörend.

Er ist ein guter Wochentag für den Energieaufbau einer Glücks oder Zufriedenheitsstraße. Zudem hat er Energiequalitäten, um die Zeugungskraft, die Ehre, das Vermögen und den Wohlstand, sowie die Gesundheit positiv zu beeinflussen. Geistige Fülle, Freiraum, Toleranz, Offenheit, Leichtigkeit und spirituelles Vertrauen werden an diesem Tag günstig bestrahlt.

Düfte wie die Levkoje, Moschus, Pfingstrose, Gladiole, Lotus, Muskat oder Zimt stimmen aufhellend und beglückend.

Pflanzen wie Löwenzahn, Kastanie, Klee als auch Nussbaum entfalten ihre energetischen Schwingungen besonders intensiv.

Das Element Zinn wird dem Donnerstag als ein schon früher bekanntes, edles und wertvolles Metall zugewiesen. Alle hochstrebenden und auch verzweigten Formen finden hier Beachtung. Der Donnerstag und der Jupiter fördern außerordentlich Wachstum und Höhe, desgleichen das Erreichen unsere Ziele.

Der verzweigte Kerzenständer mit angezündeten Kerzen, der uns um so viel mehr Licht spendet, wird in einem Kerzenritual unsere Seele und unseren Geist in einem expandierenden Energiefeuer anheben. Unter einer Palme stehend, eine frische Banane verspeisend, wird sich unsere Stimmung wie ein Wirbel erheben.

Genießen Sie, angelehnt an einem Ahornbaum, die neue Reiselektüre. Bauen Sie in Gedanken ihre energetische Urlaubsstraße an einem Donnerstag auf.

Edelsteine wie der Amethyst, Mondstein, Saphir oder Türkis werden an einem Donnerstag reichhaltig ihre Mineralien und energetischen Kräfte verschenken.

Tragen Sie Farben in königsblau, kräftigem gelb, oder indigo und purpur. Nutzen Sie diese Farben einmal als Blüten und Kerzenfarben, Sie werden einen wunderbaren unterstützenden positiven Erfolgs und Energiezuwachs erleben.
Verzehren Sie an einem Donnerstag frisches Roggenbrot in einem Ritual, so erhalten Sie dabei besonderes Urteilsvermögen.

Die Zahlenenergieschwingungen des Donnerstages sind die 3 und die 9, die für energetische Bewegung, Fülle und Vollendung stehen. Die Zahl neun entspricht energetisch auch der Weisheit und des Universums.
Sie kann mit den Zahlen 1,2,3,5 und 6 kombiniert werden. Stellen Sie sich einen dreiarmigen Kerzenständer mit blauen Kerzen vor, 9 Blüten der Pfingstrose als Schutzkreis um Sie persönlich herum gelegt, Dazu halten Sie ein Roggenbrötchen mit 2 Teelöffeln Johannisbeergelee bestrichen in der Hand.
Schließen sie die Augen, beißen Sie in Ihr Brötchen, genießen sie jeden Bissen.
Bauen Sie sich ihre Glücksstraße. Mit freudiger Leichtigkeit sehen Sie ihre Energien des Erfolges, sowie des Glückes in purpurfarbener Energie auf Sie zuströmen.

Freitag der Tag der Venus

Dieser Tag wurde nach der Göttin „Frija", der Gemahlin Odins benannt.
Auch das mittelhoch- deutsche „Vritac" oder das lateinische „Dies
Veneris" zeigen den Bezug zum Freitag und dem Planeten Venus.
Die Venus erinnert an die Schönheit und Liebe, an Herzensdinge und
Sinnlichkeit. Doch ebenso die materielle Sicherheit, Genuss, Glück,
Reisen, Düfte, Farben, Stoffe, Wohlbefinden und Wohlwollen sind
Aspekte der Venus, und somit des Freitages.
Als Tag der Liebenden war der Freitag einst, so wie auch heute noch, der
Tag der Hochzeit.
Das Wort heiraten stammt von dem Wort „Freien" und weist auf das
Wort Freitag.
Die Sternzeichen Stier und Waage fühlen sich an diesem Tag besonders
wohl.

Düfte wie der Flieder, Myrte, Safran, Vanille, Sandelholz, Maiglöckchen,
Freesien, Veilchen, und Azaleen lassen sich an einem Freitag besonders
kräftig wahrnehmen.
Pflanzen wie die Erdbeere, Zitrone, Kirsche, Apfel, Salbei oder Thymian
entfalten weit reichend ihre Energien. Sie sind besonders unterstützend
an einem Freitag.
Der Freitag wurde dem Element Kupfer zugeordnet. Diesem gold rötlich
schimmernden Metall, in dem früher der Ehering gewählt wurde. So
führt das Element Kupfer auch energetisch in die Herzregion, in unser
Innerstes, um sich von den fühlenden und erspürenden Energien

auffüllen zu lassen. Doch ganz dem körperlichen zugewandt, stellen sich auch die Formen als Rechteck und Quadrat in diese Region. Erdung als Nahrung aufgenommen ist Genuss pur.

Das wunderschöne sinnliche Essen zu zweit, in einem geschmackvollen Restaurant speisend.

Himmel und Erde vereinend, wie Yin und Yang ein ganzes ergebend.

Die Energiestrasse des Liebesglückes, der Familienplanung, der zuversichtlichen Sicherheit, wartet gerade an einem Freitag auf Sie.

Setzen Sie sich mit ihrem Partner unter eine Birke, schauen sie sich gemeinsam ein Kunstbuch an, lesen sie einander aus einem Gedichtband vor. Beide werden sie ein Energieband des Miteinander, des Glückes, der Liebe und Wertschätzung zueinander aufbauen.

Edelsteine wie der Achat, Diamant, Karneol, Lapislazuli, Rosenquarz, Rhodochrosit, Lavendelquarz, rosa Turmalin, wie auch der rosa Topas werden ihre sanften doch durchdringenden Energien an einem Freitag besonders schwingen lassen.

Die Farben gelb, ocker, braun, grün, aquablau, pink, rosa und weiß unterstützen Sie mit stärkeren Schwingungsenergien an einem Freitag.

Verzehren Sie an einem Freitag Hafer, in Form von Haferflockenkekse oder Haferflockensuppe, den kraftvollen Energiekick werden Sie den ganzen Tag über spüren.

Neckendes Spiel im Haferstroh, um die Energiequalität gerade an diesem Tag besonders aufzunehmen, ist noch immer weithin beliebt.

Der Stier im Sinne des Sternzeichens schwingt sehr gerne mit den Energiequalitäten des Freitages.

Die Zahlenschwingungen für den Freitag sind die 3 und die 6. Die Kommunikation der Zahl 3 möchte sich hier verbinden mit der Familienzahl 6. Kreativität im Zusammensein, das Bauen des eigenen Heims und Zuhauses, die ästhetische Gestaltung der Einrichtung, das Gründen und das Erzeugen einer Familie sind hier die Qualitäten.

Kombinierbar sind diese Hauptzahlen mit der 1, 2, 5 und 9.

Im Sinnbild dieser Zahlen steht 1 Baum auf einer Wiese, unter dem 2 Menschen sitzen. Dazu 5 verschiedene Süßigkeiten, die sie einander in den Mund stecken.

Ein zärtliches bezauberndes Ritual.

Ebenso gefühlvoll ist es, wenn Sie sich 9 Freesien und 9 Veilchen, als Strauss gebunden, in die Mitte des Tisches stellen.

Dazu 3 kleine Rosenquarzsteinchen, die Sie um die Vase platzieren. 2 Herzen, die Sie auf ein weißes Blatt Papier zeichnen, um diese 6-mal mit einem rosafarbenen Stift entlang der Linien wiederholend nachzeichnen.

Schließen Sie einen Moment die Augen, bauen Sie sich dann mit diesen Zahlenkombinationen und Hilfsmitteln ihre Liebes und Glücksstraße auf.

Samstag der Tag des Saturns

Andere Namen für den Samstag sind „sambaztac" oder „sameztac" aus dem hoch und mitteldeutschen. Den Römern galt er als „Dies Saturni", was augenscheinlich auf den Saturn hinweist.

Geduld im Widerstand, Konsequenz auf den eigenen Ebenen, Ernte des selbst erzeugten sind typische Zuordnungen für den Saturn. Doch seine Klarheit und Ordnung, Pflichterfüllung und Struktur sind Qualitäten, die wir auch dem Samstag zugestehen.

Am Samstag werden häufig die Ereignisse der Woche reflektiert. Ordnung wird geschaffen, da auch in der heutigen Zeit sich die meisten Menschen von Montag bis Freitag im Dienst befinden. Einkehr nach innen, sowie Ernsthaftigkeit bis hin zur Einsamkeit. Aufhebung und Brechung aller Zwangshandlungen der Woche sind gleichsam vorhanden. Denn samstags wird auch gefeiert, da wird losgelassen vom Alltag. Dennoch nehmen wir uns auch samstags Zeit für die Zwiesprache mit anderen Energiewesen. Wir meditieren an diesem Tag 10-mal lieber, als an jedem anderen Tag.

Und so ist es bei diesen Qualitäten schon fast selbstverständlich, dass sich die Sternzeichen Steinbock und Wassermann am Samstag besonders wohl fühlen.

Düfte aus Harzen und Pflanzen, wie Benzoe, Weihrauch, Myrrhe, Mohn, Fichte, Eichenmoos, Kiefer, Jasmin und Holunder entfalten am Samstag tief greifender. als an einem anderen Tag ihre Energien und Schwingungen.

Pflanzen, wie die Stechpalme, Farn und Efeuarten, Eiche, Olivenbaum und Lärche wirken hilfreicher und weit in uns hinein schwingender an einem Samstag.

Das Element Blei wurde dem Samstag zugeordnet, denn Blei kann nach allen Seiten fließen, wenn es flüssig ist. Jedoch in seiner festen Struktur wird Blei passiv und unbeweglich. Das Bleigießen ist noch heute ein Brauch des Orakels. Blei kann belasten, doch auch die nötige Standhaftigkeit geben.
So stehen hier ebenfalls die Tropfenformen, sowie alle welligen und wolkenartigen Formen im Bezug zum Samstag.
Die Träumereien beim Blick in den Himmel und dem sehen von Wolkengebilden, wie auch die Wasserspiele, in oder am Haus, sind eine wundervolle Möglichkeit eine Energiestraße der Geduld aufzubauen. Die tropfenden Kerzen, die ebenfalls die Hellsicht anregen, geben vielleicht Antwort auf Fragen. Der Blick auf das Meer oder den Ozean lässt Sie eine Meditationsweise finden, die Ihnen Ruhe und Kraft schenkt.
Doch ebenso möchte ich hier das bewegende des Tanzes, mit rhythmischen wellenartigen Körperbewegungen anführen, dass Sie befreit und Ihnen Ihre ganz persönliche Entfaltung ermöglicht.

Setzen Sie sich unter eine Eiche, tanken Sie deren Kraft, ordnen Sie ihre Gedanken. Fühlen Sie die Geduld der Eiche, stetig zu wachsen, sowie ihre Stärke, über den Dingen zu stehen.

Die Edelsteine Aquamarin, Aventurin, Citrin, Malachit, Saphir, Onyx, Obsidian, Sardonyc und Indigolith schwingen an einem Samstag besonders weit in die Aura.

Die Farben indigo, grün, schwarz, dunkelblau und braun wirken mit ihrer Energieschwingung am Samstag schützend und stärkend.

Am Samstag ins Kino, während des Filmes dazu eine Tüte Mais Popkorn verspeist, ist genau das richtige Korn für den Samstag. Gleichwohl auch die Maismehl Fladen, lecker gefüllt und gemütlich Zuhause verzehrt, die langsame, doch sehr weit und tief wirkende Energien abgeben.

Die Zahlenschwingung am Samstag ist die 8. Dies ist eine Geschäfts und Finanzzahl. Deshalb verwundert es nicht, dass gerade am Samstag die Lottozahlen gezogen wurden.

Doch auch die Geschäfte profitierten davon. Denkt man an den langen Samstag, der die Menschen freigiebig einkaufen lässt.

Kompatibel ist diese Zahlenschwingung mit den Zahlen 2, 4, und 6.

Sinngemäß entzünden Sie 2 grüne Kerzen, legen um diese Kerzen 4 kleine Aventurin Edelsteine. Zeichnen Sie die Zahl 8 auf ein grünes Blatt Papier, um diese Linien dieser Zahl 8 dann sechsmal nachzuzeichnen. Gleichsam erschaffen Sie sich dazu eine Energiestraße der materiellen Sicherheit, sowie das Fließen von Geld in die eigene Börse. Gerade am Samstag werden hier besondere Energien freigesetzt, die hilfreich sind.

Galt früher das Erdelement zuständig für Münzen und Geld, so weiß man heute, dass das Luftelement in diesem Bereich viel stärker wirkt.

Doch wie spannend ist hier der Samstag, der beiden Sternzeichenelementen zugeordnet wird. Dem Steinbock für die Erde, dem Wassermann für die Luft.

Sonntag der Tag der Sonne

Er ist als Tag "Sunna" bekannt, sowie aus dem Althochdeutschen „sunnun Tag", ebenso aus dem mittelhochdeutschen als „sunnentac". Im germanischen heißt er „Dies Solis", und bedeutet wiederum aus dem griechischen übersetzt „hemera Heliou". „Tag des Helios." bzw. „ Tag des Lichts".

Die Sonne und das Licht gehören zum Sonntag, Familienausflüge stehen ebenso im Zentrum des Sonntags, wie willentliche Selbstbestimmung. Körperliche und geistige Regeneration vom Wochenablauf. Aktiv um das eigene Wohl kümmern. Die Sonnenenergie schenkt Freude und Großzügigkeit, Mut und Bereitschaft zu Eigenständigkeit. An einem Sonntag werden Pläne für die Zukunft geschmiedet. Da wird jedoch ebenso die neue Woche geplant. Das Gespräch mit dem Chef und die Forderung der Gehaltserhöhung vorbereitet. Das Gespräch sollte aber erst an einem Mittwoch stattfinden. Wen wundert es, der Sonntag ist dem Sternzeichen Löwe zugeordnet. Dieser findet sich gerade am Sonntag durch die Wärme und Aktivität bestärkt.

Düfte wie Lavendel, Rose, Orange, Rosmarin, Anis, Minze und Zitrone beleben und aktivieren mit ihren energetischen Kräften an einem Sonntag schnell und zielgerichtet.

Pflanzen wie die Sonnenblume, Goldregen, Palme, Holunder, Basilikum, Lorbeer und Kamille entfalten ihrer Energieschwingungen kräftigend und regenerierend.

Das Element Gold wird dem Sonntag zugeordnet. Gleichfalls gleißende Schönheit, edel anzusehen und vitalisierend auf allen Ebenen des Körpers, des Geistes und der Seele. Die goldenen Löwen der Antike, die Ehre und Ansehen brachten. Gold steht seit je her für Macht und Wohlstand, gilt als unvergänglich, wie auch das Licht unvergänglich ist.

Aufrechte Linien, abgegrenzt und deutlich, sind hier die Formen des Sonntages. Pyramidenförmig wie sie einst der Pharao erbauen ließ. Dreieckig, wie einst die Burgen konstruiert wurden. Noch heute sind Flaggen oder Segel in dieser Dreiecksform zu sehen.

Der Sonntagsausflug am Pier oder Hafen wird für die ganze Familie oft ein ereignisreicher und vitaler Tag. Der beim Spaziergang verspeiste, hochgestapelte, pyramidenförmige Eisbecher, bereichert Seele wie Körper. Ob allein, mit Freunden oder der Familie, gehen Sie hinaus in die Sonne. Lassen Sie sich wärmen und genießen Sie das Licht, das sie tief durchdringt.

Machen Sie Picknick unter einer Zeder, deren Duft sie anregen wird. Dreieckige Sandwichbrote verzehrend, stellen Sie sich vor, wie Sie energetisch wachsen, so stabil und kraftvoll wie diese Zeder. Hierbei werden Sie ungeahnte Energien entwickeln, die Sie weit vorausschauen lassen. Die Ihnen die Kraft geben, alles zu ermöglichen, was Sie sich wünschen.

Edelsteine wie der Diamant, Rubin, Goldtopas, Bernstein, Bergkristall, Sonnenstein, Tigereisen und Karneol entfalten an einem Sonntag weit mehr Licht, Energie und Hitze, als an einem anderen Tag.

Farben wie orange, weiß, rot, gelb, goldgelb, ockergelb, goldbraun und purpur bringen Ihnen an einem Sonntag intensive Energien des Selbstbewusstseins und des Mutes.

Das Frühstück am Sonntag darf auch aus Weizen oder Getreide bestehen, denn auch dies symbolisiert die Sonnenkraft. Das Brötchen, frisch vom Bäcker, das Müsli genussvoll gekaut. Stellen Sie sich dabei ein Weizenfeld vor, wie es von der Sonne und dem Wind belebt wird. Lassen Sie dabei ihre Gedanken zu ihrem Sonnengeflecht, das ca. 2 Fingerbreit über ihrem Bauchnabel liegt, wandern. Bauen Sie sich eine Sonnen Energiestraße der Gesundheit und Zuversicht auf. Die Energien werden am Sonntag frei und zielgerichtet in Sie hinein fließen.

Die Zahlenschwingungen des Sonntages sind die 1-4 und9. Diese können sie mit den Zahlen 2-3- 5 und 6 kombinieren.

Zum Beispiel 2 dunkelgelbe angezündete Kerzen auf dem Tisch, dazu 5 kleine Bergkristallsteinchen als Schutzkreis platziert. Stellen Sie 1 Sonnenblume direkt vor sich auf. Schließen Sie die Augen. Versuchen Sie sich vorzustellen, wie die Sonne Ihre Energiestraße hell erleuchtet, wie

Sonnenblumen diese Straße einsäumen. Sagen Sie laut 6-mal hintereinander: „Wohlstand fließt zu mir"; oder „Erfolg ist in mir"; „ Ich bin in allen Ebenen Gesund".

Der Sonntag wird Sie mit den vielen energetischen Qualitäten gradlinig und stark unterstützen.

7 starke Wochentage, jeder Tag mit eigenen Qualitäten. Versuchen Sie einmal zu erspüren welcher Tag für Sie der „Schönste" ist. Ich meine damit nicht nur den Sonntag oder Ihren persönlichen freien Tag. Vielleicht mögen Sie nun, da Sie die Wochentage ein wenig mehr kennen gelernt haben, sich selbst etwas beobachten. Wo finden Sie sich mit Ihren Empfindungen wieder. Probieren Sie einige Beschreibungen aus, beziehen Sie die Familie mit ein, wenn Sie möchten. Lernen Sie sich erneut oder intensiver besser verstehen.

Gebete und Affirmation im Ritual

Gebete sind eine verbale oder nonverbale rituelle Zuwendung an höhere kräftigere oder auch feinere Schwingungen von Energien oder Wesen. Beten bedeutet nicht zwangsläufig oder gleichzeitig religiös zu sein, oder einer bestimmten Religion anzugehören. Beten ist zunächst eine Möglichkeit des Bittens, um Energie, Kraft, Heilung, Segen und Schutz. Gebete können still in Gedanken gesprochen werden, sowie mit Ton und Stimme. Es spielt keine Rolle, wen wir in unseren Gebeten rufen, einzig auf die Kraft und Energie, die Liebe, die wir in unsere Gebete hineinlegen, kommt es an. Immer wird es einen energetischen Austausch geben. Denn Ihre Straße der Energie, die Sie gerade öffnen, ist niemals eine Einbahnstraße. Stets werden Sie sich mental und energetisch dabei öffnen, um die Schwingungen, die Sie bei einem Gebet aussenden, auch wieder als Resonanz zurück zu empfangen. Sie müssen weder knien noch eine bestimmte Tageszeit einhalten. Auch wenn jeder Tag und jede Stunde seine eigene Energiekraft besitzt, die Sie natürlich mit einbeziehen können. Beten können Sie in erster Linie überall und zu jeder Zeit. Sie halten Zwiesprache mit anderen Energieformen, die Sie damit auf ihre erschaffene Lebensenergiestraße eingeladen haben, oder zu sich bitten. um Schutz oder anderes zu erhalten. Es ist ihr persönliches Gebet, das weder eine Vorschrift noch einen vorgefertigten Text besitzen muss. Natürlich können sie Texte nutzen, die sie gelesen haben. Sie können gemeinsam oder für sich alleine bitten. Sie können kniend, sitzend, stehend oder laufend Ihre Gebete sprechen. Ob Sie andere Hilfsmittel in den Händen halten möchten oder vor einer brennenden Kerze sitzen, all dies bleibt ihrem ganz persönlichen Gefühl überlassen. Ebenso ob Sie zunächst an das Glauben, was sie gerade tun, ist nicht wichtig. Auch wenn Glaube seine eigene Kraft besitzt, seine eigene Schwingung erzeugt, bedingt es sich nicht ausschließlich. Einzig wichtig ist ihre Energiekraft und Liebe, die sie in ihre Worte hineinlegen. Nicht unbedingt der wohlgeformte Text ist, auch wenn sicher jedes Wort im Einzelnen seine Schwingung erzeugt. Es sind ihre Liebe, ihr offenes Herz, ihre Seele, die diese herrlichen Energiestrassen öffnen. Ein mit Liebe gerufenes „Ich bitte um Kraft" erzeugt oftmals mehr harmonische weiche Energien, als ein grandioser Gebetstext, mit dem sie sich jedoch nicht wohl fühlen. Bei all dem gilt, Sie können, Sie dürfen, doch lassen sie sich bitte nicht zu starren Vorgaben überreden, in denen Sie sich eingeengt fühlen. Denn auch alles was Sie hier in dem Buch finden, dient der Möglichkeit, die Sie nutzen können. Es gibt kein Falsch oder Richtig. Für jeden gibt es ein stimmiges Gefühl, wonach sich jeder orientieren kann. Für den einen mag das ein ganzes Gedicht als Gebet sein, für den anderen immer wiederkehrend nur ein Satz. Mancher hat das Gefühl das Gebet mehrmals zu wiederholen, es zu singen oder in Gedanken als eine Art Affirmation auch am Tage zu wiederholen. Ein andere hat den Wunsch, seine Bitte, sein Gebet, nur einmalig, dafür laut in die Welt zu rufen. Oder auch nur einmalig in einer bestimmten zeremoniellen Weise kund zu tun. Lauschen Sie in sich hinein. Fragen Sie sich selbst, welcher Weg ihnen zu sagt. Sie sind es, der diese Straßen für sich selbst erbaut und öffnet. So sollten Sie frei entscheiden, was Sie möchten.

Affirmationen, abgeleitet von den Wort *affirmatio,* bedeutet soviel wie Bestätigung oder Zustimmung. Es sind Situations- oder Lebensbejahende, wiederkehrende Sätze, die in ihr Unterbewusstsein fließen. Von dort gelangen sie in einer Art Echo, also Resonanz, in ihr Bewusstsein. Sie beeinflussen sich selbst also positiv. Erschaffen somit bestimmte Schwingungen die in Ihnen wirken. Durch diese Wirkungsweise und häufigen Wiederholung der Worte und Affirmationen, öffnen Sie einen positiven Energieweg für sich selbst, und auf diesem fließen nun die Schwingungen der gesprochenen , gedachten oder gelesenen Worte in zwei Richtungen. Zunächst von Ihnen entfernend, denn sie senden es aus, dabei gleichzeitig alle Energien der gleichen Schwingungen mit anziehend, um dann zu Ihnen zurück zu fließen. Sie tragen jetzt die Schwingung der Worte durch das Aussenden in sich. Dem Gesetz der Resonanz zufolge wird also nun alles was sie aussenden an Wort und Affirmation wieder in dieser wundervoller Schwingung zu Ihnen zurückkehren. Und somit besitzen Sie in sich immer mehr von dieser Schwingung, senden immer mehr aus, bekommen immer mehr zurück. Stellen Sie sich vor wie wundervoll ihr Leben wird, mit so immens vielen, wunderschönen und positiven Energien.

Begegnungen

Für viele Menschen ist es schwer vorstellbar, dass sie mit höheren Energieschwingungen wie Engeln oder anderen Licht und Elementar Energien Kontakt herstellen können. Eben nicht nur im fühlbaren Bereich, sondern genauso im verbalen Bereich. Im Kapitel Gedankenkraft schrieb ich schon, wie unvorstellbar und für manche sogar Absurd das erscheint. Doch versuchen Sie sich vorzustellen, dass auch das Wort in mentaler Kraft seine Energie besitzt. Und nun stellen sie sich bitte einmal vor, wie oft sie schon telefoniert haben. Und gehen sie nun einmal zurück zu der Zeit, als das Telefon erst erfunden wurde. Unsere Großeltern oder Urgroßeltern hatten keine Vorstellung davon, was es ermöglicht. Oder das es so etwas geben könnte. Und die Skepsis, das Gemunkel von unnatürlichen Dingen waren zunächst überall zu hören. Wer hätte zu dieser Zeit an den heutigen technischen Wohlstand gedacht. Niemand. Und es brauchte, bis die Menschen diesen Komfort als natürlich ansahen.

Eine Telefonleitung aber ist nichts anderes, als unser Radio und unsere Energiestraßen. Nicht sichtbar, doch existent. Wenn Sie den Nachrichtensprecher hören im Radio, können sie ihn nicht sehen, und doch lauschen sie gespannt, was er zu sagen hat. Achten darauf und nehmen es sogar an, wenn er von Regen, Sonne und so vielen weiteren wichtigen Dingen spricht.

Sie vertrauen ihrem Radio, Sie wissen, dass diese Stimme, die sie hören real ist. Sie vertrauen ihrem Telefon, das dort am anderen Ende tatsächlich jemand spricht. Letztlich ist dies nichts anderes, als das Gespräch mit anderen Energiequellen auf unsere Energiestraße oder Energieleitung. Hier ist nichts ungewöhnlicher, als der unsichtbare Sprecher im Radio. Sie haben beim Radio eine bestimmte Frequenz (Radiowelle) eingestellt, damit sie einen bestimmten Sender hören können. Bei ihrer Energiestraße, die sie eröffnet haben, taten sie das Gleiche. Sie wählten mittels Wort, Gedanken, Gebet und Ritual eine Frequenz aus, auf der Sie nun eine Antwort bekommen. Ich kann ihr Stirnrunzeln förmlich sehen. Was, wenn mein Ego oder ich selbst mir antworte. Sie werden es schnell herausfinden. Überlegen sie einmal kurz, in welcher Weise Sie sich selbst auf eine Frage z.B. „ Schaffe ich die Prüfung" antworten würden. Ich weiß zumindest, wie mein Ego mir antworten würde. „Hast du genug gelernt, schaffst du das auch". „Stell dich nicht so an, das schaffst du schon"

Hier werden Sie gravierende Unterschiede bemerken. Ein Engel oder Lichtwesen wird Ihnen immer in einer besonderen, liebevollen Weise antworten. Es wird keine Zurechtweisung geben, keine harschen Worte.

Immer werden die Antworten in einer Sanftheit gesprochen sein, die sie sehr berührt. Oftmals einleitend mit den Worten: „Mein liebes Erdenkind" oder auch „Geliebtes Wesen". Sehr häufig verwenden diese Lichtwesen die Mehrzahl in Form des „ *Wir.* "

„ Wir beschützen dich, geliebtes Kind. Wir leiten euch Erdenkinder. Wir helfen euch euren Weg zu finden".

In einem persönlichen Zwiegespräch zwischen Ihnen und ihrem Schutzengel wird *ER* Sie jedoch auch mit dem Wort *Du* anreden. Auch hier in einer lichtgebenden, liebevollen Weise. Niemals würde ein Engel etwas erwarten oder fordern, dass gegen Ihre persönlichen Grundeinstellungen verstößt.

„Ich bin bei Dir, damit Du wachsen kannst. Du bestimmst wann ich Dir zur Seite stehen darf."

Es wird keine Vorwürfe geben, keine Anklagen, keine Bitternis. Immer wird es um Ihre Ganzheit und Heilung gehen, um Ihren Schutz, um Ihre Stärke, um Ihr Gelingen. Solange es nicht einem Wunsch entsprach, der anderen Lebewesen Schaden würde, wird Ihr Schutzengel oder Lichtwesen alles daran setzen, Ihnen zur Seite zu stehen. Sie werden eventuell Gänsehaut spüren, ein Kribbeln am Körper sowie stärkeres Herzklopfen. Ein Gefühl, unendlich geliebt zu sein wird Sie wärmend umgeben. Vielleicht spüren Sie einen Hauch von Luft, oder auch zunächst nichts weiter. Bedenken Sie, jeder Mensch reagiert anders. Nichts ist unmöglich. Und unerwartet ist eine Idee in Ihnen, wie Sie an

Ihr Ziel kommen. Sie werden vielleicht schon morgen plötzlich jemandem begegnen, in der körperlichen Welt, der Ihnen genau auf ihrem Weg und Ihrem Wunsch behilflich sein wird. Vielleicht fühlen sie sich überraschend leicht und frei, beschwingt und frohen Mutes. Bedanken Sie sich bei ihrem Engel oder Energiekontakt. Ihr Dank wird noch einmal eine wundervolle Energie erschaffen, die ebenfalls zu Ihnen zurückkehrt.

Um Ihnen einige Engelenergien näher zu erklären, beschreibe ich Ihnen 12 Engel, die in ihren jeweiligen Kräften einem Sternzeichen zugeordnet sind. Zudem die 4 bekanntesten Erzengel Gabriel, Michael, Raphael und Uriel. Doch diese bedeutet keineswegs, dass Sie nur mit diesem jeweiligen Engel oder Erzengel in Kontakt treten können, oder werden. Jeder Engel, Erzengel oder andere Himmlische Helfer wird Ihnen seine Kraft und Güte zukommen lassen, wenn Sie ihn darum bitten, bzw. wenn Sie ihn zu sich einladen.

Doch zunächst ein wenig mehr über Engel und deren Energien. Engelenergien sind jene feinen Gespinste, die mit dem menschlichen Auge nicht sichtbar sind. Jedoch mit dem Herzen fühlbar. Mit der Aura und der Seele, da beide miteinander über Energiebahnen verbunden sind.

Im Himmlischen Gefüge gibt es verschiedene Engel und Erzengel, die jeweils ihre bestimmten Aufgaben besitzen, die sie hier auf der Erde für die Lebewesen ausführen. Warum Engel hier auf Erden sind? Hauptsächlich um uns mit den kosmischen Energien vertraut zu machen.

Doch weiterhin, damit wir Menschen unserem Lebensweg und Sinn hier auf Erden gerecht werden können und diese Lebensaufgaben erfüllen können. Engel dürfen nicht in ein Erdenleben eingreifen, wenn sie nicht darum gebeten werden. So will es das kosmische Gesetz. Deshalb, erlauben Sie den Engeln, dass diese Ihnen helfen. Erlauben Sie den Kontakt zur alles umfassenden göttlichen oder kosmischen Energie. Erlauben Sie sich selbst, die unendliche Liebe der Engel zu fühlen. Erlauben sie ihrem Herzen und ihrer Seele zu Leuchten.

12 Engel für 12 Sternzeichen

Der **Widder** fühlt sich dem Engel **Machidiel** verbunden. Dieser Engel herrscht für 91 Tage vom Frühling zum Sommer. Er entfacht die feurige Energie der Sonnenstrahlen in jedem von uns. Machidiel wird auch der „Gnadenbringer" genannt. Er hilft Ihnen Sie selbst zu sein, zu sich selbst zu finden. Er lehrt Sie dabei den Respekt und die Akzeptanz der Freiheit gegenüber anderen Menschen. Symbole des Engels Machidiel sind Stärke und Aufbruch.

Der **Stier** fühlt sich dem Engel **Asmodel** verbunden. Er ist ein sehr mächtiger blond gelockter Engel der göttlichen Liebe und der Nächstenliebe. Als Engel der Ordnung und Wiedergeburt hilft er bei jedem neuen Schritt auf einem neuen Weg. Er lehrt die Liebe zur Natur und die Geduld. Häufig wird er in kräftigen orange und Rottönen wahrgenommen. Symbole des Engels Asmodel sind Heimatgefühl und Sicherheit.

Das Sternzeichen **Zwillinge** fühlt sich dem Engel **Ambriel** verbunden. Dieser kommunikationsfreudige Engel bringt Ihnen die Wahrheit und die Offenheit, mit allen Wesen in Kontakt treten zu können. Gerne führt er, während er in seinem rosa Licht erscheint, die Menschen zur Liebe der Natur und der Erde, gibt Ihnen Schutz und inspiriert Sie zu neuem Wachstum. Symbole des Engels Ambriel sind Kontakt mit anderen Menschen, desgleichen vermittelndes Wissen.

Der **Krebs** fühlt sich dem Engel **Muriel** verbunden. Es heißt, er sei einer der Chefengel der 3 Stunde des Tages. Er hilft und fördert den geistigen und liebevollen Kontakt zum elementaren Naturreich, zu Steinen und Pflanzen. So erscheint er auch oft in einer wunderschönen lichtgrünen Energie. Symbole des Engels Muriel sind Schutz der Familie und Gefühlsfähigkeit.

Der **Löwe** fühlt sich dem Engel **Verchiel** verbunden. Die Sonnenwärme, die dieser verströmt, lässt ihn oft in einem goldgelben Lichtstrahl sehen. Er unterstützt die Menschen im Lernprozess sowie in der gesamten geistigen Arbeit. Häufig öffnet er Energiebahnen für eine bessere Kommunikation und ein besseres Verständnis untereinander. Symbole des Engels Verchiel sind Kraft, Achtung und Ehre.

Das Sternzeichen **Jungfrau** fühlt sich dem Engel **Hamaliel** verbunden. Dieser ist gleichzeitig ein Regent der Löwe geborenen. Er hilft bei allen chemischen Prozessen, wie z. B. Ölzubereitungen und dem Kochen. Apotheker wie auch Chemiker werden ihn in ihrem Herzen längst kennen. Er unterstützt die Menschen gerne, damit diesen alles gut gelingt.

Er verhilft zu Klarheit und dem auflösen von Konflikten. Vermittelnd öffnet er das Herzchakra und lässt die Liebe fließen. Sein Energiefeld sehen wir in gelbgrün leuchten. Symbole des Engels Hamaliel sind Ordnung im Leben und stärkende Gesundheit.

Die **Waage** fühlt sich dem Engel **Uriel** verbunden, der als einer der 4 Haupterzengel benannt ist. Uriel fördert ein Literatur und Musikverständnis. Er transformiert viele Energien, so dass es Reinigung und Loslösung geben kann. Sein friedvolles Licht sehen wir häufig in rot und gold leuchten, seine bedingungslose Liebe schenkt uns neue Kraft und Energie. Als Prophet gibt er uns wichtige Informationen, vermittelt uns eigene Einsicht und ein spirituelles Verständnis. Gerne hilft er allen Studenten und lernenden. Symbole des Erzengel Uriel sind Harmonie Wahrheit und Wissen.

Der **Skorpion** fühlt sich dem Engel **Barbiel** verbunden. Erzengel Barbiel gilt als besonderer Schutzengel aller Kinder. Er hilft gerne die Ordnung wieder herzustellen und zeigt sich häufig in einem goldbraunen Lichtenergiefeld. Er vermittelt ein wundervolles eigenes kreatives Verständnis und erhöht das eigene Potenzial um auf dem Lebensweg voran zu schreiten. Auch die Einsicht in den kosmischen Kreislauf von Geburt und Tod sind einer seiner Lehren. Symbole des Erzengel Barbiel sind Partnerschaftsvertrauen und liebevolle Leidenschaft.

Der **Schütze** fühlt sich dem Engel **Adnachiel** verbunden. So sehen wir diesen Engel oft in einem orangen und rosafarbenen Licht, wenn er uns Schutz und Segen zuteilwerden lässt. Er unterstützt die Suche nach

Gerechtigkeit und Unabhängigkeit, in einer gleich bleibenden Harmonie. Er verhilft uns mit seiner Lichtenergie zu Ehrlichkeit, Offenheit und einem Verstehen von Spiritualität. Symbole des Engels Adnachiel sind Toleranz und göttliche Ideen.

Der **Steinbock** fühlt sich dem Engel **Haniel** verbunden. Seine blaue und rosafarbene Energiequelle begegnet uns sanft, wenn wir ihn rufen. Er hilft uns altes Wissen um Naturheilkunde und deren Zubereitung sowie aller alten, zum Teil verlorenen Geheimnisse, der Mixturen, Pülverchen, Heilsteinen und Pflanzen wieder zu finden und zu nutzen. Mit Harmonie bringt er wunderbare Freunde in unser Leben, oder auch ein herzliches Rendezvous. Bei öffentlichen Auftritten, Vorträgen oder Verhandlungen wird er uns mit seiner ruhigen zentrierten Kraft begleiten. Er lehrt die Geduld, Ausdauer, Stärke und Bedächtigkeit ebenso, wie die Hellsichtigkeit und außersinnlichen Wahrnehmungen. Symbole für den Engel Haniel sind Gelassenheit, Anmut und Mondenergieverständnis.

Der **Wassermann** fühlt sich dem Engel **Gabriel** verbunden. Sein wunderschönes weißes Licht und Kraftfeld zeigt sich in gütiger Wärme und Liebe. Mit seiner Klarheit und Reinheit unterstützt er uns bei unseren Visionen, Träumen und Wünschen. Er verhilft zu Kreativität. Ebenso inspiriert er uns stets zu Veränderungen in unserem Sinne. Mit seinem Optimismus und dem Geben von Hoffnung, lässt er uns unsere Bestimmung erkennen. Symbole des Erzengels Gabriel sind Mut, Botschaften und Lebensfreude.

Die **Fische** fühlen sich dem Engel **Barchiel** verbunden. In sanften grüngoldenen Lichtfeldern begrüßt uns dieser Engel. Wohlwollend seine vier Flügel über uns hüllend, schütz und segnet er uns, sodass wir uns sofort geborgen fühlen. Er fördert unser Verständnis für die Pflanzen und deren Gedeihen und Wachstum in Mutter Erde. Bewusst und mit besonderer Klarheit vermittelt er Frieden, Glück und Licht in uns, sodass wir Zuversicht und Trost erfahren. Durch den intensiven Energieaustausch über das Herzchakra fühlen wir intuitive und sensible Zusammenhänge, die uns auf unserem Lebensweg beschwingter weiter gehen lassen. Symbole des Erzengels Barchiel sind emotionale Tiefe, Heilwissen und Bewusstheit.

Engellicht

Engelstrahlenlicht und deren Farbenergiefelder stehen ebenso in einem bestimmten Bezug zu Eigenschaften. Engel lassen diese Energien aus der göttlichen Quelle in unsere Aura fließen. Im Gesetz der Resonanz erfahren wir diese Qualitäten und senden diese auch wieder aus.

Das blaue Licht der Engel oder auch ihr blaues Energiefeld bringen die Eigenschaften Mut, göttliches Wissens, Macht, Kraft und Schutz sowie Frieden, Ruhe, Entspannung, Harmonie und Geborgenheit.

Das goldgelbe Licht der Engel oder auch ihr goldgelbes Energiefeld bringen die Eigenschaften Weisheit, Erleuchtung, Wärme, Entfaltung, Befreiung, Freude, Heiterkeit, Lehren und Lernen

Das rosa Licht der Engel oder auch ihr rosafarbenes Energiefeld bringen die Eigenschaften Zuneigung, Liebe, Schutz, Emotionen, Toleranz, Freiheit, Wärme und Geborgenheit.

Das weiße Licht der Engel oder auch ihr weißes Energiefeld bringen die Eigenschaften Reinheit, Klarheit, Entscheidungsfähigkeit, Auflösung und Neubeginn.

Das grüne Licht der Engel oder auch ihr grünes Energiefeld bringen die Eigenschaften Konzentration, Wahrheit, Heilung, Wachstum, Frieden, kosmisches Verständnis, Naturverbundenheit, Selbstbewusstheit, Ruhe und Konzentration.

Das rote Licht der Engel oder auch ihr rotes Energiefeld bringen die Eigenschaften Kraft, Stärke, Mut, Ausdauer, Willenskraft, Lebensmut, Frieden und Genesungsfähigkeit.

Das violette Licht der Engel oder auch ihr violettes Energiefeld bringen die Eigenschaften der Inspirationsfähigkeit und Intuitionsannahme, der Fähigkeit zur Transformation und Wandlung.

Das blaugrüne bis türkisfarbene Licht der Engel oder auch ihr blaugrünes bis türkisfarbenes Energiefeld bringen die Eigenschaften Unterscheidungsvermögen, Erkenntnisannahme, Selbsterkenntnis,

Fantasiebildung, Freundschaft, Optimismus, Kontaktfähigkeit zu Lebewesen und Naturwesen.

Das rotblaue Licht der Engel oder auch ihr rotblaues Energiefeld bringen die Eigenschaften Harmonie, Ruhe, Balance, seelisches Glück sowie Kommunikations-Fähigkeit mit allen Lichtwesen bzw. Lebewesen.

Das goldene Licht der Engel oder auch ihr goldenes Energiefeld bringen die Eigenschaften Gelassenheit, energetisches Gleichgewicht, Stille und Ruhe, Frieden, und Erleuchtung.

Das silberne Licht der Engel oder auch ihr silbernes Energiefeld bringen die Eigenschaften der Heilung, Kommunikationsfähigkeit, Klugheit, Wahrheitsfindung, Reinigung, Harmonisierung und Echtheit im eigenen Sein.

Das braune Licht der Engel oder auch ihr braunes Energiefeld bringen die Eigenschaften der Erdverbundenheit, dem materiellen Sicherheitsgefühl, des familiären Geborgenheitsgefühls und des inneren wie äußeren Gleichgewichtes.

Vier Erzengel

Erzengel Gabriel wird auch der Engel der Verkündigung genannt. So ist *ER* Patron für alles was kommunikativ hin und her schwingen soll. Ebenfalls ist *ER* der Bote, der Ihnen oftmals die Antworten auf Ihre Fragen übermitteln wird. Die Antworten werden Ihnen Klarheit bringen, sowie ein inneres Gefühl der Freude und Zuversicht, nebst dem tiefen Empfinden von Hoffnung sowie Lebensglück.

Erzengel Gabriel aktiviert das Halschakra, und lässt sich somit auch über dieses herbei bitten. Der Mond und das Wasser gehören zu diesem Erzengel ebenso, wie unsere Ebene der Gefühle. Daher spüren wir auch intensiv die Gegenwart dieses Erzengels in Form kribbelnder Energie die uns durchflutet. Sein weißer Lichtstrahl wird uns Lösungsideen sowie Klarheit und Entscheidungsfähigkeit bringen.

Erzengel Michael wird auch der Engel der Errettung genannt. Somit ist er dort anwesend, wo Themen wie Gerechtigkeit, Gefahren und unserer eigener Mut zugegen sind. ER wird bei Ihnen sein, wenn sie kämpfen wollen. Wenn Sie Stärkung und Vertrauen benötigen. Wenn Sie zu Ihrem Recht und zu ihrer inneren Kraft und Stärke kommen wollen.

Erzengel Michael aktiviert Ihr Sonnengeflecht ebenso wie Ihr Halschakra. Legen Sie Ihre Hände auf Ihren Bauch und bitten Sie mental den Erzengel um seine Anwesenheit und seinen Schutz. Seine Energien werden Sie am ganzen Körper spüren, zumeist an der Wirbelsäule entlang und im Sonnengeflecht als einen warmen bis zuweilen heißen Energiestrom. Sein blauer Lichtstrahl wird Ihnen Sicherheit, Selbstbewusstsein, festen Glauben und Geborgenheit bringen. Die Sonne und unsere Ebene des Wollens finden hier ihre Zuordnungen.

Erzengel Raphael wird auch der Engel der Heilung genannt. Überall dort wo Themen der Regeneration, Erneuerung und Heilung vorhanden sind, ist ER mit seiner wie Balsam wirkenden Energie zugegen. Erzengel Raphael wird Sie zurückführen zu Ihrem Gleichgewicht. Seine Kraft wird Ihnen Frieden und Zufriedenheit, sowie Selbstliebe und eigene Lebensbejahung schenken. Sind Sie sich nicht sicher welchen Beistand Sie in einem Ritual oder Gebet benötigen, rufen Sie Erzengel Raphael. ER wird in den Energieebenen den für Sie gerade wichtigen Kontakt herstellen. Des gleichen wird ER Sie auf jeder mentalen oder körperlichen Reise unterstützen. Jedes Kraut und jedes Hilfsmittel für Sie energetisch aktivieren, damit Sie den richtigen Energiefluß daraus erhalten.

Erzengel Raphael aktiviert Ihr Herzchakra ebenso wie Ihre Handchakren. Denn seine Energien wirken auf allen Ebenen unseres Daseins über unsere Hände. Dort hinein lässt er seinen heilenden grünen Lichtstrahl strömen, den sie als kreisende warme Energie in Ihren Handchakren und Ihrem Herzchakra spüren werden. Legen Sie sich danach Ihre Hände auf Ihren Körper, wo hin immer Sie möchten. Oder auch auf eines ihrer Hilfsmittel in einem Ritual. Sie werden aus Ihren Händen diese heilige Energie weiter senden.

Jegliche Sternenwelt in uns und um uns herum, sowie die Ebenen unserer Gedanken finden hier ihre Zuordnungen.

Erzengel Uriel wird auch der Engel der Prophezeiung genannt. Er ist es der Geheimnisse aufdeckt, der unseren Lichtstern in uns entfacht. Als Wächter über alle Welten ergießt sich sein Energiestrom jedoch hauptsächlich in die Erde. Spendet somit allen Lebenden Lebenskraft und Lebensfreude. Bitten Sie Erzengel Uriel zu sich, so werden Sie die

Naturschätze und Naturgesetze, vor allem aber die Naturgeschenke besser verstehen. Wie ein heiliger Geistesblitz wird Erkenntnis und Inspiration in Ihnen sein. Sie werden Stark und im Gleichgewicht, mit neuem Selbstvertrauen Ihre eigene Schöpferkraft erleben. Tatkräftig, erfolgreich, ausdauernd und freudig mobil wird Ihr Leben sich darstellen.

Erzengel Uriel aktiviert so auch ihr Basischakra, steht hilfreich bei der Erdungsarbeit zur Seite. Sein roter Lichtstrahl, den Sie aktivierend wie auch wellenartig in Ihrem 1 Chakra, in Ihren Füßen und Ihrem Erdstern spüren, lässt Sie stabil, frisch, lustvoll, kreativ und frei werden.

Münzen, die Erde sowie die Ebene unseres Handelns finden hier ihre Zuordnungen.

*

Kapitel III

Kerzenkunde

Wie schön erwähnt gibt es sehr viele Ressourcen, die uns für unsere Rituale zur Verfügung stehen. Doch ist es nicht mein Ansinnen ihnen komplizierte Utensilien vorzustellen, sondern ganz wie es dem Buch hier entspricht, das schlichte, einfachere Zubehör aufzuzeigen. Dinge, die Sie aus ihrem Alltag kennen, wie z. B. Kerzen. Kräuter, Blumen, kleine Symbole, Öle und Blütenessenzen. Einfache, doch hochenergetische Mittel, um Sie in Ihrem persönlichen Ritual, Gebet oder der Affirmation zu unterstützen. Oft ist es uns ein Ansinnen, unsere bewussten Handlungen in einem Ritual noch zusätzlich zu unterstreichen. Jedes Detail besonders schön in dieser Zeremonie herzurichten. Oder auch zusätzlich die Energien der Hilfsmittel stimmig mit einzubauen. Lassen Sie sich daher entführen in ein wenig Kerzen und Kräuterkunde. Lesen Sie mehr über die Gewinnung von Ölen und Blütenessenzen. Über die leichte und wunderschöne Handhabung einiger bekannter Symbole.

Die Reichtümer des Geistes
verschönern das menschliche
Antlitz und lassen Mitgefühl und Achtung entstehen.
In jedem Wesen äußert sich der Geist in den Augen,
im Ausdruck und in allen Gebärden und Bewegungen
des Körpers. Unsere Erscheinung, unsere Worte, unsere

Kerzen(er)kenntnisse

Kerzen sind ca. seit dem 2. Jahrhundert n. Ch. bekannt. Ab dem 10 Jahrhundert gab es dann die ersten Kerzenzieher in Frankreich. Im späteren Mittelalter kamen dann auch Kerzenhändler und Talgkerzenhändler dazu. Ihre weiße Farbe erhielten Kerzen jedoch erst ab dem 17. Jahrhundert, leider nur durch die Verbindung mit Arsenik. Erst um 1725 herum, konnten weiße Kerzen auch anders hergestellt werden. Die erste, für uns heute noch bekannte Stearinkerze gab es ca. im 18. Jahrhundert. Im Laufe der folgenden Jahre wurden dann immer mehr Verbesserungen erprobt, bis dann auch Paraffin Kerzen hergestellt wurden.

Das Entzünden eines Lichtes und später einer Kerze entstammt uralten Traditionen, symbolisierte seit jeher das Licht der Seele oder auch das Licht der Welt. Das Osterlicht ist seit dem 4. Jahrhundert bekannt, wenn gleich es seinen Ursprung in noch früheren heidnischen Traditionen findet. Seit der Antike kennen Menschen die gebändigte Form von Feuer in Öllampen. Doch wissen wir, dass letztlich das Symbol Feuer und Licht so alt wie die Menschheit ist. Und seit Menschengedenken gilt das Licht als Freude bringendes, Seelen heilendes göttliches Geschenk.

Sie alle kennen sicherlich das tiefe Gefühl, welches der Kerzenschein erzeugt. Den Frieden, die Harmonie und die Stille, die damit einhergehen können. Die Wonne beim Anblick eines leuchtenden, mit Wachskerzen geschmückten Tannenbaumes, die wohltuende innere Wärme, die selbst eine einzelne angezündete Kerze erzeugt.

Eingefärbte Kerzen wurden und werden gerne genutzt, um sich zunächst am Licht zu erfreuen, doch zugleich auch an den symbolischen Anordnungen der Farben. Diese Bestimmungen der Kerzenfarben im Bezug zu menschlichen Eigenschaften sind bis heute traditionell verankert. Um Sie damit ein wenig vertrauter zu machen, und Ihnen das herausfinden der stimmigen Kerzenfarben für Ihr Ritual zu erleichtern, folgen hier einige Erklärungen.

Farb und Eigenschaftsbestimmung

Die Kerzenfarbe rosa wird meist als Symbolik für Liebe, Zuneigung, Romantik, Heilen des Geistes, spirituelles Erwachen und den Zusammenhalt genutzt. Sie gilt als die Farbe der Weiblichkeit, die in ihrer hellen, wärmenden Kraft die Kommunikation fördert. Geht es um Freundschaften, greifen wir gerne zu einer rosafarbenen Kerze.

Im Gegensatz dazu ist die Kerzenfarbe rot sehr aktiv und kräftig. In ihrer Symbolik wird sie meist mit leidenschaftlicher Liebe verbunden, aber auch mit Kraft, Mut, Energie, Vitalität, Gesundheit, Willensstärke und Fruchtbarkeit.

Die Kerzenfarbe orange wird für die Symbole Mut, Anziehung, Veränderung, Kontrolle, Ausdauer und Fruchtbarkeit genutzt. Alles, was etwas mehr Power braucht, sich selbst auch Aufbauen möchte, ist mit dem kräftigen Orange gut zu aktivieren.

Die Kerzenfarbe grün, ganz wie das dunkle Rasengrün aktiviert stark. Diese Farbe zieht Wohlstand, Erfolg und Geld an, führt uns mit ihrer Energiekraft auch in ein Gleichgewicht. Sie fördert zudem das Glück, die Fruchtbarkeit und den Neubeginn. Hier gehört auch die mütterliche Liebe und Zuneigung als Wegweiser dazu.

In hellerer Nuance, wie die frischen Spitzen eines Baumes, finden hier die Themen Lebensfreude und Fülle ihren Symbolgehalt. Durch die Ähnlichkeit der Farbe mit frischen Heilpflanzen wurde der Farbe Gelbgrün das Thema Gesundheit zugeordnet.

Die Kerzenfarbe blau inspiriert zu Harmonie, Frieden und Wahrheit. Sie aktiviert Schutz, Glück sowie Gesundheit. Ist die Farbe blau sehr dunkel und hat den Farbton des Königsblaus, fördert sie Humor und Heiterkeit, verstärkt zusätzlich alle Wirkungen der Anziehung.

Das etwas hellere blau, manchen als Azurblau bekannt, symbolisiert eher die tiefe Entspannung, das Spirituelle desgleichen die Meditation. Hier werden der Frieden und ein erholsamer Schlaf gefördert. Doch auch bei Themen der Freundschaft und des Schutzes ist diese Kerzenfarbe ideal.

Die Kerzenfarbe gelb, wie wir sie oft als sonnengelb oder goldgelb bezeichnen, umfasst die Themen Verstand, Vorstellungskraft sowie

Geisteskraft. Erzeugung von Konzentrationsenergie, Aktionsenergie und Anziehungsenergie gelingt mit der Kerzenfarbe gelb leichter. Ebenfalls, wenn es um Veränderungen in unserem Leben geht und das zu bildende Vertrauen darauf, wird diese Kerzenfarbe die richtige sein.

Liegt der Farbton mehr zum grünen Bereich wie das Zitronengelb, erreichen wir bei einem Kerzenritual mehr Frische und Lebensfreude.

Erreicht die Farbe gelb mehr den orange und roten Bereich, meist als indisch gelb beschrieben, steht sie im Kerzenritual in ihrer Symbolik für Naturverbundenheit und Heilung.

Die Kerzenfarbe braun bringt Ruhe und Wohlbefinden, steht im Bezug zur Erde. Sie aktiviert unsere Konzentration, Intuition und Telepathie. Häufig wird sie bei dem Wunsch der Anziehung von finanziellem Erfolg, Geld, materiellem Wachstum, Lernen und wieder finden von Verlorenem gerne genutzt.

Die Kerzenfarbe lila findet ihren Bezug zu innerer und geistiger Kraft. Sie fördert übersinnliche Fähigkeiten, Weisheit, Schutz und Ehre. Sie ermöglicht einen leichteren Kontakt zu Geisteswesen.

Auch bei Verhandlungen, ob beruflich oder privat, entfaltet sie hilfreiche Energien. Geht nun der Farbton mehr in das violett, so ist auch hier die innere und geistige Kraft vorhanden, sowie ein Bezug zum Idealismus und Ehrgeiz. Auch diese Farbnuance verhilft zu leichteren Kontakten in geistige und spirituelle Welten.

Wird nun die Farbe violett mit rot gemischt erhält man ein schönes Magenta, das in seiner Energie und Frequenz stärker und rascher wirkt.

Alles was sofort umgesetzt oder angezogen werden soll, findet hier die passende Farbe. Höhere Ebenen und Energien werden mit der Farbe Magenta erzeugt. Mischt man die Farbe violett mit mehr rosa bzw. weiß, ergibt dies den Farbton Purpur. Dieser Farbton wird bei dem Wunsch nach starken erneuernden Fähigkeiten und materiellem Wohlstand genutzt.

Gibt man der Mischfarbe Violett mehr vom blauen Farbton hinzu, erhält man die Farbe Indigo.
Diese Kerzenfarbe hat ihren Bezug zum Frieden, zur Ruhe und zur tiefen Entspannung. Durch ihre sanfte Energieentfaltung wird sie gerne bei Meditationen benutzt. Möchten wir Lügen und Gerüchte auflösen, ist die Kerzenfarbe Indigo der richtige Begleiter.

Die Kerzenfarbe gold hat eine kräftige Energiequelle, obwohl auch sanft in ihrer Wirkung. Ihr Bezug wird mit Anziehungskraft von höheren Wesen wie z. B. Engeln gesetzt. Für Schutz und erneuernde Kraft, sowie für das Erlangen von Geld und Glück und kosmischen positiven Einflüssen, ist das Benutzen einer goldfarbenen Kerze die richtige Wahl. Auch wenn sie im Handel kaum eine durchgefärbte goldene Kerze erhalten werden, sondern meist nur eine goldfarbene überzogene Kerze, so bleiben die Energien, verbunden mit der Farbe weiß, die darunter sichtbar wird, genauso stark.

Die Kerzenfarbe weiß, die Reinheit und Spiritualität, sowie den Frieden und den Schutz symbolisiert, kann für jedes Ritual einzeln oder zusammen mit einer anderen Kerzenfarbe genutzt werden.
Sie vereint viele unterschiedliche Energien.

Die Kerzenfarbe Silber fördert Inspiration und Intuition, sowie ein besseres Verständnis für die Träume. Gerne verwendet man diese Kerzenfarbe bei allen amtlichen und Behörden Belangen, desgleichen zum Erlangen von mehr Stabilität. Zudem oftmals für ein positives eigenes inneres Verständnis sowie einem tiefen Naturverständnis.

Wenn Sie die Möglichkeit haben, dann kaufen Sie sich durchgefärbte Kerze, da diese die jeweilige Kraft der Farbe intensiver hervorbringen. Doch sorgen Sie sich nicht, wenn dies einmal nicht möglich sein sollte. Das weiß, dass bei überzogenen Kerzen durch das Abbrennen sichtbar wird, mag die Energien der jeweiligen Farbe etwas schwächen, ist jedoch bedenkenlos stets kombinierbar.
Weiß passt, wie schon beschrieben, zu allem und vereint letztlich sehr viele unterschiedliche Energien.

Zusammenfassend alphabetisch angeordnete Bezugspunkte und deren stimmige Kerzenfarben.

Anziehung von Energien: weiß, gold, orange, braun
Berufliches: braun, gold, purpur
Erfolg: dunkelblau, indigoblau, dunkelviolett

Fortschritt: hellgrün, hellblau, hellbraun, helles gold, helles gelb

Frieden: blau, grün

Geisteskraft stärken: gelb, lila, gold, silber

Geld : dunkelgrün, braun, gold

Geschäftliches: grün, violett, gold

Gesundheit: dunkelgrün, hellgrün, braun, gold

Gleichgewicht: hellgrün, hellbraun, hellblau

Harmonie: grün, blau, hellbraun

Heilung des Geistes: weiß, gold, magenta, indigoblau

Intuition: dunkelgrün, dunkelblau, dunkelbraun, dunkelgelb, dunkellila

Kontakt: hellorange, hellblau, dunkelbraun, weiß

Kontrolle: dunkelgelb, orange, hellrot

Kreativität: gelb, hellbraun

Liebe: rosa, hellrot, hellviolett

Leidenschaft: dunkelrot, dunkelorange

Loslassen: rot, gelb, lila, indigoblau, silber, hellgrau

Macht und Kraft: weiß, magenta, orange, rot

Meditation: blau, violett, indigo, weiß, gold, grün

Mut gewinnen: rot, dunkelorange

Schnelle Veränderung: gelb, orange, magenta

Positives anziehen: weiß, gold, silber

Reichtum: dunkelgrün, braun, dunkelblau, gold, weiß

Romantik: rosa, gold

Schicksal verändern: hellrot, orange

Schutz: weiß, gold, magenta, indigo, tiefdunkelblau

Spirituelles Erwachen: rosa, violett, lila, weiß, gold, silber

Spirituelle Fähigkeiten: weiß, gold, orange, blau, lila, magenta

Spirituelles Wachstum: magenta, weiß, gold, silber, gelb

Streit schlichten: blau, lila, gold, indigoblau, silber

Treue: rosa, hellblau, dunkelgrün

Verständnis: gelb, blau

Vertrauen: rosa, gelb, hellblau

Vitalität: orange, violett, gold,

Wahrheit: blau, weiß, gold, indigo

Weißheit: weiß. silber, violett

Farbspiel u. Farbenspiegel der Sternzeichen

Farben zugeordnet zu den Sternzeichen sind konstruktiv verwendbar. Ungeachtet der Anwendungen, geben sie eine Richtlinie, um die eigene Farbstimmigkeit heraus zu finden. Sie werden dies von sich selbst kennen. Es gibt Farben, die gehören nun einmal zu Ihren Lieblingsfarben. Während Sie wiederum andere Farben ungern betrachten oder in Ihrer Garderobe aufnehmen würden.

Und selbst der herrlichste Blumenstrauß verliert eventuell an Attraktivität, ist er in der für Sie falschen Farbgebung ausgesucht. Schenken Sie einer Widderfrau rosa oder purpurfarbene Rosen, dann seien Sie nicht enttäuscht, wenn Sie lächelt, aber wirkliche Freude nicht zu sehen ist. Doch geht es nicht nur um das verschenken, sondern auch um das eigene Kennen lernen.

Warum mögen Sie gerade diese oder jene Farbe so besonders, fühlen sich besonders gut bei dieser? Ausgeglichen oder angenehm angeregt bei einer anderen? Oft hat es etwas mit ihrem Sternzeichen zu tun.

Vielleicht finden Sie sich gerade hier bei den Sternzeichen Farbzuordnung wieder. Sicher jedoch verhilft es Ihnen zu einem besseren Verständnis, weshalb Ihre Partnerin oder Ihr Partner gerade diese Farben bevorzugt.

Das Wissen um die Farbzuordnungen entsprechend der Sternzeichen vermag jedoch noch mehr. Nutzen Sie die angegebenen Farben zum Beispiel als Kerzenfarben, lassen Sie die Ruhe und Gelassenheit oder starke Inspiration und Freude durch Ihre stimmige Farbe auf sich wirken. Umgeben Sie sich mit den Ihnen zugehörigen Farben, in Form von Kleidung oder Accessoire wie Schal und Tuch. Als Dekoartikel für Ihre Wohnung oder auch in Form von Blumen und Blüten. Nutzen Sie Ihre persönlichen Farben für ein Ritual. Ihrer Kreativität sind auch hier keine Grenzen gesetzt.

Dem Sternzeichen **Widder** sind die Geburtsfarben Dunkelblau, rubinrot und weiß zugeordnet.

Ausgleichend bis beruhigend wirken für ihn jedoch die Farben grün und violett. Sehr anregend empfindet der Widder die Farben rot, orange und rotbraun.

Dem Sternzeichen **Fische** sind die Geburtsfarben Seegrün, blaugrün, pastellgelb und weiß zugeordnet.

Ausgleichend bis beruhigend wirken für diese die Farben blau, dunkelviolett und pastellgrün. Sehr anregend empfinden die Sternzeichen Fische die Farben blaurot und purpur.

Dem Sternzeichen **Stier** sind die Geburtsfarben rosa, hellblau und hellrot zugeordnet.
Ausgleichend bis beruhigend wirken für ihn die Farben grün, ocker, und blau. Sehr anregend empfindet er die Farben rot, orange und gelb.

Dem Sternzeichen **Zwilling** sind die Geburtsfarben gelb und orange zugeordnet. Ausgleichend und beruhigend wirken die Farben grau, helles violett und smaragdgrün auf sie. Sehr anregend empfinden sie die Farbe sonnengelb und alles Bunte.

Dem Sternzeichen **Krebs** sind die Geburtsfarben des blassen grün, sowie gelb und lila tönen zugeordnet.
 Ausgleichend bis beruhigend wirken für ihn die Farben violett, pastellgrün und graublau. Sehr anregend empfindet der Krebs die Farben goldgelb, sonnengelb, orange und silber.

Dem Sternzeichen **Löwe** sind die Geburtsfarben weiß, ein tiefes orange und kräftiges gelb zugeordnet.
Ausgleichend bis beruhigend empfindet er die Farben türkis und dunkelblau. Anregend sind für ihn die Farben rotorange, ocker und gelb.

Dem Sternzeichen **Jungfrau** sind die Geburtsfarben goldgelb, gelb, orange und braun zugeordnet.

Ausgleichend bis beruhigend wirken für sie die Farben grau, dunkelgrün und pastelllila. Als sehr anregend empfindet die Jungfrau bunte Farben, ein kräftiges gelb sowie Töne in braun und weinrot.

Dem Sternzeichen **Waage** sind die Geburtsfarben blau, helles braun und zartes grün zugeordnet.

Ausgleichend bis beruhigend wirken für sie die Farben blaugrün und ein dunkler ocker Ton. Sehr anregend empfinden die Waage die Farben rot, rosa, und gelborange.

Dem Sternzeichen **Skorpion** sind die Geburtsfarben rot, rotblau und indigo zugeordnet.

Ausgleichend bis beruhigend wirken für ihn die Farben grün, violett und purpur. Sehr anregend empfindet er die Farben braun, orange, rotbraun.

Dem Sternzeichen **Schütze** sind die Geburtsfarben orange, rotorange, gelborange und rostrot zugeordnet.

Ausgleichend bis beruhigend wirken für ihn die Farben hellblau, dunkelblau, violett. Sehr anregend empfindet der Schütze die Farben gold und goldgelb.

Dem Sternzeichen **Steinbock** sind die Geburtsfarben dunkelgrün, braun und indigo zugeordnet.

Ausgleichend bis beruhigend wirken für ihn die Farben smaragdgrün und indigo. Sehr anregend empfindet er die Farben gelb, braun und rotbraun.

Dem Sternzeichen **Wassermann** sind die Geburtsfarben silbergrau, blau und blaugrün zugeordnet.

Ausgleichend und beruhigend wirken für ihn die Farben weiß, graublau und meerblau. Sehr anregend empfindet er die Farben gelb und gelbgrün.

Es ist durchaus möglich, dass Sie sich zu mehreren Sternzeichen Farben hingezogen fühlen. Dann empfehle ich auch einmal auf den Aszendenten im Geburtshoroskop zu achten. Und ebenso ist es denkbar, dass Sie gänzlichst andere Farben lieben, als hier Ihrem Sternzeichen zugeordnet wurde. Dann ist dies eben Ihre ganz persönliche individuelle Vorliebe. Gehen Sie immer nach Ihrem Gefühl. Zuordnungen können stets nur ein Wegweiser sein, eine erste Orientierung. Die stimmig sein *kann* für Sie. Das gilt gleichermaßen für das nachfolgende Thema der Pflanzen. Was dem einen lieblicher Wohlgeruch, ist dem anderen längst noch kein Genuss.

Kleine Kräuter und Pflanzenkunde

Schon unsere Ahnen bedienten sich der Kräuter als Heilmittel oder Energiepotenzial. So nutzten sie Kräuter und Pflanzen um sich selbst in eine feinere Energieschwingung zu bringen. Als Schutz um sich herum gestreut, oder gemischt und ins Feuer geworfen. Kräuterpflanzen haben schon immer ihre wohltuenden Energien verströmt.

Antonius der Große aus Ägypten war es dann auch, der die ersten Grundsteine für die heutige Klostermedizin setzte. Dem folgte 329 - 379 Basilius der Große, der durch seine Kolonien bekannt wurde, die bis in das 7 Jahrhundert reichten. Benedikter folgten dann mit ihren Klosterschulen, aus der auch Hildegard von Bingen, (1098 - 1179), ihr Wissen bekam, Doch erst sie erfasste das Mysterium der Kräuter. Sie freundete sich mit Rhezotomen an, die die Wurzelkräuter am richtigen Ort zur richtigen Zeit fanden. Hypokrates brachte die Klostermedizin und Kräuterkunde jedoch über Arabien und der östlichen Welt dann nach ganz Europa.

Die Klosterfrau Maria-Clementine-Martin war später die erste Frau, die Pflanzen offen auf Wunden legte. Ihren Namen „Die Heilende " bekam sie in der Schlacht bei Waterloo. Klosterapotheken sind dann durch Aufbewahren von Kräutern und Büchern im 13. Jahrhundert entstanden.

Im 15 Jahrhundert arbeitete dann Nostradamus intuitiv und sensitiv mit Kräutern und Blumen. Astrologisch bewandert, hatte er auch Kenntnisse von der Medizin.

Sein größter Dienst am Menschen, so heißt es, sei das Erkennen der desinfizierenden Wirkung des Salbeis gewesen. In der Zeit der Pestilentia eine bedeutende Entdeckung. Nach langen Jahren des Studiums und seiner Nomadenzeit, verbreitete er einige seiner Theorien. Die unter anderem besagten, dass die Beilagen beim Essen wie Kresse, Kräuter, Gurke und Salat eine geistige Verbindung eingehen, um das Essen bekömmlicher zu machen. Heute ist diese Theorie längst bewiesen.

Doch nicht umsonst war er Astrologe und Kräuterkundiger, so erkannte er später, dass jedes Tierkreiszeichen einem bestimmten Duft zu zuordnen sei. Er vermeinte eine positive Befindlichkeit im Menschen zu erleben, wenn dieser sich je nach Sternzeichen mit einem Duft oder dessen Pflanze umgab, und dies mindestens für 3 Tage lang.

Heute ist hinlänglich bekannt, dass sich Düfte, ob aus Kräutern oder Blüten, bestens für ein gutes Wohlbefinden eignen. Und diese Blüten und Kräuter ihre Schwingungen und Energien verbreiten, sowie wir mit ihnen in Kontakt kommen. Ob Sie Räuchern oder die Pflanze berühren, ob Sie sie betrachten oder mit dem Duft oder den Blüten Baden. Als Beigabe zum Essen, als Verfeinerung ihres Gerichtes, als Kräuteröl, Kräuterbutter oder anderen schmackhaften Zubereitungen. Die feinen Energien der Blüten, Kräuter und Pflanzenteile werden sich entfalten.

Nun ist jeder Mensch verschieden, und ich meine, jeder sollte für sich selbst entscheiden, welchen Duft er mag, welches Kraut ihm bekommt. Vor allem die eigene Verträglichkeit prüfen.

Denn noch möchte ich Ihnen die alten Zuordnungen der Sternzeichen und deren Blumen nicht vorenthalten. Es geht hier jedoch um die tatsächliche Pflanze, ihrem ätherischen Öl, ihrem echten Duft, und nicht um einen chemisch fertigen Parfümduft. Möchten sie ihre Pflanze ausprobieren, so stellen sie sich diese auf ihr Fensterbrett oder in den Garten. Besuchen Sie die Pflanze täglich mehrmals, berühren Sie diese, wenn Sie möchten. Nehmen Sie den Duft auf, wenn dies möglich ist. Fühlen sie in sich hinein, wie es Ihnen dabei geht. Besonders intensiv ist der Kontakt zu den feinen Energien am Morgen und am Abend. Spüren Sie eine Nervosität in sich, dann begeben Sie sich zu Ihrer Blume oder Kräutertopf. Verweilen Sie bei dieser, nehmen Sie die energetischen Kräfte in sich auf.

Nostradamus war der Ansicht, dass dieser persönlich zugeordnete Duft die Fähigkeit besitzt, ihre Körperkräfte ins Gleichgewicht zu bringen, und somit auch eine gute psychische Verfassung zu bewirken. Ebenso war er der Meinung, dass dies die beste Maßnahme sei, um jung zu bleiben und einen erholsamen Schlaf zu finden.

Doch zunächst möchte ich Ihnen die Pflanzenzuordnungen bezüglich der Sternzeichen beschreiben, sowie diese 24 Kräuter und Blumen in einer kurzen zusammengefassten Beschreibung näher bringen.

Weitere Erklärungen und Rezepte für Duftkugeln, Blütenessenzen, ätherischen Ölen, Badezusätze, Kräuteröle, Mazerate und mehr finden Sie in Kapitel IV.

24 Pflanzen für 12 Sternzeichen

Widder (21. März bis 20. April) Lavendel, Bärlauch

Stier (21. April bis 21. Mai) Rose, Wilder Majoran

Zwillinge (22. Mai bis 21. Juni) Johanniskraut, Petersilie

Krebs (22. Juni bis 22. Juli) Flieder, Baldrian

Löwe (23. Juli bis 23. Aug.) Alpenveilchen, Rosmarin

Jungfrau (24. Aug. bis 23. Sept.) Hyazinthe, Fenchel

Waage (24. Sept. bis 23. Okt.) Gardenie, Thymian

Skorpion (24. Okt. bis 22. Nov.) Lotusblume, Knoblauch

Schütze (23. Nov. bis 22. Dez.) Veilchen, Gewürz-Nelken

Steinbock (23. Dez. bis 20. Jan.) Lilie, Lorbeer

Wassermann (21. Jan. bis 19. Feb.) Maiglöckchen, Mistel

Fische (20. Feb. bis 20. März) Jasmin, Kresse

Doch jede dieser Blumen, Blüten und Kräuter werden noch in weitere Bezugspunkte gesetzt. So haben Sie viele Möglichkeiten die Kräfte der Pflanzen zu nutzen. Ob in einer Duftlampe oder einem Räuchergefäß, ob beim Essen oder in einem wohltuenden Bad. Als Schutzkreis gelegt oder betrachtend und fühlend während gesprochener Affirmationen , Ritualen oder Gebeten. Zu jeder Zeit werden Sie die feinen hochschwingenden Energien in sich aufnehmen, und dadurch wundervolle Unterstützung erfahren.

Für den Widder Lavendel und Bärlauch

Lavendel: Lavandula angustifolia oder auch Lavandula officinalis, ist auch als Lavandula Vera bekannt.
Lavendel gehört zu der Familie der Lippenblütler und wird hauptsächlich als Zierpflanze oder zur Ölgewinnung verwendet.
Es handelt sich bei Lavendel um einen graufilzig, behaarten aromatischen Strauch, der eine Höhe bis 100 cm erreichen kann. Selten wird er größer.
Im jungen Zustand sind die Blätter an Ober- und Unterseite leicht filzig und in einem hellen grau zu erkennen. Erst später verfärben sie sich grün.
Seine Blüten sind violett gefärbt.

Aus den Blüten mit Stängel kann wunderbar Öl hergestellt werden. Lavendelöl kann man sich durch Blüten, zum Beispiel in Olivenöl angesetzt, herstellen. Der frühe Morgen eignet sich besonders gut für die Ernte der Blüten.

Achten Sie bitte jedoch darauf, welchen Lavendel sie verwenden. Es gibt verschiedene Lavendelarten. Die hier angegebenen Zuordnungen bzw. Wirkungsweisen beziehen sich auf den **Lavendel officinalis.**

In der Küche verwendet man heute gerne die jungen Blüten und weichen Stängel, um damit Gerichte wie Suppen, Soßen, Eintöpfe, Fisch, Geflügel und Lamm zu verfeinern. Doch auch in Schokolade findet sich heute häufig Lavendel, um auch hier den Geschmack zu verfeinern.
Die größte Bedeutung jedoch hat Lavendel noch immer in der Heilkunde und Parfümerie, dort bleibt er eine sehr geschätzte Pflanzengattung.

Betrachten wir die energetische Wirkung des Lavendels, spricht man ihm die Fähigkeit der Reinigung und Klärung eines Raumes, sowie einen Zuwachs an Liebe, Glück, Harmonie, Frieden und Heilung zu.

Bärlauch: (*Allium ursinum*) auch als Bärenlauch oder Waldknoblauch bekannt, ist eine Pflanzenart aus der Gattung *des Lauchs,* und somit verwandt mit Schnittlauch, Zwiebel und Knoblauch. Doch gehört er der Familie der Liliengewächse an. Die in Europa und Teilen Asiens vor allem in Wäldern verbreitete und häufige, früh im Jahr austreibende Pflanzenart, ist ein geschätztes Wildgemüse. Blütezeit ist von April bis Mai. Der Blütenstand wird umschlossen von einer zwei- oder dreiklappigen, zugespitzten eiförmig-länglichen Hülle, die ebenso lang oder länger ist wie die Blütenstiele. Die duftenden, wenigen bis mehr als zwanzig zart cremeweißen Blüten stehen in einer flachen Scheindolde. Auch hier wäre es möglich sich aus den Blüten ein Duftöl herzustellen.

Doch wahrscheinlich ist er wegen seines starken Knoblauchgeruches eher als Schutzkreisöl sinnvoll, und weniger als Aromaöl beliebt.

Die Pflanze ist komplett essbar, genutzt werden jedoch vorwiegend die Blätter, gelegentlich gemischt mit den Stängeln der Pflanze. Doch das mag jedem selbst überlassen sein. Ob frisch als Gewürz, für Dip, Saucen, Kräuterbutter oder ganz allgemein als Gemüse. Er ist in der Frühjahrsküche sehr geschätzt.

Im Mittelalter wurde Bärlauch als *Herba Salutaris* bezeichnet und als Arznei- und Nahrungspflanze verwendet. Ihm wurden schon damals im energetischen Sinne schutzbringende Eigenschaften zugeschrieben. Doch stärkt er auch die Energiekraft im Körper und lässt die Lebensenergie besser fließen.

Für den Stier Rose und wilder Majoran

Rosen: (Rosaceae) gehören zu der Pflanzenfamilie der Rosengewächse, die bis zu 200 verschiedene Arten umfassen können. Typisches Merkmal sind ihre Stacheln (Dornen). In der Wissenschaft wird die Züchtung Rhodologie genannt. Schon in der Antike als „Königin der Blumen" bezeichnet, unterscheiden wir heute in unserem Garten die Wildrosen und Kulturrosen. Das so wertvolle Rosenöl wird aus ihren Kronblättern gewonnen.

Bereits in den alten Kulturen und Religionen der Menschheit war die Rose ein wichtiges, besonderes Symbol der Liebe und Schönheit. Auch geschichtlich aus dem Morgen- und Abendland stets mit vielen Geheimnissen umgeben.

Die älteste Abbildung einer Rose ist ca. 4000. Jahre alt. Während die Germanen sie der Göttin Freya zuordnen, steht sie in der griechischen Mythologie für die Fruchtbarkeits- und Liebesgottheiten.

Erst im zweiten Jahrhundert wird die Rose zum Attribut von Maria, der Mutter Jesu, und somit zu einem himmlischen Symbol.

Im Hochmittelalter brachte man Rosenverzierungen in Ratssälen an, um dort in abgeschlossener Vertrautheit miteinander zu reden. Manchmal hing auch nur eine frische Rose symbolisch an der Tür. Damit wurde das „sub rosa" dargestellt, was soviel wie" unter uns" oder „Verschwiegenheit sei hier unter einer Rose" bedeutet.

Im energetischen unterscheiden sich noch immer die Farben der Rosen und ihren damit einhergehenden Symbolcharakteren.

So steht die Weiße Rose für Unschuld, Reinheit und Entsagung. Vor allem aber für Geheimnisvolles.

In der Farbe Rosa für Hoffnung, junge Liebe, Jugend und Schönheit.

Gelbe Rosen zeigen Achtung und Respekt, deuten jedoch auch Reue an.

Orangefarbenen Rosen stehe für Glück, Fröhlichkeit und Erfüllung.

Hingegen sind pinkfarbene Rosen ein Wunsch, auch der Partner möge Glücksgefühle und Freude erhalten.

Liebe auf den ersten Blick vermittelt die lilafarbene Rose. Pfirsichfarbene Rosen sind dagegen Symbole für Anerkennung und Dankbarkeit.

In der antiken Mythologie war die rote Rose der Aphrodite und Eros geweiht. Seit jeher ist die rote Rose der Inbegriff von Liebe, Leidenschaft und Romantik.

Sie bezeugt ein klares „Ich liebe Dich".

Aus energetischer Sicht steht jedoch jede Rose und ihr Duft für Glück, Wohlbefinden sowie Schutz. Ebenso für ein ausgleichendes Gemüt und Stärkung der eigenen mentalen Kräfte.

Wilder Majoran: auch unter dem Begriff Origanum vulgare bekannt, trägt er zusätzliche Namen wie Dost, Wohlgemut oder Oregano. Majoran entspringt der Familie der Lippenblütlergewächse. So war er unter dem Namen Dost schon bei den alten Griechen ein bekanntes Heilmittel. Dioskurides schrieb im 1. Jahrhundert darüber. Im Mittelalter war er eines der meist gebrauchten Heilkräuter. Es war ein alter Brauch, etwas Wilden Majoran in einen Brautschuh zu legen und zusätzlich etwas davon in den Brautstrauß zu binden, damit gute Energien angezogen wurden. In Räucherungen verwendet, sollte der Majoran als Schutz vor Fremden ungewollten Energien dienen.

Majoran duftet in allen Pflanzenteilen aromatisch, er mag steinige und trockene, gern auch kalkhaltige Erdböden. Die Blüten des Majoran sind vom zarten blauviolett bis zum kräftigen rosa und Magenta zu sehen. Majoran oder auch Oregano sind mehrjährige Pflanzen, die von Juli bis September blühen. Man kann das Kraut zur selben Zeit sammeln,

Allerdings sollte man darauf achten, dass das Kraut wenn möglich zur Mittagszeit geschnitten wird. Dann wird es im Schatten in dünnen Schichten oder in Bündeln hängend schonend getrocknet und in verschlossenen Behältern trocken gelagert. Wenn auch der Wilde Majoran seit 400 Jahren bekannt ist, spielt er in der deutschen Küche eine geringe Rolle. Dafür umso mehr Beachtung in der spanischen, italienischen und auch griechischen Kochkunst. Als Oregano Öl findet es Bezug zu den Atemwegen, kann jedoch leider die Haut reizen. So nutzen es heute einige für die Duftlampe oder das Kraut in Räucherungen.

Aus energetischer Sicht spricht man dem Wilden Majoran ein hohen Energieschutz zu, sowie den Zuwachs an Lebensmut und Freude.

Für den Zwilling Johanniskraut und Petersilie

Johanniskraut: Alle Johanniskräuter, es gibt ca. 450 Arten, werden Hypericum genannt und entstammen der Familie der Magnoliopsida, dies bedeutet sie kommen aus der fast größten Ordnung der Pflanzensamen. Andere Namen sind Konradskraut, Wundkraut oder Johannisblut. In der Medizin ist das echte Johanniskraut (Hypericum perforatum) das wichtigste, und genau an dieses dachte auch Nostradamus, als er diese Blüten der Pflanze dem Sternzeichen Zwilling zuordnete. Johanniskraut ist eine sehr ausdauernde krautige Pflanze, die als Strauch ca. 90 cm erreicht. Sein besonderes ätherisches Öl und sein Harz bewahrt das Johanniskraut in seinen Blättern in klitzekleinen Sekretbehältern auf. Hält man ein Blatt in das Licht, erkennt man diese als kleine helle Punkte, die Ähnlichkeit mit dem Anblick von Löchern besitzen.

Die wunderschönen goldgelben Blüten sind zwischen 1 bis 3 cm groß und zeigen sich als 5 blättrig. Zerreibt man die Blüten, die von Juli bis September sichtbar sind, zwischen den Fingern, verfärben sich diese blutrot, was auf den Farbstoff Hypericin in Stängeln und Blüten zurück zuführen ist. Seine Wirksamste Kraft hat das Kraut mit seinen Blüten, wenn es voll erblüht ist. Meist wird es daher gerne in der Johannisnacht bzw. dem Johannistag am 24. Juni geerntet.

Früher warf man ganze Büschel von Johanniskraut über die Dächer des Hauses, um dieses und ihre Bewohner vor Unbill zu schützen. Heute ist Johanniskraut auch wegen seiner antibakteriellen, wundheilungsfördernden und stimmungsaufhellenden Eigenschaften sehr beliebt. Das Johannisöl überdies allseits bekannt.

Aus energetischer Sicht schenkt das Johanniskraut Licht und Frieden. Ruhe und Entspannung. Ihm wird eine Heilung der Seele nach gesagt. So soll es auch die eigenen Willenskräfte stärken.

Petersilie: (*Petroselinum crispum*), wird auch der Petersil, Peterli, oder Peterle genannt. Sie ist eine zweijährige Pflanze aus der Familie der Doldenblütler (Apiaceae) und kommt wildwachsend sehr häufig vor. Man unterscheidet je nach Gattung die krause und die glatte Petersilie. Ihr Blütenstand ist Doldenartig und besitzt wischen 8 und 20 Strahlen. Die Petersilie kannte man schon im antiken Griechenland als heilige

Pflanze. Kränze aus Petersilie wurden früher den Siegern bei griechischen Wettkämpfen übergeben. Die älteste schriftliche Erwähnung findet sich auf einem Schriftstück aus der griechischen mykenischen Bronzezeit.

Im Mittelalter wurde in Mitteleuropa in den Klöstern die Pflanze als Heilkraut angebaut und erst später in der Küche verwendet. Man züchtete jedoch lieber die krause Petersilie, um eine mögliche Verwechslung mit der giftigen Hundspetersilie zu vermeiden. Die Blätter der Petersilie werden heute als Gewürzkraut meist roh oder nur kurz erhitzt verwendet, da sie sonst ihr typisches Aroma verlieren. In der französischen Küche jedoch wird die Petersilie nicht nur kurz mitgegart. Schon zu Beginn der Garzeit wird sie hinzugefügt, um Brühen und Soßen einen würzigen Grundgeschmack zu verleihen. Petersilie in Gemüsebrühe gekocht und danach püriert, ergibt ebenfalls eine bekömmliche herrliche Suppe.

Im energetischen Sinne sagt man der Petersilie die Kraft des Geldanziehens nach. Um dabei einen klaren Kopf zu behalten, doch die Leidenschaft des Wunsches zu unterstreichen, streut man Peterlilie großzügig auf einen Teller, und isst diese während des Rituals. Ebenso kann man selbst hergestelltes Petersilienöl auf eine frische Scheibe Brot geträufelt, zu sich nehmen. **Das ätherische Öl der Petersilie eignet sich jedoch bitte nur für die Duftlampe.**

Für den Krebs Flieder und Baldrian

Flieder: (*Syringa*) ist eine Pflanzengattung aus der Familie der Ölbaumgewächse (Oleaceae) und umfasst ca. 20 Arten. Mancherorts wird der einfache Flieder mit dem Holunder verwechselt, doch dieser war von Nostradamus nicht gemeint. Die Vertreter dieser Gattung von einfachem Flieder wachsen als sommergrüne Sträucher oder kleine Bäume. Die Zweige sind manchmal vierflügelig. Er bevorzugt kalkreiche, nährstoffreiche Böden und sonnige Standorte. Gedeiht jedoch auch im Halbschatten. In oft auffälligen, unterschiedlich aufgebauten Blütenständen sind viele Blüten zusammengefasst. Die Blütezeit der meisten Arten und Sorten erstreckt sich von Ende April bis Juni. (Anders als der Holunder, der bis in den Juli und manchmal sogar August blüht). Die Blüten der Flieder-Arten und Sorten kommen in vielen Farben von dunkelviolett über violettrot zu gelb oder weiß vor und verbreiten meist einen starken Duft. Die vier Kelchblätter sind glockenförmig verwachsen. Die meisten Flieder Arten sind in Asien und Europa heimisch.

Im 10. Jahrhundert wurde der Flieder von den Mauren in Spanien eingeführt, um dann ab dem 16. Jahrhundert auch in Mitteleuropa und England anzukommen. Durch sein wunderschönes Aussehen und seinen herrlichen Duft wurde er dann auch in Bauergärten angebaut, um dort als Symbol für die romantische, unschuldige Liebe zu stehen.

Einer Legende aus Griechenland nach, war Pan, der Gott der Wälder, in die wunderschöne Nymphe Syringa verliebt, angetan von Ihrer Schönheit und Grazie. Doch als er sie ansprach, erschrak sie so sehr, dass sie sich in einen hübschen Busch verwandelte, dem Syringa, was übersetzt Flieder bedeutet. So beschreibt auch eine andere Legende, dass der Flieder blüht, wenn der Frühling den Winter besiegt hat. Je zeitiger der Flieder blüht, desto eher sind die kalten Tage vorüber.

Im energetischen Sinne steht der Flieder für Liebe und Zuneigung, für Reinheit und Stabilität, für Intuition und einen starken Charakter. Sein Duft und sein ätherisches Öl verhelfen zu leichteren Begegnungen auf anderen Energiestraßen, und einem besseren Verständnis für alle Lebewesen.

Ob als Öl in einem Bad, als ätherisches Öl in der Duftlampe, als Strauss auf dem Tisch, als Likör, Sirup oder wohlschmeckender Tee , die Energieschwingungen des Flieders werden sanft und stetig fließen.

Baldrian: Baldriangewächse gibt es ca. 250 verschiedene, doch meist wird der echte Baldrian (Valeriana officinalis) bzw. seine Wurzeln in der Heilkunst benutzt. Und so wurde auch davon ausgegangen, dass es dieser Baldrian war, den Nostradamus beschrieb. Im Volksmund ist er als Augenwurz, Katzenkraut, Stinkwurz, Elfenkraut, Mondwurz, Bullerjan, Tolljan oder Katzenwargel bekannt. So nimmt man auch an, dass sein deutscher Name Volksetymologisch nach dem Lichtgott Balder benannt wurde. Der Echte Baldrian ist fast in ganz Europa zu finden. Desgleichen auch in Russland, Korea, China und Japan sehr beliebt und bekannt.

Baldrian ist frostbeständig, wächst in fast jedem Boden in der Sonne sowie im Halbschatten. Selbst feuchten Boden kann er gut vertragen, weshalb man ihn auch sehr häufig in der freien Natur, an Feuchtwiesen und Gewässerläufen vor findet. Seine Blüten, die sich in zartem weiß rose

zeigen, sind kleine, asymmetrische, meist männliche „Trichterblumen".
Seltener kommen rein weibliche Blüten vor. Sein Nektar findet sich in
seiner Kronröhre. Bienen und Tagfalter besuchen ihn gerne. Die Blüten,
die sich von Mai bis Juli zeigen, entfalten einen starken süßlichen Geruch.
Sein ätherisches Öl ist weithin bekannt. In der Medizin ist die getrocknete
unterirdisch wachsende Wurzel (Valerianae radix) des Baldriangewächs
interessant. Häufig wird das Extrakt zur Beruhigung genutzt. Auch als
Badezusatz oder in der Duftlampe entfaltet sich die Wirkkraft.
Getrocknete Baldriansträuße sollen, im Hause aufgehängt, Glück und
alles Gute anziehen.

Aus energetischer Sicht verhilft der Baldrian zu mehr Konzentration,
einer besseren Hellsicht und tiefer Entspannung. Ein Bad im Baldrianöl
erhöht den Schutz der Aura.

Für den Löwen Alpenveilchen und Rosmarin

Alpenveilchen: (*Cyclamen*) entstammt der Familie der Primelgewächse
(Primulaceae). Zu dieser Gattung zählen etwa 22 Arten, von denen die
meisten im Mittelmeerraum heimisch sind. Der Volksmund bezeichnet
sie auch als Erdbrot, Erdscheibe oder Saubrot.

Das Zimmer Alpenveilchen ist jedoch am meisten bekannt und kam im
17. Jahrhundert nach Europa. Man unterscheidet jedoch Zimmer
Alpenveilchen und Garten Alpenveilchen. Das schon im Frühling
blühende Alpenveilchen (*Cyclamen coum*) und das erst im Herbst
blühende Efeublättrige Alpenveilchen (*Cyclamen hederifolium*) sind

winterhart und werden gerne an leicht schattigen kühleren Plätzen in Gärten gepflanzt. Unser Zimmeralpenveilchen jedoch mag keinen Frost, fühlt sich aber an kühleren Plätzen in der Wohnung sehr wohl. Diese ausdauernde krautige Pflanze beschenkt uns mit weißen, rosa, roten, malven- oder purpurfarbenen Blüten von August bis April. Früher verschenkte man gerne Veilchen und Alpenveilchen an Hochzeitspaare, um ihr Herz ständig rein zu halten, und ihnen Glück und viele Kinder zu wünschen.

Der klare, leicht süßliche Duft des Alpenveilchens wird einem selten zu viel. Ein paar Tropfen des echten ätherischen Öls, aus den Blüten des wilden Alpenveilchens gewonnen, als Zusatz im Badewasser genügen, um einen klaren Kopf zu bekommen. Auch für die Duftlampe eignen sich ein paar wenige Tropfen. In einer Pflegecreme hinzu gegeben, vermag uns ihr zarter Duft den ganzen Tag zu bereichern.

Aus energetischer Sicht schenkt uns das Alpenveilchen klare Geisteskraft, Freiheit, Licht und ein besonderes Gespür für Gerechtigkeit. Ebenso eine innere starke Kraft.

Bitte beachten Sie: Blätter und Knollen des Alpenveilchen sind giftig! Verwendet werden sollen nur die Blüten als Duft oder Essenz.

Rosmarin: (Rosmarinus officinalis) ist eine von zwei Arten der Gattung Rosmarinus und ein immergrüner Halbstrauch aus der Familie der Lippenblütler (Lamiaceae). Er kann bis zu 1 Meter groß werden, und bevorzugt warme und trockene Standorte. Auch wenn Karl der Große diese Pflanze schon anbauen ließ und sich später die Klostermedizin etwas damit befasste, um es in seinem Heilmittelschatz aufzunehmen, fand sich erst ab dem 12 Jahrhundert ein ausführliches Kapitel über den Rosmarin. Im Volksmund kennt man den Rosmarin unter vielen verschiedenen Namen, wie Anthos, Meertau, Brautkraut oder Brautkleid sowie Maria Reinigung, Rosmarie, Weihrauchkraut, Riechkräutlein, Kranzenkraut oder Hochzeitsblümchen.

Seine Blätter, die aromatisch stark duften, sind schmal und linear. Mit Blüten, die sich von zart blau über zart lila bis hin zu einem dunklen violett zeigen können, beschenkt uns der Rosmarin das ganze Jahr. Einer Legende nach, war die Jungfrau Maria auf ihrer Flucht nach Ägypten, als sie ihren Mantel über einem Rosmarinbusch ausbreitete. Und so färbten sich die weißen Blüten des Strauches in ein himmlisches zartes blau. Im Mittelalter gab man der Braut einen Rosmarinkranz und schmückte das Neugeborene damit, um alles Lichtvolle und gute anzuziehen. Auch heute noch ist es Brauch, am Hochzeitstag einen Rosmarinzweig in den Garten zu stecken. Bekommt der Zweig Wurzeln, sieht man das als gutes Zeichen für die Ehe an.

Seine wohltuenden Kräfte sind in der Medizin und Homöopathie, sowie natürlich in der Küche bekannt. Aus der französischen Küche ist er hinlänglich als einer der Kräuter der Provence bekannt. So bereichert er ebenso viele Salate wie zum Beispiel Tomatensalat oder Blatt- und Selleriesalat, wie auch Soßen und Suppen. Selbst Liköre, Essige und Brote werden heute gerne mit Rosmarin angereichert. Und selbst in Gebäck wie dem Rosmarin Muffen findet er sich heute.

Als Duftpflanze ersetzt er mancherorts den Weihrauch, da er etwas an Kampfer und Eukalyptus erinnert. Sein ätherischeres Öl als destilliertes Parfüm wurde 1370 nach Elisabeth von Ungarn als Ungarisches Wasser benannt und registriert. Auch unser Kölnisch Wasser enthält noch heute Rosmarinöl. Ein Bad mit Rosmarinöl bringt die Lebensgeister zurück, macht uns frisch und wach, durch die starke Durchblutung, die damit einhergeht. Gleichzeitig werden wir befreit aufatmen. Seine antiseptische, desinfizierende Wirkung hilft Wunden schneller zu heilen. Auch in unserer Duftlampe genutzt, werden die Energien des Rosmarins uns sowie unsere Räume befreien und reinigen.

Aus energetischer Sicht verhilft uns der Rosmarin zu mehr Kraft, Mut, Ausdauer, Glück, Harmonie und Frieden.

Für die Jungfrau Hyazinthe und Fenchel

Hyazinthe: (_Hyacinthus_) stammt aus der Familie der Spargelgewächse (Asparagaceae). Sie blüht im Frühjahr und besteht aus drei Zwiebelpflanzenarten. Eine ausdauernde krautige Pflanze, deren verborgene Zwiebeln gedrungen sind. Die Blüten, die in traubenartigen Blütenständen zu sehen sind, erscheinen gleichzeitig mit den grünen Laubblättern. Der Duft ist durchdringend süß und berauscht uns in der Zeit von März bis April. Die aus dem Mittelmeer und Südostasien stammende Pflanze erreicht eine Höhe von 20 - 40 cm. Ihre Blütenfarben erfreuen uns je nach Züchtung von weiß bis rosa, oder rot bis blau. Schon in Vorzeiten war die Hyazinthe eine wichtige Pflanze in Arabien. Später baute man sie in türkischen Gärten an, bis sie ca. im 16.

Jahrhundert auch nach Europa kam. Im 18. Jahrhundert war sie die gefragteste Modepflanze.

Es heißt, der Name der Pflanze sei abgeleitet von der Sagengestalt Hyakinthos, einem griechischen Vegetationsgott.

Sie ist noch heute ein Sinnbild für das Erwachen der Natur und gilt noch immer als Blume der Treue. Jedoch richtet man sich heute auch nach der Farbe der Blüten, um sie in verschiedenen Symbolgehalt zu ordnen.

So sieht man in Weißen Hyazinthen die Freude an der Liebe.

In Blauen und lilafarbenen Hyazinthen die Hoffnung und geduldiges Warten.

In rosafarbenen Hyazinthen eine tiefe Liebe.

Und bei den roten Hyazinthen ebenfalls die Freude an der Liebe, doch auch mit einem Hauch Erotik.

In gelben Hyazinthen sieht man die Freude im Herzen.

Früher nutzte man die Hyazinthenzwiebel noch als eine Art Pflaster, das den Haarwuchs verhindern sollte. Auch soll sie eine durchblutungsfördernde Wirkung besitzen.

Hyazinthenduftöl im Badewasser oder in der Duftlampe verspricht eine positive, vor allem fröhliche Lebenseinstellung.

Aus energetischer Sicht macht sie offen für alles Unerklärliche und Unsichtbare. Sie verhilft zu mehr Hoffnung und Aktivität.

Doch bitte achten Sie auf zu häufige, direkte Berührung mit der Pflanze, denn sie kann die Haut schädigen. Ratsam ist es, sie in einen Topf zu pflanzen, den Sie in den Händen halten können.

Für Tiere gilt hier besondere Vorsicht, denn für diese ist die Hyazinthe leider giftig.

Fenchel: (*Foeniculum vulgare*) gehört zu der Gattung Foeniculum, die innerhalb der Familie der Doldenblütler (Apiaceae) vorzufinden ist. Im Volksmund nannte man den Fenchel auch Köppernickel. Er ist eine der ältesten Gewürze der Welt. Bereits 3000 v. Chr. soll man ihn in Mesopotamien genutzt haben. Auch im antiken Griechenland wurde er von Heilkundigen empfohlen.

Die ausdauernde meist zweijährige Pflanze hat eine Wuchshöhe von ca.40 bis 200 cm. Fenchel benötigt einen warmen Standort und mag es eher trocken und nährstoffreich. Er riecht sehr würzig und ähnelt vom Duft dem Anis. Frischer Fenchel ist von Juni bis September erhältlich.

Seine doppeldoldigen Blütenstände, die 5-9 cm sein können, zeigen sich von Juli bis Oktober in einem zarten Gelbton.

Im Mittelalter hielten die Menschen den Fenchel für eine „magische Pflanze" und es war üblich ein Bund Fenchel über der Haustür anzubringen, um böse Geister fernzuhalten. Um das 18. Jahrhundert war Fencheltee ein beliebtes Getränk und man ging davon aus, er habe seelisch tief greifende Eigenschaften.

Fenchel am Johannistag (24.Juni) in die Schlüssellöcher des Hauses gesteckt, ließ die unerwünschten Geister das ganze Jahr nicht mehr herein!

Für die Waage Gardenie und Thymian

Gardenie: (*Gardenia jasminoidea) stammt aus* der Familie der Rötegewächse *(Rubiaceae)*. Sie ist als Zierpflanze sehr beliebt. Es gibt ca. 250 verschiedenen Arten, die als Heilpflanzen und Zierpflanzen kultiviert werden. Im Volksmund war sie auch als Knopflochblume oder Jasminrosen bekannt. Obwohl sie keine Verwandtschaft zum Jasmin hat. In Japan und China ist sie als Kuchinashi bekannt, aufgrund ihres gelben Farbstoffes in der Blüte, der zum Färben von Kleidung und Lebensmittel genutzt wird. Gardenien sind meist als Sträucher, seltener als Bäumchen vorzufinden. Sie finden sich weit verbreitet in tropischen und subtropischen Gebieten, wie Afrika, Madagaskar und Asien. Im Freiland kann sie bis zu 1,50 Meter hoch werden, als Topfpflanze jedoch eher nur 60 cm.

Ihre Blüten, die fünf bis zwölfzählig sein können, besitzen oft eine doppelte Blütenhülle. Sie erfreuen uns mit ihrem starken intensiven Duft von Oktober bis über den Winter in weiß bis zart cremefarbenen Schönheiten.

Aus energetischer Sicht werden Gardenien gerne für Liebesrituale genutzt. Sie fördern mit ihrem klaren weiß jedoch auch das Gleichgewicht der Energien, sowie Frieden, Stärke, Inspiration und Zielstrebigkeit.

Als echtes ätherisches Öl ist die Gardenie nicht zu bekommen, allenfalls als synthetisches Parfümöl. Hier wäre ein *Mazerat als Kaltwasserauszug oder Ölmazerat, meinem Erachten nach energetischer. * Siehe Kapitel IV

Thymian: (Thymus) gehört zu der Familie der Lippenblütengewächse. Der Begriff „Thymus" stammt aus dem griechischen Wort *thymos*, womit Lebenskraft gemeint ist. Einige seiner Sorten sind als Gewürzpflanzen sowie auch als Heilpflanzen bekannt. Aus dem Volksmund kennt man für den Thymian auch die Namen Bienenkraut, Feldkümmel, Gundelkraut, Hustenkraut, Immenskraut, Kunigundskraut, Liebfrauenbettstroh, Küchenpolich und römischer Quendel.
Thymian Arten sind ausdauernde Halbsträucher. Er bevorzugt trockene helle Standorte, die schon fast nährstoffarm und sandig sein dürfen. So findet man den Thymian auch häufig am Wegesrand, an Mauern und trockenen Wiesen. Doch seine Ursprungsheimatgebiete liegen in Afrika und Asien. Die größte Artenvielfalt jedoch befindet sich im Mittelraum.

Die Blüten, die sich uns von Mai bis Oktober präsentieren, sind ährenartig zusammengesetzt und besitzen kleine glockenförmige Kelche. Die Krone der Kelche zeigt sich in den Farben weiß, pink, violett, rosa, blau und zuweilen auch in Purpur.
Eine antiseptische Wirkung des Thymians erkannten schon die alten Ägypter und zur Zeit des Pharao nutze man den Thymian zur Einbalsamierung. Auch in der Antike wurde Thymian als Heimmittel erwähnt. Der Arzt Dioskurides wendete Thymian gegen

Atemwegskrankheiten an, wo er auch heute noch mit seinem heilenden Öl Verwendung findet.

Dem Zitronenthymian sagte man eine Energiebrücke in andere Leben nach. So wurde er auch als Weihrauch benutzt. Die Römer nutzen seine Energiekräfte um ihre Räume und Zimmer zu reinigen, und so hat sich der Thymian auch in Europa verbreitet.

Aus dem Mittelalter besagt eine Legende, dass die adligen Damen ihren Rittern ein paar Thymianzweige an die Rüstung banden, damit dieses Zweiglein ihnen Mut und Tapferkeit verlieh.

Einer alten Bauernregel nach sollte man aus dem dort bekannten Kunigundskraut kleine Kränze zur Wundenheilung flechten.

Heute kennen wir den Thymian aus der Heilkunde genauso, wie aus der Küchenkunde. Nicht umsonst nennen die Franzosen ihn das „Herz der raffinierten Küche".

Aus energetischer Sicht wird dem Thymian Kraft, Stärke, Mut, Aufbau von positiven Energien, Hellsicht sowie die Fähigkeit des Wahrsagens zugeordnet.

Für den Skorpion Lotusblume und Knoblauch

Lotusblume: Die Lotosblume (*Nelumbo spe*) stammt aus der Familie der Lotusgewächse. Es gibt 5 Arten der Lotusblumen, doch den Legenden nach meinte Nostradamus die indische Lotusblume.

Sie ist eine Ausläufer bildende, ausdauernde krautige Wasserpflanze. Ihre Blattstiele können 2 Meter und mehr erreichen. Meist besitzen diese Blätter einen Durchmesser von ca. 60 cm.

Ihre vielen 1-15 cm langen Blütenhüllblätter erfreuen uns ab Juni in weißen, gelben, blauen, roten, grünen, violetten und verschiedenen Tönen in rosa.

Die indische Lotusblume hat ihre Heimat von Japan, Korea, Nepal bis nach Nordaustralien, Pakistan und weiter westlich bis zum Kaspischen Meer und dem Aralsee.

Ganz wie es einer Wasserpflanze gebührt, wächst sie in Seen, Teichen und Sümpfen, benötig aber mineralischen Boden und absolut sonnige Orte, um gut zu gedeihen.

Möchten Sie wunderschöne mannigfaltige blühende Lotusblumen sehen, müssen Sie jedoch gar nicht so weit reisen. In Oberitalien können Sie sich ab Juni am Lago Maggiore daran erfreuen. Oder sie besuchen das Wolgadelta, wo die Lotusblume über viele Hektar weit in natürlicher Weise zu sehen ist.

Der Bahai Tempel in Delhi ist in Form einer riesigen, sich öffnenden Lotusblume gebaut.

Was gar nicht verwundern mag, denn die Lotusblume hat in so vielen Kulturen ihre besondere Bedeutung.

Eine Legende besagt, die Sonne sei aus der Lotusblume emporgestiegen, um dem Wasserchaos Einhalt zu gebieten. Einer anderen Legende nach wuchs die Lotusblume samt heiliger Erde aus dem unendlichen Ozean empor. Doch ob Ägypter, Inder oder Asiaten, überall wird sie mit der menschlichen Seele in Verbindung gebracht.

So sind auch ihre energetischen Zuordnungen verschieden, je nach Glaubensrichtung.

Für die Ägypter steht die Lotusblume für die Sonne und die Wiedergeburt gleichermaßen, bezeichnet für sie eine Brücke in viele Leben.

Im Hinduismus steht sie für Schönheit, Wohlstand und Fruchtbarkeit.

Im Buddhismus steht sie für Göttlichkeit und Reinheit.

Der Lotusblume werden in der neueren Zeit auch die Chakren zugeordnet und weitere Symbolgehalte wie Perfektion, die Fähigkeit neu zu Beginnen und alles zum Guten zu wenden.

Das ätherische Lotusöl öffnet energetische Türen des goldenen Lichtes und Schutzes.

Doch nicht nur ihre Blüten dienen uns in so vielerlei Hinsicht. Auch an dem Mehl ihrer getrockneten Wurzelknollen, oder diese mit Essig und Soja gekocht und als Beilage serviert, können wir uns bereichert fühlen. Ihre Blätter, als Gemüse serviert, erfreuen manchen Gaumen. Ihre Samenkörner, kandiert oder geröstet, sind eine beliebte Knabberei. Aus ihren Pflanzenfasern wird, wenn auch nur in Myanmar, Lotusseide hergestellt.

Längst hat die Lotusblume auch in der Kosmetik Einzug gehalten. Ob in Cremes, Haarkuren oder Wellnessölen, ihre Wirkung wird sehr geschätzt.

Knoblauch: (*Allium sativum*) gehört der Lauchfamilie(Allium) an und ist als Gewürz, sowie als Heilpflanze bekannt. Im Volksmund wird er auch als Knobi, Knofel, Knowwlich oder Chnobli bezeichnet.

Der gewöhnliche Knoblauch ist eine krautige ausdauernde Pflanze, die es warm liebt und fruchtbaren Boden bevorzugt. Die doldenartigen weißen und rosafarbenen Blüten sind im Juli und August sichtbar. Verströmen jedoch so gut wie keinen Geruch.

Es ist beim Knoblauch auch weniger die etwas unscheinbare Blüte, sondern eher die Frucht als Zwiebel, die ihn sehr wertvoll macht.

So hat der Knoblauch als Kulturpflanze überall auf der Welt Einzug gehalten. Ursprünglich aus Südostasien, kam er über das Mittelmeer nach Europa. Seine Beliebtheit als Küchengewürz stammt aus dem Altertum. Ebenso auch die Ansicht er würde Läuse vertreiben.

Auch bei den Römern und Griechen kannte man die Heilwirkung und sagte so dem Verzehr von Knoblauch nach, er stärke den Geist, sättige den Körper, vertreibe Parasiten. Desgleichen war dem Arzt Pedanios Dioskurides der Knoblauch als Heilung bei Zahnschmerzen oder Bisswunden an Tieren gut bekannt.

Den Ägyptern war der Knoblauch heilig, stärkte er doch Kraft, Leistung und Ausdauer.

Die Legenden um den guten alten Knoblauch ranken sich noch immer, doch einiger seiner geheimnisvollen Wirkungen sind längst medizinisch bewiesen.

So bleibt der Körper tatsächlich jung durch den Knoblauch, da dieser die Arterien frei hält, das Blut verdünnt und somit auch Schlackestoffe schneller verarbeitet bzw. ausgeschieden werden. Durch seine tatsächlich desinfizierende Wirkung hält er auch mancherlei Bakterium fern.

Heute ist wissenschaftlich bewiesen, dass er heilende Fähigkeiten besitzt. Je nach dem, ob er als Rohkost verzehrt wird, gekocht, gedünstet oder geschmort.

So sagt die heutige Medizin ihm eine blutdrucksenkende, blutzuckersenkende und cholesterinsenkende Wirkung nach. Zudem bringt er die Körpersäfte zum fließen, was gerade bei Erkältungen und Husten hilfreich ist. Äußerlich angewendet, hat er sich bei Pilzbefall, Warzenbefall und Herpesbefall bewährt.

In der Küche geht man heute jedoch sparsam damit um, was grundsätzlich auf den starken Geruch zurück zu führen ist. Wenn auch das Kauen frischer Petersilie hier Abhilfe schaffen kann, ebenso ein heißes Bad oder der scharfe Minzkaugummi der lange gekaut wird. Ob in Frankreich, wo der Knoblauch sehr beliebt ist, oder in England wo er weit weniger genutzt wird, über all heißt es: „Soviel wie nötig, so wenig wie möglich".

Knoblauch darf den Geschmack unterstreichen, er sollte aber nicht vorherrschend sein. Und dabei spielt es keine Rolle ob Sie ihn für Salate, Brotbeläge, Käsegerichte, Gemüsegerichte, Pilzgerichte, Suppen oder Eintöpfe, Aufläufe, Nudel oder Reisgerichte nutzen.

Auch bei Eiergerichte, Fleischgerichte oder Fischgerichte gilt eher die sparsame Nutzung. Interessanter Weise findet sich heute Knoblauch schon in mancherlei süßen Dingen. In Kalifornien werden Knoblauchmarmeladen sowie Knoblauchweine produziert.

Aus energetischer Sicht spricht man den Knoblauchblüten Reinigung und ein schnelleres Fließen der Energien nach. Der Knoblauchzehe ein Gleichgewicht der Energien, Heilung und Kraft.

Einer alten Legende nach heißt es, Hermes verwendet auf Geheiß des Odysseus Knoblauch an, um dem Zauber der Circe zu entgehen. Wen mag es da noch wundern, dass Circe lieber verschwand.

Für den Schütze Veilchen u. Gewürz-Nelken

Veilchen: (*Viola*) stammen aus der Familie der Veilchengewächse. Es gibt ca. 500 Arten, wovon die meisten Arten in Nordamerika, in den Anden und Japan liegen. Die verwandten bekannten Arten wie Stiefmütterchen, Hornveilchen und Duftveilchen finden sich jedoch auch in Australien. Das Veilchen ist eine ein- bis zweijährige ausdauernde Pflanze, die selten auch als Halbstrauch vorkommt. Im Volksmund ist das Veilchen auch als Märzveilchen, Marienstengel, Oeschen, Osterveigerl, Schwalbenblume, Veieli und Viönli bekannt.

Jedoch gehören die Alpenveilchen und Usambaraveilchen nicht zu dieser Gattung.

Die meist fünfzähligen, doppelten Blütenhüllen und gleichfalls 5 fast freie Kelchblätter erfreuen uns schon ab März als ersten Frühlingsboten in Farben wie gelb, rot, violett, blau und seltener weißlich bis bräunlich. Ca. um das 12. Jahrhundert wurde am Wiener Hof ein rauschendes Fest zu Ehren der Veilchen gefeiert.

Das bekannte Stiefmütterchen erhielt seinen Namen durch den Vergleich der Blätter. So heißt es: Die beiden oberen, gewöhnlich ohne Zeichnung ausgestatteten Kronblätter sind die Stieftöchter, die seitlichen, auffällig gezeichneten Kronblätter die leiblichen Töchter und das große untere Kronblatt mit dem großen Saftmal die Mutter.

Andere Legenden besagen, dass die Veilchen schon den Griechen bekannt waren. Aus dem lateinischen Wort Ion abgeleitet, wurden dunkelhaarige Frauen zum Beispiel ioplokos oder ioplokos bezeichnet. Auch iostephanus, also veilchenbekränzt, war dort geläufig.
Sagen erklärten diesen Namen dadurch, dass jonische Nymphen diese Blume dem Jon bei der Gründung Athens darbrachten oder dass sie Zeus seiner Geliebten, der Königstochter Io, als Süßspeise geboten habe. Für die Griechen war das Veilchen daher auch die Blume der Liebe.

Im Altertum wurde dem Gott bzw. Planeten Saturn Veilchenblüten dargebracht, indem sich die feiernden mit Veilchenblüten bekränzten. Nach einer Sage aus dem Wendland wurde die Tochter des westslawischen Gottes in ein Veilchen verwandelt, das alle zehn Jahre in der Beltane oder Walpurgisnacht blühte. Wer es dann pflückte, erlöste die Jungfrau und erhielt diese zusammen mit den Schätzen des Vaters als Frau.
Das Veilchen ist ebenfalls allseits bekannt durch die wundervollen Gedichte von Johann Wolfgang Goethe oder Eduard Mörike.

Veilchen Arten werden gerne als Zierpflanzen verwendet. Einige Sorten dienen jedoch als Heil- sowie Küchenpflanzen und werden ebenfalls zu kosmetischen Zwecken genutzt.

Duftveilchen sind schon seit langer Zeit in der Kräuter und Küchenkunde zu Hause. So werden aus der Veilchenblüte Sirup und Essig hergestellt, sowie der Dekoration von Salaten und Desserts beigefügt. Kandierte Veilchen dienen der Verzierung von Torten. Veilchenblüten als Tee und Likör sind seit dem 20. Jahrhundert besonders beliebt.

Auch in den bereichen Naturheilkunde und vor allem in der Aromatherapie sind sie nicht mehr wegzudenken. Schon Hippokrates und Dioskurides verwendeten Veilchen gegen Ekzeme. In der Homöopathie gibt man die Veilchenverdünnung (Viola odorata) bei Ohrenbeschwerden, rheumatischen Gelenkerkrankungen, bei Asthma und ebenso bei Keuchhusten. Aus dem Volksmund wird Veilchentee zur Behandlung von hartnäckiger Bronchitis hinzugezogen.

In der modernen Forschung sagt man dem Veilchen eine blutfettsenkende Wirkung nach.

Im kosmetischen Bereich kommt ihr unvergleichlicher Duft zum Tragen und wird gerne in der Parfümerie verwendet. Doch sei hier bedacht, dass das tatsächliche natürliche Veilchenparfüm aus der Wurzel der IRIS hergestellt wird.

Aus energetischer Sicht verhelfen uns die Veilchen und alle ihre Artgenossen zu mehr Glück und Gerechtigkeit. Ihre Energien aktivieren mehr Liebe im Herzen und sind bei allen Loslösungs- und

Reinigungsprozessen behilflich. Die Veilchenblüte gibt innere Stärke, Kraft und Zielstrebigkeit, zieht dabei stets Friedliches und Positives an.

Gewürz-Nelken: Der Gewürznelken-Baum (*Syzygium aromaticum*) stammt aus der Familie der Myrtengewächse. Auch unter dem Namen Nägli oder schlicht Nelke bekannt. Diese Blütenknospen haben ihren Ursprung auf den Gewürzinseln.

Der stattliche stetig grüne Baum mit seinen herb duftenden und auch etwas scharf schmeckenden Blüten kann eine Höhe von über 10 Metern erreichen. Seit dem frühen Mittelalter bekannt und über die Handelswege nach Europa gebracht, wird der Baum heute fast überall auf der Erde angepflanzt. Wenn auch Madagaskar immer noch als Hauptanbaugebiet gezählt wird.

Seine Blüten in gelblich weiß werden jedoch in geschlossenem Zustand gepflückt, um dann die Blütenknospen abzusammeln und zu trocknen. Das ätherische Öl jedoch wird aus Blüten, Rinden und Blättern gewonnen.

Es gab eine Zeit da wurden die Gewürznelken mit Gold aufgewogen, da sie den Menschen sehr wertvoll waren. Auch im alten Ägypten fand man in den Grabmälern Ketten aus diesen Gewürznelken. In Europa wurde sie dann um 313 durch die Übereichung von Kaiser Konstantin an den damaligen Papst bekannt.

Hildegard von Bingen bezeichnete sie als Nelchin und empfand nur diese Gewürznelken von guter Qualität, die sich noch ein wenig ölig anfühlten.

Die Nutzung der Gewürznelken, ob medizinisch oder kulinarisch ist vielfältig. Vom Würzen der Getränke bis zu Süßspeisen und Backwaren, Gewürznelken verströmen intensiv ihren Geruch und geben vielen Speisen wie Pizza, Brot und Sauerkraut den nötigen Pfiff.

Doch allzu viel ist nicht sehr bekömmlich, deshalb auch hier: „Weniger ist oft mehr".

Zu schnell könnte es sonst eine abführende Wirkung hervorrufen. Es empfiehlt sich auch, die mitgekochten Gewürz Nelken vor dem Verzehr des Essens zu entfernen. Nimmt man gemahlene Nelken, so sei hier eine Prise genug.

In der Medizin werden Nelken gegen Zahnschmerzen verwendet. Das Nelkenöl besitzt eine desinfizierende Wirkung, wird daher häufig bei Rachen und Zahnfleischentzündungen eingesetzt.

Aus energetischer Sicht hilft die Gewürznelke bei allen Raumreinigungen ebenso, wie beim Entfernen von unerwünschten Energien. Ihre Blüten und desgleichen die aus ihr gewonnenen ätherischen Öle wirken inspirierend, heilend sowie Kraft und Schutz gebend.

Lilien: (Lillium) stammen aus der Familie der Liliengewächse. Sie sind mit ihren ca. 100 Arten reichhaltig vertreten.

Neben der Rose gilt die Lilie als Königin der Blumen.

Diese ausdauernden krautigen Pflanzen, die aus Zwiebeln wachsen, können bis 300 Zentimeter Höhe erreichen. Ihren Ursprung haben diese zwölf Millionen alten Blumen im Himalaja, von wo aus sie sich über

China und Nordamerika verbreiteten. Heute wachsen jedoch auf allen Kontinenten der nördlichen Erdkugel wunderschöne Lilienarten. Dabei bevorzugen sie gemäßigte kühle bis leicht feuchte Standorte, wie sie sich in Wald und küstennahen Gebieten finden. Doch auch sonnige Standorte mit lockerer Erdbeschaffenheit sind einigen Arten angenehm. Ihre Blüten, meist einzeln und nur selten doldenartig, besitzen Farben von gelb, orange, rot, rosa, lila, purpur bis hin zum klaren weiß oder bräunlichen Tönen. Gesprenkelt, getüpfelt oder gebändert, die Farbkombinationen sind wahrlich vielfältig. Den herrlichen Duft, den die Lilien während ihrer Blütezeit von Mai bis August verströmen, kann man weit reichend und am stärksten gegen Abend riechen.

Einer Legende nach entstand die Lilie durch Herkules. Um unsterblich zu werden, trank er die Milch der Göttin Juno. Diese jedoch erschrak und ließ einige Tropfen der Milch auf die Erde fallen. Dort nun, wo die Milchtropfen die Erde berührten, verwandelten sich diese in Lilien. Die Göttin Hera jedoch, so heißt es, verschenkte sie als Heilungsmittel, während der Erzengel Gabriel sie als Botin der reinen unschuldigen Liebe überbrachte.

In Asien findet die Lilie auch heute in der Heilkunst und Ernährung Verwendung. Lilien Knospen und Blüten erfahren auch in unserer heimischen Küche immer mehr Beachtung. So werden sie zum Würzen von Suppen, Soßen und Reisgerichten verwendet. Die Blüten, einzeln abgezupft, ebenso häufig als essbare Dekoration auf Salaten serviert.

Aus ihren Blüten lässt sich eine schmerzlindernde Salbe herstellen, während der Saft der Pflanzenzwiebel zur Wundheilung von geschädigtem Hautgewebe eingesetzt wird.

Die Homöopathie nutzt Lilien bei Rückenproblemen und erhöhter Unruhe. Auch ein Bezug bei der Nutzung der Lilien zum gesamten Wasserhaushalt des Menschen wird immer mehr hergestellt.

Ihre energetische Wirkung bezieht sich so auch auf Trauerarbeit und Gefühlen, die wieder fließen können. Liebe der innigsten und reinsten Weise ruft sie hervor. Vermittelt neue Wege der Zuversicht und Kraft. Blüten der weißen Lilie eignen sich als Schutzkreisblüten. Der Duft von Lilien zieht Energien des Herzens und des Lichtes an, verhilft zu leichteren Kontakten mit Himmelswesen. Öffnet Energiestraßen der Ehrlichkeit.

Lorbeer: echter Lorbeer (Laurus nobilis) stammt aus der Familie der Lorbeergewächse. Er ist auch als Gewürzlorbeer und edler Lorbeer, als Heil sowie Gewürzpflanze bekannt. Dieser immergrüne Strauch oder auch Baum kann bis zu 10 Meter hoch werden. Zunähst in Vorderasien, dann über das Mittelmeer bis nach Amerika verbreitete er sich durch Menschenhand. In Südirland findet man ihn frei stehend, da das dortige Klima ihm zusagt. Da er nur bedingt winterhart ist, wird er in Deutschland nur in wärmeren Regionen wie im Rheinland oder am Bodensee und auf Helgoland im Freien angebaut. Ansonsten bleibt er besser als Kübelpflanze, um ihn vor Frost schützen zu können.

Seine etwas unscheinbaren Blüten sind in Zartgelb von April bis Mai zu sehen. Hauptnutzung sind die ledrigen herb duftenden Gewürzblätter, die in vielerlei Gerichten mitgekocht werden. Auch die französische Küche kennt den Lorbeer und nutzt ihn, eingebunden in weiteren Kräutern, zur Aromatisierung von Suppen und Schmorgerichten. Eingelegte Gurken, Sülze und vieles mehr verdanken dem Lorbeer ihren besonderen Geschmack.

Einen Teil seines ätherischen und fetten Öls, schenkt er jedoch aus den reifen Beeren, die gepresst und ausgekocht eine salbenartige grünliche Masse hergeben. In der Medizin wird diese Masse seit langer Zeit zur Salbenherstellung genutzt, die gegen rheumatische Beschwerden, Verstauchungen und Prellungen hilfreich ist.

Heute findet das Öl als Duftkomponente Anwendung in der Parfümerie. In der neueren kulinarischen Küche auch als Likör.

Legenden sagen, dass der Verzehr von Lorbeer bewusstseinserweiternd aber auch bewusstseinsstörend sei und zu einer Art Trance führen könnte. Abgeleitet von den Priesterinnen die im Orakel von Delphi wahrsagten. Einer anderen Legende nach soll sich die Nymphe Daphne in einen Lorbeerstrauch verwandelt haben, um den Nachstellungen des Gottes Apoll zu entgehen. Daraufhin trug dieser als Zeichen seines Kummers einen aus Zweigen gewundenen Lorbeerkranz um den Kopf. So ist damals wie heute der Lorbeerkranz ein besonderes Zeichen. Könige und Kaiser trugen ihn als Zeichen des Sieges. Barden und Dichter als Zeichen der besonderen Dichtkunst.

Aus dem Volksglauben wird dem Lorbeer besondere Zauberkraft gegen Feuer nachgesagt. Außerdem hatte er den Ruf gegen die Pest zu wirken.

Heute gilt das „silberne Lorbeerblatt" als hohe sportliche Auszeichnung in Deutschland.

Soweit mir bekannt wurden die Blüten lediglich ihrer Farbe nach energetisch genutzt. So beziehen sich die hier erwähnten energetischen Wirkungen auch nur auf das Lorbeerblatt. Doch hier ist das Spektrum an energetischen Schätzen, die der Lorbeer bietet, sehr groß. Er hilft und fördert Visionen zu erlangen, die Energien der Aura, der Energiestrasse und des umgebenden Raumes zu reinigen sowie zu schützen. Bei jedweder Meditation kann er unterstützend eingesetzt werden. Er verhilft zu mehr Inspiration, Glück, Harmonie, Frieden, Heilung, Hellsicht. Kraft und Vitalität.

Für den Wassermann Maiglöckchen u. Mistel

Maiglöckchen: (Convallaria majalis) gehören zu der Familie der Liliengewächse. Andere Namen aus dem Volk sind Augenkraut, Glasblümli, Maienlilie, Marienglöckchen, Marienriesli, Schillerlilie, Schneetropfen. Diese ausdauernde krautige Pflanze kann eine Höhe von 30 cm. erreichen. Das Maiglöckchen findet sich in fast ganz Europa.

Mit ihren bis zu 10 nickenden, traubenähnlichen weißen Blüten erfreut es das Auge von April bis Juni. Ihr intensiver süßlicher Duft lockt Mensch und Insekten gleichermaßen an. Nach der Reife der Blüten entwickeln sich leuchtende, rote Beeren. Es liebt den Buchenwald genauso, wie leicht feuchte Laub und Kiefernwälder. Bis 1900 Meter über dem Meeresspiegel befindet es sich auch im Gebirge.

Leider sei das wunderschöne Maiglöckchen in allen seinen Teilen als frische Pflanze giftig, so heißt es. Auch wenn sich hier längst die Mediziner und Apotheker streiten. Einige halten es für ein Ammen Märchen, andere warnen noch heute davor.

Und doch sagt die Volksmedizin, dass ein Tee aus Maiglöckchenblüten den Körper entwässert oder auch das Blut reinigt. Die Homöopathie setzt das Maiglöckchen ebenfalls in der Medizin ein. Hier allerdings bei nervösen Herzstörungen.

Ich empfehle Ihnen Nostradamus Sinn für das Betrachten und das Besuchen der Pflanze anzunehmen. Nicht immer muss man die Pflanze berühren oder gar essen. Schauen Sie, fühlen Sie mit dem Herzen. Bleiben Sie neben ihr sitzen, wenn Sie die Möglichkeit haben. Verbinden Sie sich mental mit dem Maiglöckchen. Oder aber Sie nutzen zur wunderbaren energetischen Wirkung das original Pflanzenextrakt "Lily of the Valley" das aus den reinen Maiglöckchenblüten gewonnen wird. Besprenkeln sie mit diesem Blütenextrakt die Umgebung, dort wo sie ihr Ritual abhalten möchten, es wird Ihnen zu Frieden, Weisheit, Leichtigkeit und Lebensfreude verhelfen.

Mistel: (Viscum) bzw. Mistelgewächse (Loranthaceae) stammen aus der Familie der Sandelhölzer.

Im Volk ist die Mistel auch unter Namen wie Donarbesen, Geißechrut, Hexennest, Vogelchrut und Wintersamen bekannt.

Misteln sind Weltweit in tropischen sowie subtropischen und gemäßigten Zonen zu Hause.

Ihre Artenvielfalt wird auf ca. 1400 geschätzt. Sie zieht geschützte Standorte vor, auch wenn sie weit verbreitet vorzufinden ist.

Diese, meist Immergrüne, als halb Schmarotzer bekannten Pflanzen wachsen auf Laub und Nadelbäumen, selten auf Sträuchern. Doch werden Sie nie eine Laubbaum Mistel auf einer Buche finden, oder einem Birnenbaum. Jedoch gedeiht sie gerne auf Apfelbäumen, Erle, Ahorn, Pappel und Linde. Auch die Tannen Mistel sieht man nur auf der Weißtanne und niemals auf Fichten.

Das ist das Besondere an ihr, sie benötigt keine Erde für ihr Wachstum. So besitzt sie auch keine Wurzeln, sondern nur einen Anker und den Klebstoff Viscin aus dem Samen ihrer Beeren, um sich am Wirtsbaum festzuhalten. Obwohl die Mistel im Winter und Frühling wächst, ruht sie jedoch in der Zeit von Juni bis Oktober. Und trotzdem richtet sie sich im Mai und Juni immer wieder zu ihrer eigenen Mitte hin aus. Dazu dreht sie sich jeden Tag ein ganz klein wenig mit ihren Blättern und Zweigen. Das erklärt auch ihren kugeligen Wuchs.

Die etwas unscheinbaren gelblichen Blüten sind von Januar bis April zu sehen. Doch braucht die Mistel um zu Blühen eine Zeitspanne von ca. 5-7 Jahren auf ihrem Wirtsbaum. Nach der Blüte bilden sich die gelblichen, roten oder weißen Beeren in der Zeit von September bis Januar aus.

Die Beeren der Mistel sind nicht essbar.

Den alten Volksbräuchen nach gehört das Küssen unter dem Mistelzweig ganz selbstverständlich zur Weihnachtszeit und verspricht die Liebe für das nächste Jahr. Noch heute wird dieser liebevolle Brauch alljährlich auch bei Paaren genutzt. Den Mistelzweig, unter dem man sich geküsst hat, das ganze Jahr an einem sicheren Ort aufzuhängen, gehört ebenfalls dazu.

In der griechischen Mythologie ist sie bekannt durch Äneas, Sohn der Aphrodite und Anchisis. Als goldene Zauberrute könne sie alle Energieebenen öffnen, so heißt es. Und so wird ihr auch durch die Form der Gabelung ihrer Zweige eine gute Leistung als Wünschelrute nachgesagt.

In der Medizin wurde sie als Misteltherapie durch den Begründer der Anthroposophischen Medizin Rudolph Steiner eingeführt.

In der Homöopathie wird die Mistel zur Hebung des Wohlbefindens und vieler weiterer Indikationen verwendet.

Als altes Hausmittel ist die Mistel schon seit dem 5. Jahrhundert v Ch. bekannt. So solle Mistelsalbe gegen Geschwüre und zur Wundheilung aufgetragen werden. Misteltee hingegen trinkt man auch heute gerne gegen leicht nervöse Herzbeschwerden.

Energetisch schenkt sie ihre Wirkung um Kraft und Entschlossenheit zu erlangen. Auch in Liebesdingen, zum Schutz der eigenen Energien und zur Heilung der Energieebenen eignet sich die Mistel hervorragend. Sie fördert die Hellsicht und die Öffnung von neuen Energiestraßen.

Für die Fische Jasmin und Kresse

Jasmin: (Jasminum officinalis) stammt aus der Familie der Ölbaumgewächse. Er kann ein bis zu 10 Meter hoher Stauch werden, und zählt zu den Klettergehölzen. Im Himalaja und China in Höhen bis 4000 Metern ist er eigentlich zu Hause. Doch eingebürgert in Europa findet er sich in Frankreich, Rumänien sowie den iberischen Halbinseln. Er mag einen mäßig frischen und trockenen Boden, der auch sandig und kiesig bis lehmig sein darf. Durch seine bedingte Frosthärte liebt er die sonnigheißen Plätze.

Seine doldenartigen weißen Blüten mit dem so bekannten herrlichen Jasminduft verschenkt er von Juni bis September. Seine späteren Beeren in dunkelrot bis violett sind jedoch weniger bekannt.

Die doppelblumigen Formen werden in Indien als Girlanden aufgereiht, zu Ehren des Gottes Vishnu.

Die aus den Blüten und der Pflanze gewonnenen ätherischen und öligen Duftstoffe werden in der Parfümerie und Aromatherapie verwendet. In China werden seit Jahrtausenden die duftenden Öle des Jasmins gewonnen.

Das Kochen mit Blüten ist so alt wie das Kochen selbst. Ob Azteken, Römer oder in der Renaissance, essbare Blüten waren bekannt. So kann man auch die Jasminblüten kandieren, oder in einem leckeren Salat verwenden. Und wer kennt ihn nicht, den aromatischen feinen Jasmintee, der die Atmung befreit.

So werden auch Jasminblüten zu Sirup gekocht und gerne gegen Husten und Heiserkeit verwendet.

Auch in der Kosmetik haben die Jasminblüten Einzug gehalten, ob als Tagespflegecreme oder in Feuchtigkeit spendenden Masken. Jasminblütenduft und deren Essenzen finden sich in vielerlei Varianten. Die energetischen Wirkungen bringen Gleichgewicht, Glück, Gerechtigkeit, Harmonie, Frieden, Weisheit, es fördert die ehrliche reine Liebe, die eigene Kreativität. Jasminblüten inspirieren in der Meditation Hellsichtigkeit zu erlangen, und einen lichtvollen neuen Lebensweg zu beschreiten.

Auch als Schutzkreisblüte eignet sie sich sehr.

.

Kresse: Es gibt sehr viele Arten von Kresse, wie die Gartenkresse (Lipidium sativum) die wir als Gewürz kennen, die Brunnenkresse (Nasturtium officinale), die eher selten vorzufinden ist. Das Wildkraut als Winterkresse (Barbarea vulgaris), das uns auf Äckern oft begegnet. Das Schaumkraut oder auch die Bitterkresse war schon im Volksmund sehr bekannt, und galt als falsche Kresse. Währenddessen das Pfefferkraut (Lepidium latifolium) eine ähnliche Pflanze der Gartenkresse ist, und genau, wie diese verwendet wird. Nicht zu vergessen die Kapuzinerkresse, die uns mit ihren rot und gelben Blüten beschenkt.

Welche Art der Kresse Nostradamus damals gemeint haben könnte, war nicht zu ermitteln.

So möchte ich Ihnen hier drei der Kressearten beschreiben, die Gewürz Gartenkresse, das Pfefferkraut und die Kapuzinerkresse.

Gartenkresse: diese einjährige krautige Pflanze stammt aus der Familie der Kreuzblütengewächse.

Schon in den Pharaonengräbern fand man Samen der Kresse. Jedoch auch Griechen und Römer schätzten sie sehr. Kresse gedeiht schnell und sehr gerne auf flachem Anzuchtvlies, Hanf oder Flachs. Auch in sehr lockere Erde kann Kresse gezüchtet werden. Nur Licht braucht die Kresse auf jeden Fall, sowie Sonne und Wasser. Frost verträgt sie dagegen gar nicht. Doch ab Mai auf der Fensterbank in einer kleinen Tonschale mit angefeuchteten Papiertaschentüchern oder ähnlichem gesät, können Sie sich rasch an der Kresse erfreuen.

Die üppigen vielen Blüten in weiß und rosa schenkt sie dann von Mai bis September, je nach Pflanzzeitpunkt. Lassen Sie die Blüten vertrocknen, bilden sich daraus kleine Schoten, in denen neuer Samen für neue Kresse enthalten ist.

Gartenkresse besitzt einen hohen Gehalt an Vitamin C, Eisen und Kalium. Zudem sogar Vitamin A und Vitamin B.

Roh schmeckt Gartenkresse etwas scharf, ähnlich dem Geschmack von Rettich und Senf. Kresse kann gehackt auf Quark, Suppen, Salate und noch vieles mehr verzehrt werden. In der bekannten Frankfurter grünen Soße ist sie eines der 7 Kräuter die dort hinein gehören. Als Press-Saft wird die Kresse gerne in Wintermonaten getrunken, um Vitaminmangel in der kalten Jahreszeit auszugleichen.

Kressetee wird zudem in der Volksmedizin erwähnt. Dort wird der Tee zur Blutreinigung und Stoffwechselanregung getrunken, so wie auch gegen Rheuma und Hautleiden empfohlen.

Energetisch hilft die Kresseblüte sowie das Kressekraut zu einem sehr raschen Energieaufbau, und einer lang anhaltende Energiewelle. Außerdem fördert die Kresse das Fließen von Energien. Bei allen Lösungsprozessen ist sie ebenso behilflich. Standhaftigkeit, Ruhe und ein klarer Kopf (Gedanken) sind ihre weiteren Energiequellen.

Das Pfefferkraut: ist eine Artverwandte der Gartenkresse, jedoch einen ausdauernde krautige Pflanze. Sie kann bis zu einem Meter hoch wachsen. Ihre Wurzelausläufer verbreiten sich schnell sodass sie zu den Gruppenbildenden Pflanzen zählt. Ursprünglich aus Eurasien wurde sie vermutlich im 1900 Jahrhundert durch die Handelsruten nach Nordamerika verschleppt. Sie benötigt jedoch salzige Sand und Tonböden und ist daher eher an der Küste zu finden. Dies erklärt auch ihren anderen Namen Strand Karse.

Doch haben Sie das Pfefferkraut in ihren Garten holen können, wird es dort munter gedeihen. Selbst Trockenheit und sandige Böden stören es dann nicht. Mit allen anderen Pflanzen geht das Pfefferkraut gerne eine Symbiose ein und verträgt sich daher gut. Über viele Jahre wird die Pflanze Sie mit ihrem Reichtum beschenken.

Sie besitzt eine wahrlich reiche Blütenpracht in Form von weißen duftenden Rispen, die im Juni bis August sichtbar sind. Gerne werden von Floristen diese Blütenrispen in Sträußen eingebunden.

Der Geschmack der breitblättrigen Kresse, wie sie auch genannt wird, ist pfeffrig, scharf und sehr würzig. Ihre Verwendung in der Küche ist der Gartenkresse gleich, obschon die Gartenkresse weit milder ist.

Hildegard von Bingen nutzte in der Klostermedizin ebenfalls dieses interessante Kraut. Gegen Arthritis, Harngries und Nierensteinen war hier ein heilendes Kraut gewachsen.

Aus energetischer Sicht gilt hier die gleiche Wirkung wie die der Gartenkresse, jedoch zusätzlich vermag das Pfefferkraut die Liebesenergien neu zu entfachen, und Liebeskummer etwas zu lindern. Ein Kräutersäckchen um den Hals gehängt oder direkt vor der Brust (Herzen) ruhend, fließen heilende energetischen Schwingungen direkt in das Herzchakra.

Kapuzinerkresse: (Tropaeolum) gehört ebenfalls der Familie der Kreuzblütengewächse an, ist jedoch eine Zier und Speisepflanze. Als einjährige oder selten auch mehrjährige kletternde und kriechende Pflanze wird sie 30 cm. Hoch. Ursprünglich aus Süd und Mittelamerika stammend, ist sie heute in gemäßigten Zonen weltweit verbreitet. Sie liebt sonnige Standorte und bevorzugt humose bis leichtere Böden. Benötigt jedoch reichlich Wasser. Gemüse wie Kohlrabi, Erbsen, Gurken oder Tomaten sind ihr als Nachbarn gar nicht angenehm.
Die kelchartigen, rotorangen und gelben, süßlich duftenden Blüten, sind von Juni bis November zu sehen und verströmen in dieser Zeit ihren wundersamen schönen Duft.
In der Küche ist sie seit langem zu Hause. Ihre frischen Blüten, Blättern und jungen Trieben werden gerne zu Würzzwecken verwendet. Auch die Knospen in Essig eingelegt, als Kapernersatz genutzt, sind eine Delikatesse.

In der Medizin ist es das frische oder getrocknete Kraut, dass bei Atemwegs und Muskelschmerzen zum Einsatz gebracht wird. Ein Inhaltsstoff der Kapuzinerkresse wirkt gegen Bakterien, Viren und Pilzinfektionen. Daher wird sie auch als Antibiotika Ersatz genutzt. So erklärt sich sicher auch die Verwendung in der Natur. Aus der Kapuzinerkresse hergestellte Seifen werden gegen unreine Haut und Akne eingesetzt.

Ein Entgegenwirken von Haarausfall wird dem aus Kapuzinerkresseblüten hergestellten Haarwasser zugesprochen.

Energetische Hilfe bekommen wir durch die Blüten der Kapuzinerkresse für neue frische Ideen. Als Schutzkreis gelegt wirkt sie hervorragend. Ihre Energien schwingen langsamer, dafür jedoch sehr tief greifend. Daher eignet sich die Blüte der Kapuzinerkresse im Besonderen um energetische Reinigungsprozesse einzuleiten.

Durch ihre leuchtenden Farbblüten verhilft sie zu Humor, Heiterkeit, Frohsinn, einem gestärkten Selbstwertgefühl, mehr Mut und Vitalität.

Pflanzen des Weges

Nicht jeder von Ihnen besitzt einen Garten, und manche möchten sich einfach auch keine Pflanzen kaufen. Und doch können auch Sie sich an der wunderschönen einzigartigen Kraft und Energie der Pflanzen erfreuen. Überall wachsen Pflanzen, zumeist werden nur leider viele davon als Unkraut bezeichnet. Doch es gibt kein Unkraut, lediglich manch Gärtner meint einige Pflanzen gehörten nicht in einen Garten. Schade darum, denn oft wären es gerade diese frei lebenden Wild Blumen, die so einige Gärten an Blütenpracht und Symbiose mit anderen Blumen bereichern würden.

Sicher möchte ich hier nicht ein Pflanzenbuch erstellen, doch wo, wenn nicht in der Natur finden wir so viel reine freie Energie, die wir zu uns leiten können.

Viele der nachfolgenden aufgeführten Blumen wachsen am Weges- oder Waldessrand. Auf Schottergestein oder im Sand. Selbst auf Steinen und Strassen, die kein Leben vermuten lassen, bereichern uns einige wunderschöne Blumen.

Doch bitte, pflücken Sie nicht die ganze Pflanze, lassen sie die Wurzel und auch ein paar Halme und Blüten am Ort, damit sie dort weiter wachsen kann. Damit sich auch andere an ihr noch erfreuen dürfen.

Einige Kräuter und Blumen mögen auch verzehrbar sein, oder auch medizinische Bewandtnis besitzen. Diese sind jedoch nicht immer von der WHO bestätigt.

Da ich selbst kein Mediziner bin, obliegt es mir nicht Ihnen den Verzehr oder medizinischen Anwendungen zu empfehlen. Gleichwohl finden Sie in den Beschreibungen einen Hinweis auf medizinisches und kulinarisches. Manch Pflanzenkundiger möge sich darüber freuen, jeder, der jedoch nicht mit Sicherheit Pflanzen zuordnen kann, möge sich Beratung aus fachkundigen Geschäften einholen.

Bitte achten Sie darauf, welche Pflanzen für Sie selbst verträglich sind.

Um tatsächlich die richtige Pflanze zu finden, möchte ich Ihnen an dieser Stelle zudem ein Buch ans Herz legen. „Was blüht denn da?" aus dem Kosmos Verlag

(siehe auch Literaturempfehlungen am Ende dieses Buches)

Es hilft mit seinen naturgetreuen Bildern und Erklärungen auch als nichtkundiger Pflanzenfreund die Blumen und Kräuter auseinander zuhalten.

Die hier im Folgenden aufgeführten, wild wachsenden Blumen und Kräuter sind nach ihrem deutschen Namen alphabetisch geordnet.

Dahinter finden Sie jeweils den lateinischen Namen. In Kurzform ebenfalls, wo diese gedeihen, ihre Blütenfarben, Zeitpunkt des Blühens, medizinisches genutztes, kulinarisch bekanntes und vor allem ihre energetischen Wirkungsweisen.

Name: *Acker Winde* (Convolvulus arvensis)

Blütenfarbe: weiß, rötlich, rötlichweiß gestreift, blau, rose

Blütenzeitpunkt: morgens von 7 bis 8 Uhr von Mai bis Oktober

Vorkommen: auf Äckern, Gärten und Wegen.

Medizinisch genutzt: als Teemischung und in der Homöopathie

Kulinarisch bekannt: nicht bekannt

Energetische Wirkungsweise: schneller Aufbau der Energie, Kraft und Vitalität, lösen und reinigen von nicht gewollten Energien. Eignet sich gut für einen Schutzkreis.

Name: *Acker Rettich* (Raphanus raphanistrum) auch als Hederich bekannt. Ist nur entfernt verwandt mit dem Gartenrettich.

Blütenfarbe: weiß, gelb und zart rosa

Blütenzeitpunkt: Juli bis Oktober

Vorkommen: sandigen Wegen, Äckern, Getreidefeldern und Schutthalden

Medizinisch genutzt: Ja; es wird ihm eine Stimmungsaufhellende und eine Anti-Diabetische Wirkung zugesprochen

Kulinarisch bekannt: Ja; aus dem Samen kann Senf hergestellt werden

Energetische Wirkungsweise: Mut, Energiezuwachs, verhilft zu positiven Wegen bei allen finanziellen Angelegenheiten.

Name: Akelei (Aquilegia) seit fast 4 Millionen Jahren auf der Erde zu finden, beinhaltet ca. 75 verschiedene Arten

Blütenfarbe: gelb, blau, weiß. purpur, rosa, violett, rot, orange und auch zweifarbig

Blütenzeitpunkt: Mai bis Juni

Vorkommen: In Wäldern, Grasländern, Felsheiden, von der Wüste bis zum Himalaja

Medizinisch genutzt: Nur noch selten, da sie leicht giftig ist, was sich durch trocknen oder erhitzen jedoch verliert. So sagt man dem Tee auch eine Anregung des Stoffwechsels nach, was hilfreich bei Gicht und Rheuma sei. Außerdem besitze sie eine desinfizierende Wirkung.

Kulinarisch bekannt: nicht bekannt

Energetische Wirkungsweise: verhilft zu Kontakten mit allen Energiewesen, fördert die Empathie und Hellsicht. Verhilft zu mehr Tatendrang, Entschlossenheit, Mut. Energetisch bringt sie Heilung und Erlösung.

Name: *Bitteres Schaumkraut* (Cardamine amara)

Blütenfarbe: pastellweiß

Blütenzeitpunkt: April bis Juli

Vorkommen: Feuchtstellen, in Wäldern oder an kleinen Bächen.

Medizinisch genutzt: Ja durch Vitamin C.

Kulinarisch bekannt: Ja als Ersatz für Brunnenkresse in Wildsalaten.

Energetische Wirkungsweise: Kraft des Neubeginns, und das Fließen von Energien.

Name: *Feldsteinquendel* (Acinos arvensis)

Blütenfarbe: hellrot bis blauviolett

Blütenzeitpunkt: Juni bis September

Vorkommen: Trockenrasen, Dünen und auch auf Felsen, Kieshänge und Bahnstrecken.

Medizinisch genutzt: Ja durch den feinen Minzegeruch der Blätter und deren ätherisches Öl.

Kulinarisch bekannt: als milder Minzelikör aus den Blättern, Blüten essbar. Bekannte Kräuterpflanze.

Energetische Wirkungsweise: Klärend und reinigend, als Schutzkreisblüte sehr geeignet. Schenkt Gelassenheit und Frieden.

Name: Gänseblümchen (Bellis perennis) oder auch Maßliebchen

Blütenfarbe: weiß mit gelbem Kern, weiß, rötlich bis rot und rosa

Blütenzeitpunkt: Februar bis November immer der Sonne hin geöffnet.

Vorkommen: Wiesen, Weiden, Parkanlagen

Medizinisch genutzt: Ja als Tinktur, Salbe, Essenz, Wein und Saft

Kulinarisch bekannt: Blüten und Blätter sind essbar. Knospen werden eingelegt auch als Kapernersatz genutzt.

Energetische Wirkungsweise: Reinigend, Umgebung klärend, Mut, Kraft, Ausdauer, Chakren stärkend, Glück bringend, Hilft bei der Suche nach Beruf und Berufung.

Name: *Gewöhnliche Nachtviole* (Hesperes matronalis)

Blütenfarbe: purpur und violett mit starkem Veilchenduft

Blütenzeitpunkt: zwischen 19 bis 20 Uhr von April bis Juli

Vorkommen: an Auenwäldern, schattigen Ufern und im Ödland

Medizinisch genutzt: nicht bekannt

Kulinarisch bekannt: geringe Mengen sollen verzehrbar sein.

Energetische Wirkungsweise: Gefühle und Energien des Herzens können frei fließen. Mentale Stärke wird erhöht.

Name: Habichtskraut orangefarbig (Hieracium aurantiacum) auch als Mausohrkraut bekannt

Blütenfarbe: gelborange bis orange

Blütenzeitpunkt: Juni bis August

Vorkommen: Magerrasen , Wiesen, Weiden und Zwergheidenflächen

Medizinisch genutzt: Ja unter anderem durch antibiotische und schleimlösende Wirkung.

Kulinarisch bekannt: Essbare Blüten , die nach süß bitterer Schokolade schmecken.

Energetische Wirkungsweise: schnell fließende Energien, Vitalität, Ausdauer, Schutz

Name: *Löwenzahn*

Wiesen Löwenzahn (Taraxacum officinalis)

Herbst Löwenzahn (Leontodon autumnalis)

Blütenfarben: gelb

Blütenzeitpunkt:

beim Wiesen Löwenzahn April bis Mai

beim Herbst Löwenzahn Juni bis September

Vorkommen: beide auf nährstoffreiche Wiesen und Weiden, sowie grasige Feldwege und Wegrändern.

Medizinisch genutzt: Ja entschlackend und in der Homöopathie.

Kulinarisch bekannt: Ja als Löwenzahnhonig, Löwenzahngelee und Salat, die Wurzel als Kaffeeersatz.

Energetische Wirkungsweise: Reinigung aller Energieebenen, Hilfe zur Hellsicht. Eine besondere Stärkung der Aura, sowie eine sehr starke, zufließenden Energie ergeben sich aus den Stängeln der Pflanzen, die in Streifen geschnitten und ins Wasser gelegt eine Spiralform annehmen. Diese Spiralpflanzenteile eignen sich daher auch sehr für einen Schutzkreis.

Name: Ohnsporn (Aceras anthropophorum) auch Ohnhorn genannt, ist eine Orchideengattung.

Blütenfarben: grün, ockergelb, bräunlich, orange und rötlich

Blütenzeitpunkt: Mai bis Juni

Vorkommen: sonnige Hügel, wärmende aber lichte Gebüsche, Grünland und Trockenwiesen.

Medizinisch genutzt: Ja durch ihre Stimmungsaufhellenden Eigenschaften die die Volksmedizin ihr zuspricht, sowie in der fernöstlichen Medizin.

Kulinarisch bekannt: Ja sie gilt als essbare Blüte.

Energetische Wirkungsweise: Diese Pflanze stellt den ganzen Menschen in Miniformat dar, so wirkt sie auch auf allen Ebenen des Menschen mit Ganzheit, Harmonie, Liebe, Glück, Heiterkeit, Frohsinn. Ihre Wirkkraftschwingung ist etwas langsamer, jedoch dafür gleich bleibend stark.

Name: Rosen Malve (Malva alcea) oder auch Siegmarskraut

Blütenfarbe: rosa, weiß bis purpurviolett

Blütenzeitpunkt: Juni bis September

Vorkommen: Ödland, Trockengebüsche, Böschungen und Wegrändern

Medizinisch genutzt: Ja in der Volksmedizin wegen der Schleimlösende und desinfizierende Wirkung.

Kulinarisch bekannt: Ja die Blätter in Form eines Wildsalates, oder auch gegart. Die Blüten werden roh gegessen oder dienen als Dekoration auf anderen Salaten.

Energetische Wirkungsweise: Selbstliebe, Selbstachtung, Energiebalance, Entschlossenheit, Macht, Mut und Frieden

Name: Strandflieder (Limonium) auch als Meerlavendel bekannt

Blütenfarbe: weiß, rose, blau bis lavendelfarbend

Blütenzeitpunkt: Juli bis September

Vorkommen: Schlick und Watt, überspülte Strandrasen und Küstenregionen

Medizinisch genutzt: Nicht bekannt

Kulinarisch bekannt: Es heißt einige Blätter seien essbar.

Energetische Wirkungsweise: Stark reinigend für Umgebung, Schutzkreis und eigenem Energiefeld. Hilft bei geschäftlichen Dingen.

Name: *Sumpf Blutauge* (Potentilla palustris) früher zum Gerben und Rotfärben eingesetzt

Blütenfarbe: rot, purpur, rosa

Blütenzeitpunkt: Juni bis August

Vorkommen: Torf und Schlammböden, Moor, schwimmenden Wiesen und Schlammstellen.

Medizinisch genutzt: Ja durch den im Erdspross enthaltenen Gerbstoff.

Kulinarisch bekannt: Nicht bekannt

Energetische Wirkungsweise: Bringt Schwung und Lebenskraft, Leidenschaft zu allen Vorhaben. Mut und Elan. Durch seine Farb und Wasserbodenkombination eine besondere energetische Kraft um Visionen zu erhalten. Ebenfalls um loszulassen bzw. endgültig zu Lösen. Befreiung durch starke fließende Energiekräfte.

Name: *Turmkraut oder auch Turmkresse* (Arabis glabra)

Blütenfarbe: weiß

Blütenzeitpunkt: Mai bis Juni

Vorkommen: Auf Gebüschen, Böschungen und Wegrändern

Medizinisch genutzt: Gilt als alte Heilpflanze.

Kulinarisch bekannt: Aus den Blättern Teezubereitung.

Energetische Wirkungsweise: Hilft bei der Bildung eines festen Willens und eigener Standhaftigkeit.

Name: Weidenröschen (Epilodium)

Blütenfarbe: rosa, rötlich bis weiß

Blütenzeitpunkt: Juni bis September

Vorkommen: Je nach Art (Bachweidenröschen oder Bergweidenröschen) an Ufern, Bächen, Quellsümpfen, oder Hecken und feuchter Steinschutt, sowie in Wäldern.

Medizinisch genutzt: Ja vereinzelt als Tee aus den Blättern gegen Blasenleiden. Hoher Anteil von Vitamin C in den Blättern.

Kulinarisch bekannt: Die Blätter roh als Salat oder gegart in Gemüsegerichten. Leicht säuerlicher Geschmack.

Energetische Wirkungsweise: Die Blüten sind sehr gut für einen Schutzkreis geeignet, da sie negative Energien abwehren. Sie helfen bei allem, was mit der frischen jungen zarten Liebe assoziiert wird, sowie beim Ausgleich von Geben und Nehmen. Ihre energetische Kraft bewirkt besondere vitalisierende Energiestrassen.

Name: *Wiesenkümmel* (Carum carvi)

Blütenfarbe: weiß, rosa, rötlich

Blütenzeitpunkt: Mai bis Juni

Vorkommen: Wiesen, Weiden und an Wegrändern

Medizinisch genutzt: Gleichfalls wie der echte Kümmel.

Kulinarisch bekannt: In vielen Kohlgerichten.

Energetische Wirkungsweise: Die Samen wie auch die Blüten besitzen reinigende und loslösende Wirkung, Zudem besonders gut geeignet für einen Schutzkreis.

Name: *Wiesen Schaumkraut* (Cardamine pratensis)

Blütenfarbe: weiß, rosa, lila, violett

Blütenzeitpunkt: April bis Juni

Vorkommen: Wiesen, an Ufern und in Wäldern

Medizinisch genutzt: Ja durch ihren Vitamin C Gehalt.

Kulinarisch bekannt: Ja durch ihren Kresseähnlichen Geschmack.

Energetische Wirkungsweise: Sie bringt die Kraft Freiheit zu erlangen, Gefühle in geordnete Bahnen zu lenken, Energien wieder in Schwung zu bringen. Spirituelle Einsicht und Förderung der Hellsicht und Empathie. Ebenso kann sie jedoch zur Balance der Empathie genutzt werden. Sie hat die energetische Fähigkeit gut zu erden.

Dies waren nun 16 Wild Blumen Beschreibungen, die Ihnen behilflich sein sollen, eine passende stimmige Blüte oder Pflanze für den Aufbau Ihre Energiestraße in mitten Ihrer Naturumgebung zu finden. Schauen

Sie sich auf dem Weg ins Büro oder Ihrer Arbeitsstelle einmal ganz bewusst um. Sie werden erstaunt sein über die Vielfalt von Blumen, die Ihnen dort begegnen.

Nun sind sie vielleicht gerade unterwegs, an oder in ihrem Lieblingswäldchen, in einer Parkanlage oder einem Feldweg. Und genau dort sehen Sie eine wunderschöne Blüte, die Sie gerade jetzt anspricht. Deren lieblicher oder süßer Duft Sie schon fast magisch anzieht. Dann möchten die Blüten und die Energiekraft dieser Pflanze Sie im Besonderen aufmerksam machen. Vielleicht haben Sie gerade kein Pflanzenbuch zur Hand. Doch auch wenn Sie weder die Pflanze noch deren Wirkungsweisen kennen, nehmen Sie dessen ungeachtet ein paar der Blüten, mit nach Hause. Ganz behutsam und achtsam. In einem Tuch vorsichtig transportiert. Bitte schauen Sie auch vorher in die Blüten hinein, ob ein anderes Lebewesen hier wohnt. Setzen Sie entweder dieses kleine Lebewesen auf eine andere Blüte, oder wählen Sie selbst für sich eine Blüte die gerade frei von anderen Bewohnern ist. Schauen Sie zu Hause dann zum Beispiel in ein Pflanzenbuch (Siehe Literaturhinweis) oder auch hier in diesem Buch unter den Beschreibungen der Blütenfarben nach. So können sie gezielt mit den Blüten und Farben zumindest energetisch arbeiten.

Solange sie die Pflanze jedoch nicht wirklich bestimmen können, raten ich von Verzehr und medizinischer Anwendung ab. Doch wer weiß, eventuell möchte Ihnen die Blüte der Pflanze auf einem besonderen Energieweg begegnen, um Ihnen hilfreiche Kenntnisse zu vermitteln, oder Ihnen mit ihrer Kraft gutes angedeihen lassen. Probieren sie es aus.

Halten sie die Blüten in der Hand, riechen sie vorsichtig daran, schließen Sie die Augen und lassen sie sich führen von deren Energieschwingung. Im Folgenden beschreibe ich Ihnen nun zusätzlich die Blütenfarben in energetischer Zuordnung.

Blütenfarben und deren energetische Kraft

Blaue Blüten bringen energetische Freiheit, Ruhe, Treue und Beständigkeit. Je nach Helligkeit des Farbtons wirkt die Energie schneller. Zum Beispiel bei den Farbtönen hellblau und türkis. Beziehungsweise langsamer bei den Farbtönen ozeanblau, dunkelblau, kobaltblau. Jede blaue Blüte bringt energetisch Erfolg und Konzentration bei allem was getan wird.

Braune Blüten, die zwar seltener Vorkommen, aber doch zu finden sind, helfen bei der Bodenständigkeit und Erdung. Sie vermitteln Ausgeglichenheit und ruhige, langsame Energieschwingungen. In Verbindung mit grünen Blüten sind sie bei der Fruchtbarkeit aller Gedanken und Taten behilflich.

Gelbe Blüten verhelfen mit ihrer meist leuchtenden Sonnenfarbe zu mehr Kraft, Vitalität, Wärme, Freude und Genesung. Auch bei Lernprozessen wirken sie unterstützend.
Ihre Energien schwingen schnell.

Rote Blüten wirken stark auf die Gefühle der Leidenschaft und Liebe, verhelfen zu mehr Körperkraft und Stärke. Sie begünstigen Entschlossenheit und Tatkraft. Vor allem sind sie vitalitätssteigernd. Die Schwingung ist hier jedoch langsamer, wenn auch sehr stark und tief greifend.

Grüne Blüten begünstigen Lebendigkeit, den Neubeginn, die Liebe zu allem was lebt. Sie sind kräftigend, schützend und heilend. Glücksbringend, sowie den Berufsweg positiv belebend. Sie bringen Hoffnung, Zuversicht und Ehrlichkeit.

Orange Blüten bringen energetische Stärke, Schnelligkeit, Optimismus, Freude, Wärme und Ausdauer. Die Schwingung ist schnell und bringt rasche, neue Energiestraßen hervor.
Sie stärken das Selbstbewusstsein und die Selbstbestimmung.

Rosa Blüten sind der Hauch von romantischen sanften Gefühlen, das Erspüren von Positivem wird erleichtert. Entwicklungen werden positiv beeinflusst. Reinigend verhelfen sie zu Schutz.

Violette Blüten inspirieren zu spiritueller Arbeit, zu dem Verständnis von energetischen Begebenheiten. Mentale Stärke sowie Aurastärkung werden gefördert. Suchen Sie Hilfe für Hellsicht, Empathie, Hellhörigkeit oder der Kartendeutung, dann sind violette Blüten hier angebracht.

Purpur Blüten helfen Energieblockaden zu lösen, bringen somit auch Selbstvertrauen und das Erkennen des eigenen ICH BIN. Sie verhelfen zu gesundem Stolz und einer neu erlebten glücklichen Freiheit. Durch konzentrierte Energieschwingung wirken sie harmonisch in allen Chakren.

Weiße Blüten reinigen und befreien. Sie klären alle umstehenden Energien, bringen neue Impulse der Hoffnung und des Vertrauens in sich selbst. Sie als Mensch fühlen sich beschützt durch die Lichtkraft dieser Blüten. Die Farbe weiß birgt alle Farben in sich, so ist sie auch mit jeder anderen Blütenfarbe kombinierbar, was uns die Natur auch deutlich zeigt.

Und so haben schon früher Dichter wundervolle Zeilen über die Blumen und Pflanzen zu Papier gebracht.
und mit einigen davon möchte ich dieses Kapitel schließen.

Am Morgen eine Schale Blumen aufzustellen,
kann uns an einem überfüllten Tag ein Gefühl der Stille geben
wie ein Gedicht zu schreiben oder ein Gebet zu sprechen.
Zitat v. Anne Morrow Lindbergh 1906 - 2001

Auch der Baum, auch die Blume warten nicht bloss auf unsere
Erkenntnis. Sie werben mit ihrer Schönheit und Weisheit aller Enden um
unser Verständnis.
Zitat v. Christian Morgenstern 1871 - 1914

Am leuchtenden Sommermorgen geh ich im Garten herum.
Es flüstern und sprechen die Blumen,
Ich aber, ich wandle stumm.
Zitat v. Heinrich Heine 1797 - 1856

*

Kapitel IV

Mazerate, Öle und Essenzen

Mazerate

Das bemerkenswerteste und unkomplizierteste Verfahren aus den Pflanzen deren Wirkstoffe, Duftstoffe und energetische Schwingungen einzufangen, ist die Herstellung eines Öles. Ebenso wirkungsvoll ist ein Alkohol oder Wasser Mazerats. Ein Mazerat ist ein Kaltauszug der Inhaltsstoffe. Das heißt, es werden die leichtflüchtigen, nicht stabilen Inhaltsstoffe aus Pflanzen in kalten Flüssigkeiten gelöst. Eine perfekte Art bestimmte Pflanzenwirkstoffe, Düfte und feinen Schwingungen haltbarer zu machen. Denn Blumen und auch Kräuter haben die Eigenschaft, sind sie erst gepflückt, schnell zu verblühen oder zu vertrocknen, und damit gehen Düfte und ätherische Öle schnell verloren. Zudem sind einige Wirkstoffe häufig im inneren der Pflanze, und müssen erst hervorgeholt werden. Die tiefen energetischen Schwingungen vermögen die Pflanzen wohl lange zu speichern, doch auch sie fließen irgendwann in die Natur zurück.

Ein selbst hergestelltes Mazerat ist ein reines Naturprodukt, schöner und reiner werden Sie es nirgends bekommen. Und bedenkt man dabei die

Liebe die SIE dort mit hineingeben, wird es nichts Vergleichbares geben. Denn IHRE ganz persönliche Liebe ist einzigartig.

Mazerate können Sie für ihre Sinne wie das Sehen, Schmecken, Fühlen und Tasten nutzen.

Körper Geist und Seele damit in Einklang bringen.

Die Nutzung von Blütenwasser bis Kräuteröl, von Raumspray über die sinnlichen Badezusätze und Körperpflegemittel, bis zu den heilenden Salben.

Ein Mazerat bildet den Grundstock. Die Anwendungen sind mannigfaltig.

Nicht immer haben wir die Möglichkeit mit der Naturpflanze in Kontakt zu kommen, die Blütenpracht zu erleben, denn im Winter blühen eben selten Rosen oder der Jasmin.

Doch für die aufzubauende Energiestraße, für Ihren neuen Lebensweg, für Glück und Wohlbefinden, für all die Rituale die Sie mit den Kräften der Pflanzen verbinden möchten, ist ein Mazerat eine fantastische Möglichkeit.

Nahe liegend stelle ich Ihnen einige Mazerate in der Herstellung vor, darüber hinaus verschiedene Rezepte aus den Bereichen der Kulinarischen Genüsse, der wohltuenden Schönheitspflege, der medizinischen Anwendungen, sowie selbstverständlich der feinstofflichen geistigen Schwingungen.

Ein Wassermazerat wird aus destilliertem oder abgekochten Wasser, sowie zerkleinerten Pflanzen, wie Blüten, Stängel, Blätter und Wurzeln hergestellt.

Dazu legt man die Teile der Pflanze die man nutzen möchte in eine Schüssel, übergießt diese mit kaltem bis evtl. lauwarmen Wasser, bedeckt die Schüssel und lässt diese 8 bis 12 Stunden bei Zimmertemperatur stehen. Dann wird die fertige Flüssigkeit zunächst abgeseiht, um sie in ein sauberes verschraubbares Glas zu gießen. Ein Wassermazerat ist leider nur sehr mäßig haltbar, im Kühlschrank aufbewahrt für 2 Tage. Dafür lässt es sich sehr schnell neu herstellen, enthält in wenigen Stunden wasserlösliche Stoffe wie Zucker und Zellulose, in kleinen Mengen das ätherische Öl der Pflanzenteile und je nach dem auch den Duft der Blüten. Die hochenergetischen Schwingungen sind ganz sicher in diesem Mazerat enthalten.

So würde sich ein solches Wassermazerat zum Beispiel aus Rosenblüten oder jeder anderen duftenden Blüte, herrlich als Duftauffrischung für ein Potpourri (getrocknete Blüten und Pflanzenteile) eignen. Ebenso für ein Raumduftspray und alternativ für die Duftlampe, die Sie damit auffüllen können. Am selben Tag damit Duschen oder Baden, ihre Haare nach der Hauptwäsche damit spülen. All dies ist dienlich, um die energetische Schwingung, die dieses Mazerat durch die Pflanzenteile beinhaltet, für sich zu nutzen. Doch natürlich auch die, je nach Pflanze, heil wirkenden oder wohltuenden Substanzen. Während eines Gebetes könnten Sie sich damit die Hände benetzen, während des Aufbaus einer Energiestraße daraus einen Schutzkreis träufeln.

Sie können im Prinzip dieses Wassermazerat 2 Tage lang für alles Erdenkliche nutzen.

Es ist wichtig, mit darauf zu achten, welche Pflanzen sie eingeweicht haben und wie deren Wirkungen in den einzelnen Bereichen sind. Doch dies versteht sich sicher von selbst.

Jedoch besteht die Möglichkeit dieses Wassermazerat auch mit ein paar anderen Zutaten haltbarer machen.

Eingekocht mit Zucker, verwendet werden pro 100ml Wassermazerat 25 Gramm Zucker, entsteht daraus ein aromatischer Sirup. Gut verschlossen in einer sauberen Flasche hält dieser sich bis zu 6 Monate. Für vielerlei Süßspeisen eine geradezu himmlische Nuance und Zutat.

Natürlich je nach dem, welche Pflanzen sie mazeriert hatten. Ob ein Rosmarinsirup zu Vanillepudding schmeckt? Nun, probieren Sie es, wenn Sie möchten.

Doch ganz sicher ist Sirup aus Rosenblüten, Fliederblüten, Holunderblüten, Eibischblüten und vielen weiteren Blüten, ein Gedicht der Sinne. Und dies nicht nur im Sommer zur Eissaison, auch im Mineralwasser, Tee, Limonade oder einem frischfruchtigen Salat werden Sie ihre Gaumenfreude daran haben. Und bei jedem Bissen einen Teil der Energieschwingungen in sich aufnehmen. In Kapitel V finden Sie einige Rituale die Genuss und Energieaufbau gleichermaßen beinhalten.

Genauso energetisch und erhebend kann das Haare waschen werden. Nehmen Sie einen Teil ihres Wassermazerats, erhitzen sie es vorsichtig und geben es dann in eine Waschschüssel. Rühren Sie sich nun naturreine flüssige Seife dazu, sowie etwas Mandel, Oliven oder Kokosöl. Das Öl sollte kaltgepresst sein, da dies für die Haare gut geeignet und aufbauend ist.

Man berechnet für 50 ml Mazerat 230 ml Seife und 20 ml Öl. Sodas eine Gesamtmenge von 300 ml entsteht. Geben Sie diese cremige Substanz in eine Flasche, die Sie verschließen können. Ich empfehle hier, alte Haarwaschmittelflaschen aufzubewahren. Gut ausgespült eignen sich diese exzellent, um Ihre eigenen Duft und Kräuterkreationen für ca. 4 Wochen zu beherbergen. Bei jeder Haarwäsche können Sie aussteigen aus dem Alltag, und konzentriert sowie entspannt etwas für ihren Lebensweg erschaffen. Mehr darüber ebenfalls in Kapitel V.

Als Anregung möchte ich jedoch ein paar Rezepte beschreiben.

Lavendel und Rosmarin je 10 Gramm als Wassermazerat mit 150 ml Wasser herstellen, dann nach 12 Stunden abseihen und dazu 250 ml Flüssigseife und 20 ml Sesamöl gut verrühren und mit dem Mazerat mischen. Diese Kreation ergibt einen Frischekick für die Kopfhaut und dessen Haare, lässt diese nicht so schnell nachfetten, pflegt sie jedoch wunderbar. Energetisch erfahren Sie selbst sowie Ihre Haarpracht dadurch Heilung.

Birkenblätter und Eichenrinde ebenfalls jeweils 10 Gramm mit 150 ml Wasser zu einem Mazerat verarbeiten. Auch hier 250 ml Flüssigseife sowie 20 ml Sesamöl gut verrührt mit dem nach 12 Stunden abgeseihtem fertigen Mazerat mischen.

Dieses Shampoo hilft gegen Schuppen und stärkt das Haar, sowie ihre ganze Aura. Alte Energie und energetische Schlackestoffe werden hinausgespült, frische Energien fließen in die Aura hinein.

Oregano und Lavendel regen die Durchblutung der Kopfhaut an, und stärken Ihr Energiefeld. Bereiten Sie ihr Haarshampoo in der gleichen Weise zu, wie es in den vorigen Rezepten beschrieben ist.

Öle

Eine weitere Möglichkeit die energetischen Schwingungen, wie auch die wunderbaren Substanzen der Kräuter und Blüten haltbarer zu machen, ist das Ölmazerat. Hier ist ein wenig mehr Aufwand bzw. Zeit nötig, doch es lohnt sich.

Benötigt wird eine gut verschließbare dunkle Flasche oder dunkles Schraubglas, sowie ein neutrales Öl. Ausschlaggeben ist hier, ob sie das Öl zur Gaumenfreude nutzen möchten oder zur Hautpflege.
Die Zubereitung als Grundrezept ist relativ einfach.
Geben Sie die Anteile der Kräuter oder Blüten in die Flasche und füllen diese mit dem Öl auf, sodass alle Zutaten bedeckt sind. Achten Sie darauf, dass die Flasche nicht zu voll ist, damit diese immer wieder geschüttelt werden kann. Verschließen Sie die Flasche fest.
Nun wird die Flasche an einem kühleren und dunklen Ort aufbewahrt, einmal täglich jedoch geschüttelt. Zwischen einer Woche und vier Wochen sind die gängigen Zeiten, die man Pflanzen und Öl zusammen in

der Flasche lässt, bevor man den Inhalt abseiht. Das so gewonnene Blütenöl oder Kräuteröl ist nun für 6 bis 9 Monate haltbar.
Sinnvoll ist es auch weiterhin die Flasche kühl und dunkel zu lagern.

Sie haben sich nun ein hochenergetisches Öl zubereitet, das Sie je nach Inhalt für vielerlei nutzen können.

Öle haben unterschiedliche Eigenschaften wie Geschmack, Geruch und Nutzbarkeit. Einige sind feuchtigkeitsspendend, andere besitzen energetische Informationen zur Selbstheilung.
Manche bereichern mit Vitaminen und Omega Säuren, mit Antioxidantien und Spurenelementen.

Für die Hautpflege, also nur zur äußerlichen Anwendung, eignen sich sogenannte Trägeröle.

Zu empfehlen ist Jojoba - Öl, das die Haut schnell durchdringt und für jeden Hauttyp geeignet ist. Es reguliert die Hautfeuchtigkeit, aber vor allem hat es den Vorteil nicht ranzig zu werden.

Das Mandelöl ist sicher vielen längst bekannt, es ist geruchlos und ebenfalls für alle Hauttypen und Alterstufen geeignet. Es wirkt zudem reizlindernd und verhilft der Haut zu einem guten Feuchtigkeitsdepot.

Aloe - Vera - Öl hilft im Sommer bei spröder, rissiger oder sonnenverbrannter Haut.

Dieses Öl enthält in sich wiederum Schwingungsinformationen zur Selbstheilung.

Speiseöle wie das Olivenöl sind reine Pflanzenöle, die in der Küche ebenso Verwendung findet, wie in der Haut und Schönheitspflege. Es enthält wichtige Ölsäuren, wie auch wichtige Antioxidantien, denen Gesundheitsvorteile nachgesagt werden. Das Olivenöl eignet sich fantastisch zur Kaltölmazerierung, wie es alle nativen Öle tun. Rapsöl wird in der Küche immer beliebter, da es erhitzbarer ist als Olivenöl, ohne dabei zu verbrennen. Doch beide Öle, Oliven wie Rapsöl sind nicht für den Wok oder die Fritteuse geeignet, da sie sich ab 140 Grad zersetzen. Aber das Rapsöl bereichert uns besonders in Kombination mit Salaten. Eine günstige Wirkung auf die Cholesterinsenkung wird dem Rapsöl ebenfalls nachgesagt.

Sonnenblumenöl sowie Distelöl vertragen Temperaturen bis zu 210 Grad. Daher werden beide gerne zum Braten und Kochen genutzt.

Leinöl ist das beste Omega 3 Fettsäure Öl, das wussten schon unsere Großeltern. Leinöl ist gesund für Gehirn, Herz, Nieren und Kreislauf, wirkt besonders positiv förderlich auf den Gemütszustand. Auch eine bewiesene, positive Wirkung beim Diabetes wurde erkannt.

Walnussöl ist ebenfalls ein Highlight, besonders in der französischen Küche. Sein nussiger, milder Geschmack eignet sich hervorragend für Salate und Rohkost. Doch ebenfalls auf Eis und Dessert bereichert uns das Öl mit wichtigen Vitaminen und gibt so manchem Nachtisch einen einzigartigen Impuls auf Himmel und Erde zugleich.

Einige Kräuter und Blütenkompositionen habe ich Ihnen zur Anregung zusammengestellt.

Die Herstellung des Ölmazerat ist als Grundrezept gleich. Doch können Sie diese Rezepte auch als schnell Variante nutzen, indem sie das Grundöl mit ätherischen fertigen Ölen, die sie vielleicht im Hause haben, mischen. Die energetische Wirkung ist dann ähnlich.

Denn wie Sie sich erinnern, all dies dient ihrer Energiestraße, die sie zugleich aufbauen können. In den Mazeraten sind die einzigartigen Schwingungen und Informationen der Kräuter und Blüten enthalten, die Sie beim Baden oder Essen aufnehmen und verwenden können.

Auch eine Pflege Creme lässt sich aus einem Mazerat herstellen.

Verrühren Sie sich dazu zum Beispiel 25ml Fliederölmazerat oder 25 ml Ringelblumenöl Mazerat mit 50 -100 ml Lanolin. Geben Sie das Lanolin nach und nach dazu, bis Sie für sich eine stimmige Konsistenz erhalten. Manche mögen die Creme etwas weicher, anderen eher fester. So wäre als Grundsubstanz Vaseline für eine Hustencreme bzw. Hustensalbe ebenso denkbar. Thymian eignet sich hervorragend um eine Husten bzw. Schleimlösende Salbe herzustellen. Aus energetischer Sicht ist ebenso ätherisches Öl in Lanolin oder Vaseline eingerührt wirksam. Doch in Form von pflegenden oder heilenden Salben empfehle ich eher das Ölmazerat.

Belebende, beruhigende und pflegende Bademischungen.

Für den Kraftkick:

2 Rosmarinstängel, 2 Zitronenmelissestängel und ca. 25 Rosen Blütenblätter (von 2- 3 Blütenknospen die Blüten abgezupft), dazu 500 ml Mandelöl für 1 bis 2 Wochen in der Flasche lagern.

Als Badezusatz genügen dann vom abgeseihten Ölmazerat 50 ml, die Sie Ihrem Badewasser zufügen.

Schon innerhalb 15 Minuten spüren sie die Energiequellen, die Ihnen neue Tatkraft und Schwung zurückgeben.

Als alternative schnelle Methode geben Sie auf 50 ml reinem Mandelöl 5 Tropfen ätherisches Rosmarin Öl, 5 Tropfen ätherisches Rosenöl und 5 Tropfen ätherisches Zitronella Öl dazu.

Mischen Sie das ätherische Öl zunächst mit dem Olivenöl, bevor Sie es Ihrem Badewasser zufügen.

Ihre Energiestraße, die Sie damit eröffnen, ist geprägt von Liebe und Konzentration, bringt Ihnen geistige Vitalität und klare Gedanken. Es lässt Sie ganz in ihrer Mitte zurückkehren.

Für die Auszeit und Erholung:

2 Stängel frischer Lavendel mit 30 Jasminblüten in 500 ml Olivenöl geben.

Nach 1 Woche abseihen und auch hier 50 ml für ihr Wohlfühl - Erholungsbad zum Badewasser dazu geben.

20 Minuten reichen meist aus, um dem Körper und der Seele bzw. den Energiebahnen die Entspannung und ein wohltuendes Gleichgewicht zu bringen.

Die schnelle Variante: 50 ml Jojoba Öl mit 10 Tropfen ätherisches Lavendelöl und 5 Tropfen ätherisches Jasminblütenöl mischen und dem Badewasser hinzufügen.
Die Energiestraße, wenn Sie diese dabei öffnen möchten, leuchtet dann in sanften Violetttönen, ihre Aura nimmt wohltuende Energien auf, verbindet sich im Gleichgewicht der Sinne, und schwingt ebenso erneuernd wie Zuversicht bringend für Sie.

After Sun Pflege
25 bis 35 Blütenblätter vom Eibisch, 20 Blüten der Ringelblume und 1 Stängel Lavendel mit 450 ml Mandelöl und 50 ml Aloe - Vera - Öl für 2 Wochen in einer Flasche lagern.
Nach dem Abseihen genügen 100 ml Ölmazerat für das Badewasser.
Lassen sie ihre Sinne und ihre Haut für 20 Minuten bei mäßiger Wärme in der Badewanne sanft ruhen.

Die schnelle Variante: 50 ml Olivenöl mit 5 Tropfen Geraniumöl, 5 Tropfen Neroliöl, 5 Tropfen Orangenöl und einem Becher flüssiger Sahne mischen. Dann dem warmen aber nicht heißem Badewasser hinzufügen.
Dieser Sommerreigen setzt sich auch in ihrer Energiestraße fort, Blumen säumen den Weg, geben Ihnen Erdung. Starke Energiebänder fließen hin

und her, zarte Selbstliebe wird aufgebaut. Mut und Lust auf neue Wege, zu neuen Menschen, oder auch erneuernden Gefühlen in bestehenden Partnerschaften öffnen sich für Sie.

Für die Gaumenfreuden

Kräuteröle:
Alle Kräuter sollten frisch sein, also weder getrocknet noch tief gefroren. Selbstverständlich sauber gewaschen und von guter Qualität.
Ein Petersilienöl wird aus 1 Bund etwa 75 Gramm Petersilie und 1 Teelöffel Salz auf 100 ml Olivenöl oder Distelöl gegeben. 2 bis 3 Wochen sollte das ganze ruhen, bevor es abgeseiht wird.
Dieses Petersielenöl eignet sich für alle Salate, Tomaten und gebratenen Fisch.
Werdende Mütter sollten bitte in der Schwangerschaft darauf verzichten. Energiestraßen die beim Verzehr und der dazu gehörigen Konzentration geöffnet werden, bringen geistige Klarheit und neue Kraft.

Ein schmackhaftes Kräuteröl für Fleischgerichte ergeben auch Rosmarin, Salbei und Thymian. Oder Dill, Kerbel und Liebstöckel. Diese auch bitte für 3 Wochen abgedunkelt ruhen lassen. Bitte jedoch immer wieder einmal täglich gut durchschütteln. Doch probieren Sie sich hier aus, viele werden ihre ganz eigenen Mischungen kennen, oder neue kreieren.

Ein Zitronenmelisse und Kapuzinerkresse Öl kann Süßspeisen den letzten Pfiff oder die Explosion auf der Zunge zu ungeahnten Genüssen geben.

Auch ein Kräuteröl aus Rosen und Minze verfeinert nicht nur den Obstsalat, es lässt gleichzeitig an Urlaub Südsee und Sonne denken. Dabei können Sie dann auch perfekt ihre Energiestraße für den kommenden Urlaub aufbauen. Wie soll er sein, der lang ersehnte Jahresurlaub? Gemütlich, spannend, erholsam, lustig, sonnig, sanft, glücklich?

Schließen sie beim Genuss des Obstsalates mit dem Rosen-Minze Öl ihre Augen, konzentrieren Sie sich, schmecken Sie und erschaffen Sie gleichzeitig ihren Urlaub. Stellen Sie sich die Details genau vor, sagen oder denken Sie zum Beispiel:

„Dieser Urlaub schenkt mir erholsame, gemütliche sonnige Tage."
Nutzen Sie aus diesen Gaumengenüssen ihre persönlichen Ritualgenüsse, mit allen ihren Sinnen.

Mit Sicherheit gibt es noch hunderte von Öl Rezepten, doch das würde den Rahmen des Buches wohl sprengen. Deshalb setze ich hier einen gedanklichen Punkt und begebe mich mit meinen Erklärungen zu den Essenzen in Alkohol.

Essenzen in Alkohol

So möchte ich Ihnen nun die Alkohol Mazerate vorstellen. Wobei diese meist eher Tinktur oder Extrakt genannt werden. Hier werden frische oder getrocknete Pflanzen und Pflanzenteile mit Weingeist oder anderen mindestens 70 prozentigen Alkohollösungen übergossen.

Auf 1 Liter Alkohol berechnet man ca. 200 Gramm Pflanzenteile. Zerkleinern Sie die Pflanzenteile stark, und geben Sie diese in ein Schraubglas oder eine Flasche. Füllen Sie nun mit dem Alkohol auf. Alles sollte gut bedeckt sein. Schließen Sie den Behälter fest zu. Lassen sie die begossenen Pflanzenteile nun mindestens 10 Tage besser jedoch für 3 Wochen ziehen. Auch hier bitte einmal täglich gut durchschütteln, damit sich auch alle löslichen Stoffe mit dem Alkohol verbinden. In der Klostermedizin heißt es sogar die Tinktur nehme an Qualität zu, wenn Sie das Glas zweimal am Tag für 3 Minuten gut schütteln.

Nach der Ziehzeit wird auch hier abgefiltert. Die Tinktur ist in gut verschlossenen, möglichst dunklen Gläsern oder Flaschen kühl gelagert, bis zu 12 Monate haltbar. Diese hochkonzentrierte Tinktur wird nur Tropfenweise in anderen Flüssigkeiten genutzt.

Auch hier zur Anregung einige Rezepte.

Arnika

Das bewährte, gut bekannte Arnikakraut, dass schon aus der Volksmedizin bei Prellungen, Verstauchungen und Zerrungen gute Dienste tat, wird mit 200 ml Alkohol auf 20 g Arnikapflanze zu bereitet.

Nach 2 Wochen täglichem schütteln, filtert man es ab, lässt es erneut für 10 Tage stehen, filtert erneut ab und gibt die fertige Tinktur in eine saubere Flasche. Ob Sie diese Tinktur für Umschläge, oder zum Gurgel nutzen, ½ Teelöffel Tinktur auf ein Glas lauwarmes Wasser genügen hier absolut.

Aus energetischer Sicht hilft Ihnen Arnika bei der Heilung von Gefühlen. Arnika dient einer Verbindung von Himmel und Erde. Engelkontakte können sehr rasch hergestellt werden, gleichzeitig bleiben Sie mit Arnika geerdet. Arnika hilft ebenfalls einen Schutzkreis zu bilden.

Entweder nehmen Sie Blüten oder das Kraut und legen einen Kreis, oder sie nutzen das Mazerat kreisförmig tröpfchenweise, und verbinden mit dem Finger die Tropfen dann zu einem geschlossenen Kreis.

Gänseblümchen

Gänseblümchen, ein feinfühliger, wunderschöner Anblick auf einer großen Wiese. Doch das Gänseblümchen kann noch viel mehr. Als entzündungshemmende Pflanze oder Blume dient es unserer Haut. Vor allem bei Akne und unreiner Haut hat es sich bewährt. Dazu werden zunächst ca. 200 kleine frische Gänseblümchenköpfe in ein Glas gegeben, dass mit 200 ml hier nur 40 prozentigen Alkohol aufgefüllt wird. Verschließen Sie das Glas gut und lassen sie es für 4 Wochen ziehen. Ab und zu schütteln empfiehlt sich hier ebenfalls. Obwohl es bei dieser Tinktur nicht täglich sein muss. Dann seihen Sie ab und geben die Flüssigkeit in ein dunkles Glas oder eine dunkle Flasche.

Diese Tinktur wird pur benutzt. Geben Sie ein paar Tröpfchen auf einen Wattebausch oder Leinen, und betupfen Sie ihre Hautpickelchen oder Akne damit.

In der energetischen Wirkung hilft das Gänseblümchen bei jedweder Heilung von Liebesdingen. Es ermöglicht den Aufbau Ihres Glücksweges ebenso, wie die Vertiefung Ihrer Hellsicht. Träufeln Sie sich entweder während eines Rituales je einen Tropfen auf die Hände, oder geben sie je 1 Tropfen auf einen Wattebausch und legen diesen auf ihre geschlossenen Augenlider.

Seelen-Frieden

1 Esslöffel Frieden für Körper und Seele. Holunderblüten, allseits gut bekannt, sind ein wunderbarer Stimmungsaufheller und Seelenstreichler. Doch Holunderblüten und Beeren haben noch viel mehr heilende und fördernde Wirkungen. So helfen sie gegen Erkältungen, bringen den Stoffwechsel auf Trab, entgiften, beruhigen die Nerven und heben unser Gemüt und Wohlbefinden im Körper und in der Seele an.

Ein selbst hergestellter Holunder Likör ist zudem lecker und bereichert auch manches Dessert.

Pressen Sie eine Handvoll reife Holunderbeeren aus und fangen Sie den Saft in einer Schale auf.

Dann nehmen Sie eine weitere Handvoll Beeren, geben diese in ein großes Schraubglas.

Mischen Sie mindestens 2 Esslöffel Zucker(mögen Sie es süßer darf es auch mehr sein) mit dem ausgepressten Holundersaft, und gießen alles über die Holunderbeeren im Glas. Nun füllen Sie alles mit 40 prozentigen Schnaps (etwa 750 ml bis 1000 ml) auf. Verschließen Sie das Glas gut, und lassen es möglichst an einem warmen Ort 6 Wochen ruhen. Filtern Sie danach ab, und geben Sie den entstandenen Likör in gut verschließbare Flaschen.

Gerade in der Winterzeit vermag uns dieser Likör Gesundes und Genussvolles bringen.

Ob ein kleines Gläschen am Nachmittag oder ein Esslöffel in heißem Tee. Durch seine vielen Wirkstoffe ist dieser Likör ein wahrer Licht- und Heilungsbringer. Ein Teelöffel davon über das Dessert gegossen, lässt auch bei Ihnen sicher noch einmal den Sommer aufleben.

Aus der energetischen Sicht dringen die feinen starken Schwingungen des Holunders tief in unsere Seele, befreien und lösen Kummer. Sie beschwingen uns mit Licht- und Liebesenergie. Der Holunder fördert sowohl die Hellsicht als auch die Einsicht in kosmische Gefüge.

Ätherische Öl Rezepte

Ätherische Öle sind in der eigenen Herstellung oft sehr schwierig. es gibt hingegen echte ätherische Öle in Bioläden oder Kräuterläden, sowie in Apotheken für erschwingliche Preise. So sollen auch hier einige Rezepte nicht fehlen.

Für die Duftlampe, Lufterfrischer oder Sprühflasche

Anregend: 3 Tropfen ätherisches Minze Öl mit 4 Tropfen ätherisches Zitronen Öl gemischt in etwas Wasser.
Oder 2 Tropfen ätherisches Rosmarinöl und 4 Tropfen ätherisches Ysop Öl mit Wasser vermischt.

Sinnlich: 2 Tropfen ätherisches Jasminöl mit 3 Tropfen ätherisches Sandelholz ÖL und Wasser gemischt.

Beruhigend: 3 Tropfen ätherisches Lavendelöl und 2 Tropfen ätherisches Myrrhe Öl mit Wasser vermischt.
Oder 3 Tropfen ätherisches Melisse Öl und 3 Tropfen bittere Orangeöl mit Wasser gemischt.

Kräftigend: 2 Tropfen ätherisches Basilikum Öl und 3 Tropfen ätherisches Eichenmoos mit Wasser vermischt.
Oder 3 Tropfen ätherisches Geranium Bourbone und 2 Tropfen ätherisches Mandarinen Öl mit Wasser gemischt.

Für die Badewanne

Grundsätzlich für ein Vollbad nehmen Sie 50 ml Milch oder Sahne oder Mandelöl, und geben dort hinein zunächst die ätherischen Öle, vermischen alles gut und fügen es dann ihrem Badewasser hinzu. Ätherische Öle sind nicht in der Lage sich selbst mit Wasser zu verbinden. Sie würden allenfalls auf Ihrem Badewasser als Ölperlen bleiben. Daher ist die Trägersubstanz Milch, Sahne oder Mandelöl nötig.
Da hier außer den Sinnen und Lebensrädern auch ihre Haut angesprochen wird, ist es mir wichtig einige Typeinteilungen im Grundsätzlichen zu beschreiben.

Für trockene Haut empfiehlt sich ätherisches Öl von Geranie, römische Kamille, Myrrhe, Neroli, Sandelholz oder Orange.
Für fettige Haut empfiehlt sich ätherisches Öl von Bergamotte, Lavendel, Minze, Rose, Wacholder, Zitrone oder Zeder.
Für empfindliche Haut empfiehlt sich ätherisches Öl von Kamille, Jasmin, Rose, Sandelholz, Lavendel oder Ylang-Ylang.

Entspannend: Jeweils 3 Tropfen ätherisches Öl der Zeder, Angelikawurzel und Blutorange,
oder jeweils 3 Tropfen ätherisches Öl von Elemi, römische Kamille und Iris. Bitte auch hier jeweils mit 50 ml Milch oder Sahne mischen.

<u>Anregend:</u> Jeweils 5 Tropfen ätherisches Öl von Lemongras und Mimose, oder jeweils 5 Tropfen ätherisches Öl von Veilchen und Vanille, in 50 ml Öl oder Sahne bzw. Milch mischen.

Bei allem sei stets bedacht, welche Wirkung möchten Sie erzielen, welchen Geschmack hervorheben. Vor allem jedoch, welche Energiestraße möchten Sie damit aufbauen. Selbstverständlich können Sie auch diese Bäder friedlich genießen, ohne selbst zusätzlich energetisch wirksam zu werden

Um ihnen gleichwohl bei der energetischen Wirkung den Weg zu weisen, beschreibe ich hier in Kurzform einige Kräuter und Blüten zusätzlich in ihrer Energieschwingung.

Unabhängig davon, ob sie mit der Pflanze direkt in Kontakt gehen, ihre Eigenschaften in ein Mazerat gelöst haben, oder die getrocknete Pflanze/Kraut in der Nahrungsaufnahme nutzen.

A-Z Kraut- Pflanze- Öl-energetische Kraft

Angelikawurzel: Hilft in der Meditation, bei Gebeten Affirmationen, Heilungen und Schutz. Eignet sich gut zum Öffnen von Energiestraßen und bei Kontaktaufnahmen in spirituelle Welten. Es verleiht Mut, Kraft, Zuversicht sowie Liebe.

Basilikum: Ist gut geeignet für einen Schutzkreis, energetisch reinigend, Glück bringend, sowie Harmonie und Frieden fördernd.

Beifuss: Gibt Schutz, Verteidigung, Hellsichtigkeit, Befreiung. Lösend gegenüber Energieschlacken. Öffnet übernatürliche Zentren, stärkt Visionsfähigkeit. Reinigt zudem die Chakren und die Aura.

Bergamotte: Bringt frischen zitronigen Duft, der sehr kräftig schwingend unser Gemüt aufhellt. Zudem fördert sie Zuversicht, Freude, Glücksempfinden. Schenkt Kraft für einen Neubeginn. Ist reinigend und heilend. Da Bergamotte selbst eine starke Licht bringende Wirkung besitzt, gilt das Bergamotte Öl als lichtempfindlich. Nutzen Sie es bitte äußerst sparsam beim Hautkontakt.

Bohnenkraut: Hilft bei der Liebe, Kreativität, Heilung sowie Stärkung. Sie gibt Mut bei Prüfungen, sowie Auraschutz und spirituellen Wachstum.

Eichenmoos: Verhilft zu einer schnelle Erdung und ebenso zu einer schnellen Kontaktaufnahme. Eichenmoos ist Licht bringend für die Seele und stärkt das sensible Einfühlungsvermögen. Es führt zu starken Verbindungen mit Mutter Erde.

Elemi: (Baumharz) bringt Kraft, Ausdauer, Zuversicht, Freude, Harmonie.

Geranium: Ist stärkend, beruhigend, ausgleichend, aktivierend. Verhilft zu Mut und Zuversicht.
Geranium wirkt langsam im Aufbau, jedoch stark und lang anhaltend in der energetischen Arbeit.

Heliotrop: Diese wunderbar nach Vanille duftende Pflanze bringt eine enorme Stärkung im seelischen wie körperlichen Bereich. Sie wirkt ausgleichend und stimuliert positiv unsere Träume. Ihre licht bringende Schwingung dringt tief in uns ein, fördert so Zuversicht, Freude, Glück, Zufriedenheit. Heliotrop ist NICHT zum Verzehr geeignet. Bitte achtsam sein.
Um die energetischen Vorzüge des Vanilleduftes in der Küche zu nutzen, empfehle ich das GEWÜRZ Vanille.

Iris: Ist befreiend und fördert das Gerechtigkeits- empfinden. Sie bringt Glücksgefühle, Freude und Zufriedenheit.

Jasmin: Verhilft zu Schutz, sowie zur Kontaktaufnahme in der Meditation. Sie stärkt Harmonie, Frieden, Glück sowie das

Gerechtigkeitsempfinden. Tiefe Schwingungen erhellen die Seele. Durch sehr erotisierende intensive Schwingungen fördert Jasmin die Intensität von Beziehungen.

Johanniskraut: Hilft beim Schutzkreis, der Verteidigung, und Befreiung. Willenskraft wird gestärkt, Ebenso bringt es Heilung und Hellsichtigkeit, Zuversicht, Freude, Glück. Es verstärkt zudem die Empathie.

Kamille römische: Wirkt beruhigend, lösend, Licht bringend, Zuversicht und Vertrauen aktivierend.

Lavendel: Bringt Reinigung, Läuterung, Liebe, Heilung, Zuversicht, Frieden, Ruhe, Kraft und Treue.
Es stärkt die Partnerschaft liebevoll.

Lemongras: Ist Raum klärend und erfrischend, bringt durch schnellen Aufbau einer Energiestraße Optimismus, Freude, Harmonie und Gelassenheit.

Lorbeerblätter: Geben Schutz, Inspiration, Weissagung, Meditationskraft, Vertrauen, Treue, Freundschaft, Hellsicht, Heilung, Energiezuwachs, Kraft.

Mandarine: Ist stärkend, regenerierend, erfrischend, belebend, bringt Gelassenheit und Mut, Zuversicht und Freude. Positive Einstellungen zu dem eigenen Können werden aufgebaut.

Melisse: Wirkt ausgleichend, beruhigend, doch auch kräftigend, erfrischend und stabilisierend. Schneller Aufbau einer Energiestrasse, um unwichtiges los zu lassen ist hiermit besonders förderlich.

Mimose: Beflügelt im langsamen, jedoch sehr tiefen Aufbau einer Energiestraße, zudem die Kreativität und die frische neue Ideenwelt. Zudem gibt sie gute Laune und einen positiven Vorausblick.

Mistel: Verströmt Liebe, Heilung, Schutz, Verteidigungsfähigkeit. Sie ist Raum reinigend. Es kommt zu einem schnellen Aufbau der Energiestraße durch sehr schnelle Schwingungen. Die Aura wird schnell doch sanft gereinigt.

Myrrhe: Verhilft den Raum zu reinigen. Sie ist bei allen energetischen Arbeiten der Meditation und Heilungsarbeit förderlich. Sie unterstützt die Willenskraft, die innere Ruhe, das Gleichgewicht, den Schutz, das Erkennen der eigenen Gefühle in Bezug auf Liebe zu sich und anderen Lebewesen.

Nelke: (Gewürz) stärkt Heilung, Energie, Macht, Kraft, Heiterkeit, geistige Klarheit, Ausdauer, Konzentration.

Orange bittere: Verhilft zur Ruhe und Gelassenheit, Fördert das Raum reinigen, die Seele aufheitern sowie die Gedanken in Harmonie und Frieden zu bringen.

Oregano: Ist schützend, lösend, bringt Lebensfreude sowie Zuwachs an Kraft und Freude

Pfefferminze sowie andere Minzearten: Helfen bei der Heilung sowie der Reinigung und Klärung der Räume. Ebenso bei Veränderung, Befreiungen, dem Erhalt von Gleichgewicht, Lebensfreude und Schwung.

Ringelblume: Fördert die Hellsichtigkeit, die Liebe, Visionsfähigkeit zudem die Empathie.

Rose: Öffnet alle Chakren gleichzeitig und beeinflusst diese äußerst positiv. Sie löst und befreit, bringt tiefe Ruhe. Sie fördert die Liebe, Beziehungen, Gefühle und Hellsicht. Ist Licht bringend, stärkend, erotisierend, heilend und schützend. Sie fördert das Gleichgewicht von Körper, Geist und Seele. Zieht Glück, Harmonie, Frieden sowie Kreativität an.

Rosmarien: Hilft Räume zu Klären und zu Reinigen. Stärkt Visionen, Mut, Glück, Harmonie, Frieden, Konzentration, geistige Klarheit, geistige Vitalität sowie die Willenskraft.

Thymian: Bringt Zuwachs an Energie, Kraft und Hellsichtigkeit. Fördert die Aurareinigung.

Veilchen: Verhilft zur Befreiung, zum Glück, Schicksal, zur

Gerechtigkeit, zum Optimismus, zur Freude, zur Wunscherfüllung. Ebenso ist es förderlich bei der Annahme des eigenen Schicksals und bei einem Partnerschaftlichen Neubeginn.

Wacholder: Stärkt den Energieschutz, und die Liebe. Hilft bei Veränderungen, dem erlangen von Frieden, Kraft, Hellsicht sowie Empathie.

Wermut: (Kraut) Gibt energetischen Schutz, hilft bei der Verteidigung von Erreichtem. Fördert die Hellsichtigkeit, Empathie und Freude. Hilft beim lösen von Energieschlacken.

Ysop: Ist energetisch kräftigend, Beziehungen harmonisierend, und Vitalität erneuernd. Bringt Freude
und Wohlbefinden.

Zeder: Ist Raum reinigend, lösend, heilend, erdend, Frieden stiftend, Glück bringend , Harmonie stärkend, und Gerechtigkeit fördernd.

Zitrone: Ist aktivierend, reinigend, erfrischend, belebend, baut schnell eine Energiestraße für Optimismus und Zuversicht auf.

Eine Handvoll Rezept

Nach so viel Energiearbeit darf der Genuss für die Sinne nicht fehlen. Einige Rezepte dazu mögen Ihnen Gaumenfreude, erfrischende Atemwege und wohltuende Entspannung bringen.

Fliederblüten

Nehmen Sie 1. Handvoll frische Fliederblüten, 100 g Zucker, 350 ml Korn, den Saft einer halben Zitrone um sich einen lange haltbaren Fliederlikör herzustellen.

Schritt 1

Zupfen Sie die Blüten von den Stielen, geben Sie alle Zutaten in ein gut verschließbares Glas, und schütteln Sie alles gut durch. Lassen Sie dieses Glas mindestens 4 Wochen an einem warmen Ort stehen. Seihen Sie das ganze nun durch ein Sieb und geben den Likör in eine ebenfalls gut verschließbare Flasche.

1 Tel Likör dem heißen Tee zugefügt, hilft gegen Fieber und Erkältungen. Ein Likörglas gefüllt mit diesem energetisch wirkungsvollen und zugleich schmackhaftem Fliederlikör am Abend zu sich genommen, erhöht ihre Wahrnehmung ihrer eigenen Persönlichkeit. Achten Sie dann einmal auf Ihre Träume in dieser Nacht. Wertvolle Antworten könnten Ihnen gereicht werden.

Darüber hinaus auch einen erholsamen tiefen Schlaf.

1 Gläschen Likör für die Sinne, um sich selbst zu verwöhnen, am Nachmittag oder nach dem Essen genossen, bringt Ihnen Frohsinn und gute Laune.

Oder nehmen Sie 1.Handvoll frische Fliederblüten, ½ l Wasser, Saft einer Zitrone und 800 g Zucker, um sich damit einen herrlichen Fliedersirup herzustellen.

Blüten vom Stiel zupfen Mit den anderen Zutaten so lange köcheln lassen, bis die Blüten ihre Farbe verlieren und sich der Zucker aufgelöst hat. Füllen Sie diese Flüssigkeit so heiß wie möglich, in eine große oder mehrere kleine, saubere, gut verschließbare Flaschen.
Dieser Sirup ist mindesten 6 Monate haltbar, solange er kühl, dunkel und gut verschlossen gelagert wird. Geöffnete Flaschen bitte im Kühlschrank aufbewahren. Diese sollten so mindesten 4 Wochen haltbar sein.

Fliederblütensirup hat die gleichen energetischen Eigenschaften wie der Likör, lässt sich jedoch im Sommer noch zu weiteren Nahrungsmitteln hinzufügen. Über ein Eis geträufelt, oder mit Wasser vermischt als kühle Limonade getrunken, erfrischt dieser den Gaumen und die Seele.

Oder Sie nehmen 7-10 Fliederdolden, die in voller Blüte stehen. Schütteln Sie diese gut aus und geben diese in ein oder mehrere große Gläser. Füllen Sie die Gläser mit den Blüten zu 2/3, damit Platz für das Öl bleibt. Fügen Sie 1. Liter Olivenöl oder Mandelöl hinzu, so dass die Blüten bedeckt sind. Schütteln Sie alles gut durch. Dann lassen Sie das Glas/die Gläser ca.

4 Wochen in der Sonne stehen. Nun den Sud über ein Küchenhandtuch schütten und dabei gut ausdrücken. Seihen Sie die aufgefangene Flüssigkeit noch einmal über ein Sieb ab. Geben Sie Ihr hergestellte Fliederöl in dunkle gut verschließbare Flaschen, denn ab jetzt sollte das Öl vor Sonneneinstrahlung geschützt bleiben. Dieses Fliederöl ist 1 bis 2 Jahr haltbar.

Dieses Fliederöl ist geeignet zum Einreiben bei rheumatischen Beschwerden, aber auch als Zugabe ins Badewasser, wo es pflegend und beruhigend wirkt.

Haben Sie den Flieder in Olivenöl gegeben, ist dieses verzehrbar.

Vielleicht probieren Sie damit eine neue kreative sinnliche herausragende Komposition für Ihren nächsten Sommersalat?

Fiederöl aus Mandelöl hingegen sollte der Haut vorbehalten bleiben.

Rosenmarmelade

10 Handvoll Blüten-Blätter von frischen Rosen

1Pck. Gelierzucker 2:1 oder 3:1

1 Liter Wasser

Saft von zwei Zitronen

1 Pck. Vanilienzucker

Rosenblätter waschen, alle Zutaten vermengen und 20 Min kochen, in saubere Gläser füllen und verschließen.

Die wundervollen Wirkungsweisen von Rosen wurden hier im Buch schon vorgestellt, und behalten seine Gültigkeit auch bei der Marmelade.

Zudem werden hier die Sinne und der Gaumen beim Verzehr angeregt, Sie aktivieren beim Genuss dieser Marmelade gleichzeitig ihr 1. Chakra und Ihr 4. Chakra.

Zum Frühstück genossen versüßt sie buchstäblich ihre Seele.

Rosenwasser

aus duftenden Blüten, als Raumspray und zur Lufterfrischung wirkt antiseptisch und beruhigend. Es ist ebenfalls leicht selbst herzustellen: Man nimmt die gleiche Menge Blüten und destilliertes Wasser, kocht beides zusammen etwa eine halbe Stunde lang aus. Die Blüten sind dann meist verkocht, befinden sich doch noch einige darin, entfernen Sie diese bitte. Dann wird die Flüssigkeit abgeseiht und in einer Sprühflasche oder anderen Flasche aufbewahrt.

Diese Raumdüfte können Sie ebenfalls mit Flieder oder jeder anderen Duftblüte herstellen, die Ihnen angenehm ist. Rosenwasser wurde früher gerne als Haarspülung und Hautduft bei dem weiblichen Geschlecht genutzt. Dem Haar gibt es Duft und Fülle, die Haut reinigt es und spendet Feuchtigkeit.

Gibt man dem Rosenwasser ein klein wenig Alkohol hinzu, wird daraus ein erfrischendes und sehr belebendes Eau de Cologne.

Einen wundervollen Rosen Potbourrie damit besprüht, bringt die Sommerfreude und Liebe ins Haus.

Energetisch bewirken Sie mit dem Rosenwasser eine Aktivierung und Stärkung der Nerven,
Sie harmonisieren gleichzeitig das 4. Chakra.

Rosenhonig

Nehmen Sie 2 Handvoll Rosenblüten und begießen diese in einem Topf mit Wasser, kochen alles 6-mal hintereinander auf. Dann geben Sie diese Blütenflüssigkeit in einen irdenen Topf, und lassen diesen zugedeckt 24 Stunden stehen. Am nächsten Tag erwärmen Sie die Blütenflüssigkeit noch einmal, um sie dann durch ein Leinentuch so lange abzuseihen bzw. durchzupressen, bis die Blütenreste völlig trocken sind.

Den gewonnenen Saft köcheln Sie erneut zunächst bei großer Flamme, dann bei kleiner Flamme, solange, bis er eingedickt eine Konsistenz wie Honig erlangt hat.

Diesen Rosenhonig geben Sie nun erneut in eine Porzellanschale, die sie für 3 Tage nicht abgedeckt in die Sonne stellen.

Diese entstandene Paste oder eben auch zäher Honig kann nun für alles verwenden werden, von der Küchenzubereitung bis zur Duftkugelherstellung. Der über einen immens langen Zeitraum anhaltende Duft, der nicht verfliegt, wird Sie faszinieren und überraschen.

Ein wenig davon auf das morgendliche Brot oder Brötchen, sowie auch in das Frühstücksmüsli gegeben,

eröffnet Straßen der Liebe und Achtung, belebt ihre Seele, stärkt ihre Aura und Ihre Chakren.

Darüber hinaus wird sich ihr Gaumen noch sehr lange am Tag an diesen Hochgenuss erinnern. Ihr Gaumen Chakra wird auf eine sanfte intensive Weise aktiviert.

(Gaumen Chakra siehe auch Glossar Erklärungen)

Um Blütenpaste herzustellen, können Sie auch fast jede für Sie stimmige Blüte und die Herstellungsweise wie im Rosenhonig angegeben, verwenden. Es empfehlen sich jedoch Blüten die genießbar sind, zudem einen angenehmen Duft besitzen. Es gibt Blüten deren Duft eher abschreckend für den menschlichen Geruchssinn ist. Sicherlich also nicht für einen lieblichen Honig geeignet.

Duftkugeln

Nehmen Sie einige frische Blüten des von Ihnen gewünschten Duftes, zerreiben Sie diese in einem Mörser bis daraus feines Pulver geworden ist. Nun mischen Sie dieses Pulver vorsichtig mit einer Blütenpaste. Das heißt sie verkneten Blütenpulver und Paste solange bis sie gut vermengt sind. Formen Sie sich nun Kugeln, bestimmen Sie die Größe selber.
Diese Duftkugeln können im Kleiderschrank, im Bad, auf der Fensterbank, im Badewasser dazu gegeben werden.
Haben Sie sich aus essbaren Blüten Pulver und Paste hergestellt, sind diese Kugeln für Salat und vieles mehr zu verwenden.

Die Energien der Blüten und Pflanzen die Sie hierbei nutzen, sind genauso wirkungsvoll wie ein ätherisches Öl, oder jede andere Zubereitung.
Wenn es auch ein langer Prozess in der Zubereitung ist, durch die Sonnenwirkung und das Erhitzen sind alle wasserlöslichen, energetischen und duftenden Stoffe erhalten geblieben.

Kosmetische Rezepte

Augenkompressen

Kühle wohltuende Augenkompressen erhalten Sie mit 10 Tropfen selbst hergestelltem Rosenwasser (ohne Alkohol) in einen viertel Liter Wasser vermischt. Durchtränken Sie zwei Wattepads und legen sich diese für ca. 10 Minuten auf die geschlossenen Augenlider.

Hier stimulieren Sie energetisch ihr 4 Chakra und ihr 6. Chakra. Einzigartige bunte Rosenstraßen in denen Liebe, Glück und Zuversicht schwingen, können Sie dabei aufbauen und erleben.

Gesichtskompressen

Warme entspannende oder belebende Gesichtskompressen erhalten Sie mit etwas warmem Mandel oder Jojoba Öl, in das Sie möglichst aus eigener Herstellung entweder 2 Tropfen Rosenöl, oder 2 Tropfen Jasminöl, oder 2 Tropfen Geranienöl geben.

Gießen sie die Ölmischung auf eine große Kompresse und legen sich diese für 10 bis 15 Minuten auf Ihr Gesicht. Durch den Kontakt mit dem ganzen Gesicht werden hier auch außer dem 6 Chakra die Nebenchakren der Augen, der Wangen und des Kinns aktiviert. (Siehe Erklärungen im Glossar Seite 269 ff)

Die besondere Haarkur für die Spitzen erhalten Sie durch ca. 50 ml Jojoba Öl in das Sie 10 Tropfen Rosenöl, oder 10 Tropfen Fliederöl, oder 10 Tropfen Lavendelöl hinzufügen.

Massieren Sie dieses Ölgemisch in die Spitzen, lassen Sie es für 20 Minuten einwirken, um es danach wieder auszuspülen. Der Duft des

Öles wird ihre Nebenchakren des Gesichtes auf pulsierende wohltuende Weise stimulieren. Ihre Haarspitzen fühlen sich wie nach einer sinnlichen Verjüngungskur.

Ein Honigbad für Haut und Seele

Nehmen Sie eine Ihrer Honig bzw. Blüten Pastenkugel, die sie sich hergestellt haben. Geben Sie diese zusammen mit einem Becher Sahne oder einem Teelöffel Honig in ihr Badewasser.

Das Sahnebad wirkt rückfettend, das Honigbad entzündungshemmend. Die energetische Wirkung bezieht sich dann auf ihre Blüten Pastenkugel.

Nun sei es hier genug an Rezepten, sicher werden Sie sich längst Fragen, warum dieses Buch so viele Rezepte beherbergt, ohne ein Back oder Kochbuch zu sein.

Nun, all jene Zubereitungsmöglichkeiten, die ich Ihnen hier vorgestellt habe, dienen der Energieaufnahme und Abgabe. Des aktiven Erlebens der Natur und deren mannigfaltigen, geschenkten Energien, die sie den Menschen zur Verfügung stellt. Sie brauchen diese lediglich zu sich einladen. Dies tun Sie bereits bei dem Kauf oder Anbau der Pflanzen, beim Pflücken der Blumen und Blüten sowie dann bei der Zubereitung. Schließlich beim Verzehr oder der aktiven Arbeit mit den feinstofflichen Energien. Wozu ebenfalls das Kerze anzünden, das Gebet, die Affirmationen gehören. Aktive Arbeit bedeutet das bewusste Ritual, das Sie begehen, die Energiestraßen, die Sie sich für Ihr persönliches Leben erschaffen.

Bevor ich Ihnen die Leichtigkeit und Freude von verschiedenen Ritualen im Kapitel V vorstelle, möchte ich noch einige Pflanzen und Kräuter im direkten Bezug zu den Chakren und der Energieaufnahme und Energieabgabe erläutern.

Chakren Natur Energie

Das 1. Chakra reagiert zunächst einmal auf alle roten Farben und Blüten, auf alle Substanzen die aus einer Pflanzenwurzel genutzt werden. Des weiteren auf alle Pflanzen, denen eine energetische Erdung zugesprochen wird, wie Eichenmoos, Cistrose, Baldrian, Zeder, Indianernessel, Beifuss, Estragon.

In diesem Chakra können Sie Energien abgeben. Jede Nahrungs- und Flüssigkeitsaufnahme ist zugleich auch Erdung. Sie verbinden sich so mit der Erdenergie.

Hier in diesem Chakra beginnt sich Ihre Energiestraße zu bilden.

Das 1. Chakra wird dem Wesen nach der männlichen Energie Yang zugeordnet.

Das 2. Chakra aktiviert sich durch alle Farben und Blüten in orange. Jeder Kontakt mit Energien wird hier aufgenommen. Somit auch die Energien des 1. Chakra. Kontakt bedeutet Ihre Gedanken, Ihre Gefühle, die Gedanken und Gefühle aller Lebewesen. Die feinstofflichen Energien der Pflanzen, Farben oder Edelsteine. Alles was IST, hat Energie und sendet diese aus. Im 2. Chakra wird alles zunächst aufgenommen. Deshalb wird das 2. Chakra dem Wesen nach der weiblichen Energie Yin zugeordnet. Möchten wir das 2. Chakra beleben, und ist es Ziel es energetisch zu aktivieren, empfehlen sich zum Beispiel Pflanzen wie Kamille, Petersilie, Kerbel, Dost, Bibernelle, Arnika oder Alant.

Um die eigenen Energien in Körper, Geist und Seele jedoch zu schützen, geben bestimmte Pflanzen einen Energieschutz, wenn wir damit in Kontakt kommen. Dies sind zum Beispiel Maiglöckchen, Fingerstrauch, Stechginster, Königskerze, Johanniskraut, sowie Engelwurz, Lorbeer, Dill, Zimt, Bärlapp, Rosmarin, Pfeffer, Mistel.

Das 3. Chakra reagiert bei allen gelben und goldenen Farben und Blüten. Doch hier geben wir Energie an unsere Umwelt, an das Universum ab. Was auch immer Sie an Energien aufgenommen oder aufgebaut haben, über dieses Chakra fließen diese Energien hinaus.
Ihre Energiestrasse bekommt hier einen Energieverstärker. Oder auch die Zielrichtung. Um dieses Chakra zu intensivieren helfen zum Beispiel Pflanzen wie Piment, Lotus, Thymian, Nelke und alle Minze Arten. Bedenken Sie bitte noch einmal, bei Kontakt mit diesen Pflanzen wie berühren, essen oder mentaler Arbeit, fließt zunächst die Energie in das 2. Chakra um von dort das 3. Chakra zu aktivieren. Und umso mehr das 3. Chakra aktiviert ist, desto mehr gibt es Energien ab.
So wird diesem Chakra das Wesen von weiblicher sowie männlicher Energie zugeordnet.

Auch das 4. Chakra profitiert hier von den abgebenden Energien. Auf alle Farben und Blüten wie grün und rosa reagiert es sofort, jedoch auch auf die Farben des Regenbogens, denn das Herzchakra ist unmittelbar mit den Händen verbunden. Alles was Sie mit Ihren Händen tun, jede Berührung, lässt Energien in ihr Herzchakra fließen. Das 4. Chakra nimmt auf, was das 3. Chakra an Energien abgibt, zudem alle Energien, mit denen die Hände Kontakt haben.

Diesem Chakra wird dem Wesen nach weibliche Energie zugeordnet.

Das 4. Chakra reagiert auf emotionale Energien besonders stark. Bleiben Sie bei allem in der Liebe, so kann Ihr 4. Chakra in Harmonie, also ausgeglichen schwingen und rotieren.

Pflanzen wie zum Beispiel Melisse, Lavendel, Herzgespann, Rosen oder Holunder vermögen Ihrem Herzchakra Stärkung zu geben.

Das 5. Chakra reagiert auf alle blauen Farben und Blüten. Ebenso auf alles was Sie Essen, denn das 5. Chakra ist über zusätzliche Energiebahnen mit dem 1. Chakra verbunden.

Des Weiteren reagiert das Chakra bei jedem Ton den wir aus unserer Kehle fließen lassen.

Summend, singend, redend, schreiend, lachend, weinend, leise oder laut. Dieses Chakra gibt diese erzeugten Energien ab. Sowohl an das 1. Chakra, als auch an das 4. Chakra. Und so versteht sich der Sinn, wir sollten mit Liebe reden, mit Freude singen. Denn damit aktivieren Sie wieder ihr Herzchakra. Und mancher wird es kennen, dieses plötzliche „Huch" oder „Oh", sowie andere sprachliche Ausdrucksformen, wenn wir freudig sind, erschreckt, angeregt oder erregt. Wir bedienen uns spontan unserer Sprache und Stimme. Wir bestimmen unser Leben. Wir sind selbstbestimmend. Und so wird jedes Wort, jeder Satz, jedes laut gesagte Gebet oder gesprochene Affirmation in Ihr Herz fließen. Doch auch in das Universum und unsere Umwelt.

Ihre Energiestrasse beginnt noch kräftiger zu fließen. So wird diesem Chakra dem Wesen nach männliche Energie zugeordnet.

Pflanzen wie zum Beispiel Thymian, Salbei, Ysop, Malve, Spitzwegerich, Schlüselblumem, blauer Flieder, violetter Weiderich oder Myrrhe können Ihnen bei der Aktivierung des 5. Chakra ebenfalls helfen.

Das 6. Chakra aktiviert sich durch alle violetten Farben und Blüten. Zudem bei jedweder Energiearbeit und Ritual. Jeder Gedanke, jede mentale Wahrnehmung oder Energiesendung hat eine direkte Wirkung auf das 6. Chakra. Bevor wir etwas aussprechen, ist es in unseren Gedanken. Somit versteht es sich, dass unsere Gedanken fröhlich, positiv, erheiternd, erfreulich und mit Liebe geprägt sein sollten, damit wir auch dies in der Sprache ausdrücken können. Diese Energien die wir damit erzeugen, lassen uns in Kontakt mit Engeln und anderen feinstofflichen Wesen kommen. Wir nehmen hier also wieder Energien auf.

All das, was von anderen mental ausgesendet wird, fließt als Energie hier in dieses Chakra.

Die so genannten Guten Gedanken, die Fernübertragung von Reiki Systemen, der Kontakt zu unseren Krafttieren, das Senden im Lichtkreis, die Energien unserer Träume finden ihren Weg in dieses Chakra.

Da das 6. Chakra ein Aufnahme Chakra ist, nimmt es ebenfalls die Energien des 5. Chakra, also jede Sprachenergie in sich auf. Durch seine Aufnahme Funktion wird dieses Chakra auch wieder den weiblichen Energien zugeordnet.

Pflanzen wie Muskatnuss, Geißblatt, Augentrost, Akazie, Weihrauch oder Glyzine können das 6. Chakra positiv aktivieren.

Das 7. Chakra nun ist im Prinzip beides. Ein Aufnahme Chakra sowie ein Abgabe Chakra.

Man könnte hier auch von weiblicher und männlicher Energie sprechen, doch dies ist hier nicht mehr von Relevanz. Denn das 7. Chakra hat im Chakrensystem eine besondere Stellung.

Die Farben und Blüten weiß und helles violett aktivieren es. Dieses Chakra ist bemüht alle erzeugten und aufgenommenen Energien an das Universum zu leiten. Gleichzeitig besitzt es durch die Verbindung zum Hauptenergiekanal die Fähigkeit die Energien des Universums aufzunehmen und zunächst an das 6. Chakra zu leiten. Unsere Himmelskontakte werden intensiviert. Diese Universumsenergie, die ebn nicht einfach in weiblich und männlich unterteilt werden kann, gelangt dann bis in die Fußsohlen, um von dort in die Erde zu fließen. Pflanzen wie Raute, Apfelblüte, Wacholder, Mondraute, Sandelholz, Mimose und Lotus können uns bei der Aktivierung dieses Chakra unterstützen.

Alles ist miteinander verbunden, jedes Chakra dreht und schwingt sich bedingend durch die anderen. Doch die Chakren 1- 3 und 5, jene Chakren, die die Energien abgeben, nähren auch unsere Aura, ein elektromagnetisches Feld das jede Materie, also auch den menschlichen Körper umgibt. Von vielen wird dieses Feld als leuchtende farbige Atmosphäre wahrgenommen. Die Aura umfasst mehrere Schichten elektromagnetischer Felder und kann als Spiegel unsere Erlebnisse und Erfahrungen im körperlichen als auch im energetischen verstanden werden. Lange bevor sich Disharmonie im Körper bemerkbar macht, ist diese schon in der Aura sicht- und fühlbar. Grundlegend fließen alle

Energien zunächst in die Aura, bevor sie von dort in die jeweiligen Aufnahmechakren weiter strömen. Und somit fließen auch alle Energien die wir über unsere Chakren abgeben, ebenfalls zunächst in unsere Aura. Ein bunter Topf voller Energien. Ob wir wollen oder nicht.

Daher ist eine Aurareinigung eine so wichtige und wertvolle Energiearbeit.

Es gäbe nun noch viel über die Ebenen der Chakren und der Aura zu beschreiben. Doch dies liegt nicht in dem Sinn dieses Buches. Sondern um die erleichternden, schlichten Erklärungen, wie wir Energien aufnehmen und abgeben. Um Ihnen einen Hintergrund der wundervollen Ritualarbeit aufzuzeigen.

Gleichwohl finden sie für die Nebenchakren oder Nebenenergiezentren wiederum im Kapitel VI (Glossar) einige Beschreibungen darüber.

Kapitel V

Symbolarbeit im Ritual

Und somit komme ich zu dem Kapitel der Symbole, wie sie zum Teil schon seit dem 3. Jahrtausend v. Chr. genutzt wurden. Doch möchte ich mich, anders als in meinem ersten Buch, hier auf drei dieser altbekannten Figursymbole beschränken. Es sind das gleichseitige goldene Dreieck, das gleichseitige Viereck, das als Quadrat bekannt ist, und das Herz.

Das goldene Dreieck, Symbol der Unendlichkeit, ist jedem bekannt, wenn auch mehr aus der Mathematik. Ja, Sie lesen richtig, das Dreieck steht ebenso wie die liegende 8 für die Unendlichkeit.
Denn das goldene Dreieck verbindet die Ebene des Verstandes, im rechten unteren Eckpunkt, des inneren Kindes, im linken unteren Eckpunkt, und des Höheren Selbst, im oberen Eckpunkt. Alle drei Ebenen fließen in das Universum und die Unendlichkeit. Doch im Besonderen die Seele, die im Höheren Selbst ihren Aspekt findet. Die Seele aber ist ein unendlicher Lichtfunken aus dem göttlichen, der Urquelle des Lichtes.
Dieses goldene Dreieck steht für das weibliche, aufnehmende und verbindende. Und darum geht es bei dieser Symbolarbeit. Um das Verbinden von 3 Aspekten gleichzeitig auf den 3 Ebenen.

Drei Aspekte zum Beispiel, die im Moment für uns nicht im Einklang sind. So wünschen wir uns oft Erfolg, aber das Durchsetzungsvermögen und den Mut zur Durchsetzung bestimmter Aktivitäten, die uns zum Erfolg führen, können wie zunächst nicht in unser Gefühl aufnehmen. Unser inneres Kind weigert sich vielleicht mutig zu sein, unser Verstand kann sich nicht mit der Durchsetzung anfreunden. Doch unsere Seele möchte den Erfolg, da dieser für unseren Lebensweg wichtig ist.

Mit diesem goldenen Symbol der Dreiseitigkeit und Gleichzeitigkeit vermögen Sie alle in Harmonie zusammen zu bringen.

Zeichnen Sie sich dazu ein Dreieck in goldener oder gelber Farbe auf ein weißes Blatt Papier.

Achten Sie darauf, dass alle Linien gleichlang sind.

Wenn es für Sie leichter ist, dann schreiben Sie das Wort „Verstand" an die untere rechte Ecke, das Wort „Inneres Kind" an die linke untere Ecke. Und das Wort „Höheres Selbst" an die obere Spitze des Dreieckes. Doch zwingend oder bedingend ist dies nicht. An jeden Eckpunkt des Dreieckes schreiben Sie nun einen Aspekt, also insgesamt drei Aspekte, die Sie zusammenfügen möchten. Zum Beispiel:

Liebe -Tatkraft - Selbstbestimmung

Zuversicht - Glück - Hoffnung

Wachstum - Erfolg - neuen Arbeitsplatz

Partner - Liebe - Selbstachtung

Karriere - Achtung - Freude

Spüren Sie in sich hinein, an welchen Eckpunkt Sie welchen Aspekt schreiben möchten.

Doch dieses Dreieck dient nicht nur der Verbindung von Aspekten oder Eigenschaften, sondern auch der liebevollen Verbindung von Lebewesen. Lichtvoller Frieden ist hiermit gemeint. Sie werden zu keiner Zeit gegen den Höheren Willen, also dem Höheren Selbst einer der Lebewesen handeln können. Die Seele kennt den Lebensplan eines jeden Lebewesens, und wird nur Energien fließen lassen, die diesem Plan dienlich sind. So könnten Sie also auch Mutter - Vater - Kind in die Eckpunkte einsetzen, oder drei andere Namen.

Nun ist ihr Dreieck fertig gezeichnet und beschrieben, jetzt geht es an die Energiearbeit.

Nehmen Sie sich einen blauen Filzstift oder blauen Buntstift, (die Farbe blau symbolisiert ebenfalls die Unendlichkeit) zeichnen Sie die Linien des Dreieckes vom rechten unteren Eckpunkt ausgehend, im Uhrzeigersinn nach, bis Sie wieder am Ausgangspunkt angelangt sind. Wiederholen Sie dieses Nachzeichnen des Dreieckes mindestens 3-mal.

Dann erfolgt eine Pause. Sammeln Sie erneut ihre Gedanken und Gefühle, werden Sie sich bewusst, warum Sie dies tun, warum Sie dieses Dreieck mit diesen Aspekten, Eigenschaften oder Namen verbinden. Und dann zeichnen Sie erneut 3-mal dieses Dreieck mit dem blauen Stift nach. Halten Sie inne, konzentrieren Sie sich gut auf den Grund dieses angefertigten Dreieckes. Und zeichnen Sie erneut 3-mal die Linien nach. Es kommt nun darauf an, ob Sie dieses Dreieck für sich erstellt haben, oder für jemand anderes.

War es für Sie persönlich, tragen Sie den Zettel zusammengefaltet bei sich, legen Sie ihn abends unter das Kopfkissen, und stecken ihn morgens wieder in die Rock- oder Hosentasche.

Zeichneten Sie das Dreieck gleichzeitig für andere, dann bewahren Sie den Zettel sicher auf, damit Sie ihn an weiteren Tagen nutzen können. Das heißt, Sie können nun täglich, oder wann immer es Ihnen Ihre Zeit erlaubt, dieses Dreieck erneut mit einem blauen Stift nachzeichnen. Mit der gleichen Konzentration auf den Grund, jeweils 3-mal hintereinander, Pause, erneut 3-mal Zeichnen, Pause, erneut 3-mal Zeichnen.

Sie werden entweder spüren, dass Veränderungen auftreten, oder erleben wie sich Ihr Leben positiv verändert. Wenn Ihr Gefühl Ihnen sagt, dass es genug ist, dann verbrennen Sie den Zettel mit diesem Dreieck. Sie übergeben somit alles Weitere an das Universum.

Selbstverständlich können Sie sich jederzeit erneut ein goldenes Dreieck zeichnen. Aus meiner persönlichen Erfahrung heraus gebe ich den Rat, mit nur einem Dreieck für sich persönlich zu arbeiten, sowie mit nur einem Dreieck für jemanden anderes. Also maximal mit 2 Dreiecken im gleichen Zeitraum. Anders, als bei der Ritualdurchführung, macht es hier sehr wohl Sinn auch für andere diese Symbolarbeit durchzuführen.

Grundsätzlich empfehle ich jedoch, nicht zu viele Energiearbeiten in einem gleichen Zeitraum zu nutzen. Zumeist fehlt es sonst an Konzentration für jedes Einzelne, aber auch die vielen Energieschwingungen in ihrer sehr unterschiedlichen Wirkungsweise, können unser Energiesystem mehr belasten, als es zu fördern.

Das goldene Viereck

Das zweite Symbol, das ich Ihnen nun vorstelle, ist das goldene Viereck. Hier geht es um die Körperebene sowie den Ebenen der 4 Elemente und 4 Erzengeln. Wir begeben uns in die kosmische Ordnung, die hier direkt mit der irdischen Existenz verbunden ist. Somit ist hier die Energiearbeit des Schutzes, der Harmonie, der Liebe und des Friedens für Lebewesen, Natur und Besitz zu sehen.

Ähnlich des Dreieckes zeichnen Sie sich ein Quadrat in den Farben gold oder gelb auf ein weißes Blatt Papier.

Jeder Eckpunkt steht für ein Element mit dazugehörigem Erzengel.

Element Luft und Erzengel Raphael, Farbe blau

Element Feuer und Erzengel Michael, Farbe rot

Element Wasser und Erzengel Gabriel, Farbe grün

Element Erde und Erzengel Uriel, Farbe braun

Denn die 4 Elemente existieren einerseits in den Phasen eines jeden Lebens, wie Kindheit, Jugendzeit, Erwachsenenzeit und Seniorenzeit. Sie bergen aber auch Verhaltensaspekte der Lebewesen. Gedankenkraft, Kommunikation, Fülle, Erfolg und Heilung auf allen Ebenen aus dem Luftelement. Selbstvertrauen, Willenskraft, Vitalität, Lebensfreude, Zielsicherheit und Führungseigenschaften aus dem Feuerelement. Einfühlungsvermögen, Intuition, Visionskraft, Liebe und Wahrnehmungsstärke aus dem Wasserelement. Geduld, Frieden, Annahme, Hingabe, Natureinklang, Ausdauer und Stabilität aus dem Erdelement.

Die 4 Erzengel sind zunächst Wächter über alles irdische Leben, wie auch über die Jahreszyklen Frühling, Sommer, Herbst und Winter. Zudem für die Himmelsrichtungen Osten, Süden, Westen und Norden, und beeinflussen so auch die 4 Elemente.

Sie können nun an jeden Eckpunkt des Quadrats den Namen eines Erzengels schreiben, oder den Namen eines Elementes. Außer dem können Sie an den Linien jeweils Ihre Wünsche schriftlich fest halten. Sinnvoll ist es sicher, hier den Bezug zur Erzengelkraft oder Elementekraft zu wählen. Das heißt, wählen Sie am besten für die Worte Ihrer Wünsche die passende Farbe des Erzengels oder Elementes.

Nachdem Sie alle Worte und Wünsche eingefügt haben, beginnen Sie mit der eigentlichen Energiearbeit.

Nehmen Sie Ihren blauen Stift und beginnen Sie beim Element Luft bzw. Erzengel Raphael. Zeichnen Sie im Uhrzeigersinn, also stets rechts herum das Viereck nach, bis sie wieder am Ausgangspunkt vom Namen Raphael angelangt sind.

Dann nehmen Sie Ihren roten Stift und beginnen bei Erzengel Michael oder dem Element Feuer.

Zeichnen Sie, ebenfalls rechts herum, das Viereck nach, bis sie wieder beim Namen Michael oder dem Element Feuer angekommen sind.

Verfahren sie nun mit der Farbe grün und Erzengel Gabriel bzw. Element Wasser ebenso, und danach mit der Farbe braun und dem Erzengel Uriel bzw. dem Element Erde.

Werden Sie sich bewusst, warum Sie dieses Quadrat gezeichnet haben, denken Sie konzentriert dabei an den Grund. Machen Sie nun eine längere Pause von ca. 10 Minuten, um dann das Nachzeichnen mit den jeweiligen Farben zu wiederholen. Tragen Sie diesen Zettel dann bei sich.

Sie haben jedoch auch die Möglichkeit 4 dieser Zettel herzustellen, und diese an die 4 involvierten Personen weiter zu geben , oder jeweils an den gewählten Gegenständen zu befestigen.

Visualisieren Sie nun immer wieder dieses gezeichnete Quadrat mit den dazu geschriebenen Worten vor ihrem inneren Auge. Zeichnen Sie imaginär, also mittels ihrer bildhaften Vorstellungskraft, diese Linien in den Farben nach.

Selbstverständlich können Sie auch jeder Zeit tatsächlich diese Linien nachzeichnen.

Wenn auch für ihr Auge unsichtbar, so werden sich trotzdem relativ schnell die feinstofflichen Energien einfinden.

Eine weitere Variante möchte ich Ihnen ebenfalls beschreiben.

Zeichnen Sie sich ein grünes Viereck (Quadrat) auf einen rosafarbenen Zettel (Papier).

Sagen Sie dabei die Worte: „Die Energie fließt hier und jetzt."

Mit den Farben grün und rosa und diesen Worten, aktivieren Sie schon vorab sehr stark ihr Herzchakra.

Schreiben Sie die vier Erzengelnamen oder vier Elementenamen in die Ecken. Doch neben den Erzengel- oder Elementenamen setzen Sie an einen Platz Ihren Namen, und drei weitere Namen an die anderen drei Plätze, von zum Beispiel Familienmitgliedern oder Personen, mit denen Sie in Harmonie leben möchten. Oder, deren Schutz Ihnen wichtig ist. So könnten Sie auf diese Weise auch Ihr Hab und Gut schützen, dann würden z.B. anstatt drei weiterer Personennamen evtl. nur zwei

Personennamen dort stehen und der letzte Platz würde vom dem Wort eines Gegenstandes wie Haus, Auto, Wohnung oder Geschäft belegt werden.

Ihr Name belegt immer einen von den vier Plätzen. An welchen Sie diesen setzen, können Sie stets selbst erspüren. So kann es beim Schutz sein, dass sie neben Erzengel Michael ihren Namen setzen möchte, bei der Harmonie ist es vielleicht Erzengel Gabriel. Sie erfühlen vorab, welcher Name und oder Gegenstand neben welchem Engel oder Element stehen soll.

Entlang der Linien setzen Sie wieder in Worten alles, was Sie sich für diese Menschen oder Gegenstände wünschen. Zum Beispiel Harmonie, Liebe, Schutz, Freundschaft, Erfolg, Vitalität, Fülle, Heilung, Frieden, Ausdauer. Setzen Sie auf jede Linie nur ein Wort.

Zusammenfassend, Sie haben vier Ecken, davon ist Ihr Name immer für eine Ecke reserviert, die anderen drei Ecken können Sie widmen, wem oder was Sie möchten. Ob Menschen, Tiere, Pflanzen, Heilsteine oder anderen Gegenstände. Sie haben die Wahl.

Mit einem blauen Stift zeichnen Sie, beginnend bei Ihrem Namen und dort auch endend, Ihr Viereck nach. Sagen Sie dabei: **„Schutz für uns alle, die Engel sind bei uns."**

Danach nehmen Sie einen gelben Stift, ziehen, bei Ihrem Namen beginnend und dort auch endend, das Viereck nach und sagen: **"Licht für uns alle, die Engel sind bei uns."**

Dann folgt ein Stift in der Farbe rot. Zeichnen Sie erneut, von Ihrem Namen aus beginnend und dort auch endend, das Viereck nach, und

sagen Sie: „Liebe für uns alle, die Engel sind bei uns."
Zeichnen Sie zum Schluss mit einem orangefarbenen Stift das Viereck
nach. Beginnen Sie erneut von Ihrem Namen aus und enden Sie dort
auch wieder.
Sprechen Sie nun die Worte:
"Harmonie für uns alle, die Engel sind bei uns."

Bedanken Sie sich danach bei allen Farben, Erzengeln oder Elementen.
Tragen Sie diesen Zettel wenn Sie möchten bei sich, so wird die Energie
besser in Sie hineinfließen. Sie haben auch hier die Möglichkeit 4 dieser
Zettel mit dem farbigen Quadrat und den gleichen Worten herzustellen,
um drei davon an die jeweils involvierten Personen (Lebewesen) weiter zu
geben, oder an den gewählten Gegenständen zu befestigen

Egal welche Wünsche oder Worte Sie sich auf die Linien geschrieben
haben, die Farben bleiben in der Reihenfolge bestehen.
Das erste Quadrat beginnen Sie in der Farbe grün zu zeichnen, dann folgt
blau, dann gelb, dann rot und zum Schluss orange.
Auch wenn Sie kein rosa Papier benutzen möchten, sondern auf ein
weißes Stück Papier schreiben möchten, bleibt das erste Quadrat in der
Farbe grün.
So ist Ihr Quadrat zum Schluss also immer in 5 Farben sichtbar. Von
innen nach außen in den Farben grün--blau--gelb--rot--orange.
Ich wünsche Ihnen stets viel Freude und Liebe bei Ihren Zeichnungen
und energetischen Arbeiten.

Das goldene Herz

Das dritte Symbol ist das simplifizierte goldene Herz, wie wir es schon als Teenager so oft gemalt oder gezeichnet haben. Es ist das Symbol der Erkenntnis, denn ohne Herz geht nichts. Ohne Herz ist kein Leben möglich. Ohne Herz ist keine wahre Liebe vorhanden. Schaue in das Herz eines Menschen, und nicht nur in die Augen, heißt es. Obwohl die Augen in einigen Kulturen der Spiegel der Seele sind, zeigt uns das Herz, wo Liebe vorhanden ist. In vielen anderen Kulturen wird das Herz so auch als Sitz des Lebens und der Seele gesehen. Tue Dinge mit Herzblut, sei herzlich dabei, oder auch „Das Herz des Verständigen sucht Erkenntnis." sind Sprüche aus Bibel und Volksmund.

Herzklopfen bekommen wir, wenn wir verliebt sind, Herzschmerz, wenn es vorbei ist. Heilen Sie Ihr Herz, heilen Sie die Energien, die noch in Ihnen übrig geblieben sind. Geben Sie ihrem Herzen den Frieden zurück, den Schutz, die Harmonie, die neue Kraft, die es benötigt. Die Freiheit und neues Vertrauen.

Zeichnen Sie sich dazu ein grünes Herz auf ein Stück weißes Papier. Es geht nicht um Perfektion, doch ein Herz sollte tatsächlich zu erkennen sein. Nehmen Sie einen Stift, der in blauer Farbe malt, um das Herz immer wieder nachzuzeichnen. Sagen Sie dabei möglichst laut: "Ich (Ihr Name), bin in Balance mit allem meinem Sein."
Versuchen Sie zu fühlen, wie sich Ihr Herzchakra öffnet. Erspüren Sie, dass Sie über Ihre Hände mit dem Herzchakra verbunden sind. Ihre Sprache, Ihre Hände und ihr geöffnetes Herzchakra senden diese

harmonische feine Energie. um sie in Resonanz wieder im Herzen zu empfangen.

Möchten Sie Ihr Herz schützen und stärken, dann zeichnen Sie ebenfalls ein grünes Herz auf ein weißes Blatt Papier. Wählen Sie die Farbe orange und zeichnen Sie mehrmals das grüne Herz nach. Sprechen Sie dazu möglichst laut genauso oft den Satz: „Mein Herz ist in Schutz und Kraft."

Verwahren Sie den Zettel am besten an Ihrem Körper, oder des Nachts unter dem Kopfkissen.

Immer wenn Sie das Gefühl haben diesen Schutz, diese Kraft oder mehr Balance zu benötigen, denken Sie an das gezeichnete Herz, oder holen ihren Zettel wieder hervor. Zeichnen Sie das Herz mit der entsprechenden Farbe mehrmals erneut nach. Sprechen oder denken Sie dabei ebenfalls mehrmals den, oder auch Ihren eigenen gewählten, jeweiligen stimmigen Satz in der gleichen Anzahl dazu.

Wenn Sie das Herz viermal nachzeichnen, dann sollten Sie auch viermal den Satz dazu sprechen.

Zeichnen Sie das Herz siebenmal nach, dann sollte der Satz auch siebenmal gesprochen werden.

Zusammenfassend wird also stets als erstes ein grünes Herz gezeichnet, das zunächst das Herzchakra aktiviert.

Dann wählen SIE eine stimmige Farbe nach Ihren Bedürfnissen und den Aspekten der Erzengel, Elemente und Farben. Einige Beispiele habe ich nachfolgend für Sie erstellt.

Zunächst zeichnen Sie wieder das Grundherz in der Farbe grün. Dann zeichnen Sie es nach:

Für Gesundheit und Heilung mit der Farbe rot und sagen den Satz: "Ich (Ihr Name) bin im Herzen Gesund und Heil."

Für Ihren inneren Frieden mit der Farbe gelb und sagen den Satz: „Ich (Ihr Name) fühle Frieden im Herzen."

Für inneres Herzvertrauen mit der Farbe gelb und sagen den Satz: „Ich (Ihr Name) spüre unendliches Vertrauen in meinem Herzen."

Für die Freiheit im Herzen mit der Farbe blau und sagen den Satz: "Ich (Ihr Name) bin im Herzgefühl frei."

Für die eigene Liebe und Achtung mit der Farbe rosa und sagen den Satz: „Ich (Ihr Name) liebe und achte mich."

Zeichnen Sie stets mehrmals das Herz nach, und sprechen Sie dabei genauso oft den Satz laut aus.

Bewahren Sie das Stück Papier, Blatt oder Zettel solange auf, bis Sie spüren, dass diese Energiearbeit Erfolg hatte. Sie sich also besser, glücklicher, freier, wohler ect. fühlen. Dann verbrennen Sie das Stück

Papier bitte und verstreuen die Asche an einem schönen Ort. Ein Baum oder ein Strauch sind wundervolle Orte dafür. Werfen Sie es bitte nicht einfach in den Müll. Ihre Energiearbeit ist heilig und wertvoll, sie gehört ganz sicher nicht in den Abfall. Mit dem Verbrennen und Verstreuen übergeben Sie die Energien an die vier Elemente und den vier Erzengeln, sowie gleichzeitig dem Universum. Dies gilt für alle Symbolarbeiten die hier beschrieben sind.

Imagination und Vision

Im Laufe dieses Buches fiel häufig der Begriff imaginieren und visionieren. Zwei besondere, höchstpersönliche Hilfen für die Energie und Lichtarbeit.

Das Wort Imaginär ist eines der drei Bestimmungen der psychischen Struktur, die sich in die drei Begriffe Symbolisch, Imaginär und Real unterteilen. Aus dem allgemeinen Sprachschatz kennt man das Wort Imaginär im Bezug zu scheinbar, also nicht in der materiellen Wirklichkeit, sondern zunächst in der eigenen Vorstellung. So leitet sich das Wort Imaginär aus dem lateinischen Imago und Imagination ab, was ebenfalls Vorstellungs- und Einbildungskraft bedeutet. Eben dieses ist für die Energiearbeit und dem Aufbau von Energiestraßen so wichtig. Die Kunst sich Dinge der Zukunft absolut bildlich vor dem inneren Auge vorzustellen. So plastisch, das Sie das Gefühl haben es wäre real vor

Ihnen. Eine erhebende wundervolle Begabung, die Sie erlernen können, falls Sie dies noch nicht getan haben.

So möchte ich Ihnen einige Anleitungen des Übens beschreiben.

Mögen Sie Erdbeeren? Dann nehmen Sie eine tiefrote, saftige Erdbeere in die Hand. Betrachten Sie diese von allen Seiten. Schauen Sie wirklich genau hin. Riechen Sie immer wieder daran. Kosten Sie ein kleines Stück davon. Lassen sie es auf ihrer Zunge ruhen, bis Sie den Geschmack in voller Entfaltung schmecken.

Nun schließen Sie die Augen. Stellen Sie sich die Erdbeere vor Ihrem inneren Auge vor. Wie sah sie aus. Wenn es nicht gleich klappt, öffnen Sie wieder die Augen, schauen Sie die Erdbeere erneut an. Schließen Sie wieder die Augen, und versuchen Sie sich die Erdbeere vorzustellen, genauso so als hätten Sie ihre Augen geöffnet.

Wenn Sie sich nach einigem Üben die Erdbeere so plastisch vor dem inneren Auge vorstellen können, dann beginnen Sie, an den Geruch der Erdbeere zu denken. Versuchen Sie nun, während Sie sich die Erdbeere erneut vorstellen, auch deren Geruch wahrzunehmen.

Wie riecht eine Erdbeere? Haben Sie auch dieses erfolgreich geübt, dann versuche Sie im Weiteren auch den Geschmack auf der Zunge zu erleben, ohne die Erdbeere tatsächlich zu essen. Üben Sie immer wieder. Gelingt es Ihnen dann die Erdbeere mittels Ihrer Einbildungskraft zu sich zu holen, werden Sie wundervolle Momente erleben. Es braucht keine echte Erdbeere mehr, und trotzdem kommen Sie imaginär in den absoluten Hochgenuss eine Erdbeere zu sehen, zu riechen und zu schmecken.

Sie können dann beginnen sich auch von anderen Gegenständen ein imaginäres Bild zu erschaffen. Erproben Sie eine Tomate, eine Delikatessgurke, Rosen mit ihrem sinnlichen Duft, den Kerzenschein und das leise Knistern dazu, den Bach wie er leise sanft rauscht, das Wasser wie es in die Badewanne fließt. Denken Sie an Ihr Büro, nehmen Sie den dortigen Geruch wahr. Lauschen Sie, welche Geräusche dort vorhanden sind.

Versetzen Sie sich imaginär an einen Strand mit seichtem Wellengang, gehen Sie imaginär schwimmen. Spüren Sie dabei das Wasser, wie es Sie umgibt, kühlend und erfrischend.

Sehen Sie vor Ihrem inneren Auge die Sonne, wie sie vom Himmel scheint, spüren Sie die Strahlen und deren Wärme auf Ihrer Haut. Wunder Sie sich jedoch nicht wenn plötzlich überall dort, wo Sie sich befinden, die Sonne scheint. Oder Sie ständig mit Wasser in Kontakt kommen. Überall dort, wo Sie des Weges gehen, ihnen buchstäblich Tomaten über den Weg rollen oder angeboten werden. Wenn Sie das erleben, haben Sie perfekt imaginiert, und im Gesetz der Resonanz kommen diese Dinge nun zu Ihnen zurück.

Denn einzig dazu dient dieses Imaginieren, dass wir in möglichst genauer Art und Weise Dinge vor unserem Auge erschaffen, damit diese dann irgendwann den Weg zu uns finden.

Durch die Imagination erschaffen wir diese Energie des Gegenstandes in uns, und da Gleiches ebenso Gleiches anzieht, folgt diese Energie der Resonanz nach außen, wie sie auch wieder in Resonanz zu Ihnen zurückkehrt.

All dies erprobt sich bei dem einen schneller, bei dem anderen langsamer. Nehmen Sie sich die Zeit, die SIE benötigen. Wenn Sie das imaginieren wirklich erlernen wollen, dann seien Sie bitte gründlich beim üben.

Halbe Dinge imaginiert, können ungeahnte Dinge hervorrufen.

Oder eben auch nur halbe Dinge.

Doch möchte ich Ihnen von meiner eigenen ersten bezaubernden Imagination und deren Erfolg erzählen.

Ich übte mich im imaginieren einer gelben Rose, und dies über Wochen. Ich erschuf sie vor meinem inneren Auge so gut ich es vermochte. Mit Hingabe und Inbrunst. Ich bekam dann auch eine gelbe Rose unverhofft geschenkt, und damit war das Imaginieren der gelben Rose für mich auch beendet. Es war Sommer und ich genoss mein kleines Gärtchen. Hatte ich doch das Jahr zuvor wundervolle rote Rosen gepflanzt. Ich liebe die Natur und vor allem Rosen.

Die erste Blüte erstrahlte dann auch in einem hellen rot, die zweite schon mehr orange als rot und ich war enttäuscht. Im Jahr davor waren alle Blüten in sattem dunkelrot erblüht.

An meine Imagination dachte ich zu diesem Zeitpunkt nicht mehr. Doch dann erblühte die dritte Blüte in einem herrlichen gelb, wie gemalt sah sie aus. Ich konnte es nicht fassen dass meine geliebten roten Rosen gar nicht rot waren sondern gelb.

War andererseits fasziniert von der Schönheit der Rose und erst am zweiten Tag fiel es mir wie Schuppen von den Augen. Sollte das etwa meine Imagination hervorgebracht haben? Als die weiteren Rosen dann wie erwartet in dunklem rot blühten, wusste ich es sicher. Auf diese, nicht im Mindesten geahnte Weise, kam diese gelbe Rose zu mir. Sie blühte sehr lange und tatsächlich nur dieses eine Jahr. Später waren an allen Rosensträuchern wie erwartet, rote Rosen zu sehen.

Es war wirklich eines meiner schönsten Erlebnisse und Erfolge.

Visionieren ist für mich noch weit mehr, als das Imaginieren eines Gegenstandes. Ungeachtet dessen gehören die beiden Dinge absolut zusammen. Visionieren bedeuten eine Zukunft zu erschaffen. Ein Märchen, das wahr wird. Ein Traum, der sich in der Wirklichkeit manifestiert.

So bedeutet das Wort „Visio" auch sinnverwandt bildhafte Erscheinung. In der Neuzeit ist die Rede von Fantasievorstellungen und Einbildung. Doch wie schon eingangs beschrieben, ist es gerade das, auf was es ankommt. Wir wollen in uns hinein bilden, wir wollen mit unserer Fantasie die Zukunft erschaffen. Jeder Mensch hat diese Fähigkeit. Denken Sie einmal an Ihre Träume, in denen Sie Bilder sehen. Oft ganze Geschichtenabläufe. Filme, die Sie im Traum erleben. Nicht nur visuell, sondern auch akustisch. Und jeder Firmeninhaber wird sich für seine Geschäfte Visionen ausdenken. Zukunftsvisionen, Konzepte, Ideale, Ideen und Planungen bis im Detail. Schwärmen auch Sie von Ihrer Zukunft. Träumen Sie am Tage Ihre Zukunft herbei. Ob es nun die eine Energiestraße ist, die sie sich in allen Details visionieren, oder ein ganzes Kapitel in Ihrem Leben. Bahnen Sie sich Ihren Weg, Ihre Straße, Ihr Leben für Ihre Zukunft. Schaffen Sie sich neue Ziele und verfolgen Sie diese mittels visionieren und imaginieren. Ihre Vergangenheit kennen Sie. Ändern können Sie diese nicht. Die Gegenwart, die für gerade mal 3 Sekunden existiert, erleben Sie gerade und können auch hier kaum mehr etwas ändern. Doch für Ihre Zukunft, für das Morgen und Übermorgen, können Sie alles erschaffen. Sie bestimmen, wie ihr Leben weiter geht. Sie und Ihre Zukunft haben eine besondere Wichtigkeit die nur Sie erkennen können. Geben Sie Ihrer Zukunft mehr Bewusstsein und Ihr volles Potenzial, das Sie besitzen. Lenken Sie Ihre Aufmerksamkeit bewusst in einem Ritual auf Ihre Visionskraft. Verbinden Sie Geist und Seele und bilden daraus Ihren Herzenswunsch.

Der griechische Schriftsteller Plutarch schrieb einst der Geist des Menschen sei nicht nur ein Behälter zum Füllen, sondern ein Feuer, das entzündet werden muss. Erschaffen Sie sich also eine Vision des Begeisterungsfeuers und Ihrer Ziele für Ihre Zukunft. Ihre Seele wird Ihnen in schöpferischer Weise zur Seite stehen, um herausragende, bunte, sowie weitreichende Energien zu erzeugen.

Legen Sie sich ihre Hände auf Ihr drittes Auge in die Mitte Ihrer Stirn. Spüren Sie zunächst Ihr Herz, das sich mit den Händen vereint. Lassen Sie nun die Energien und Liebe aus den Händen in ihre Stirn fließen. Was wünsche Sie sich? Nicht nur in Worten ausgedrückt, sondern in Bildern. Beginnen Sie ruhig mit etwas, das Sie relativ gut überprüfen können. Das gibt Ihnen Selbstvertrauen. Möchten Sie morgen als Erste in den Bus steigen können, obwohl zumeist schon viele Fahrgäste vor Ihnen anwesend sind? Stellen Sie sich vor, wie sie als Erste den Bus betreten, schauen sie imaginär auf ihre Füße, wie diese den Bus als erstes betreten. Sehen Sie imaginär in Ihrer Vision wie Ihre Hände sich als Erste im Bus festhalten.

Möchten Sie bei Ihrem Lieblingsitaliener sofort und besonders zuvorkommend bedient werden. Stellen Sie sich alles detailliert vor.

Hören Sie in Ihrer Vision, wie der Kellner mit Ihnen spricht. Sehen Sie, wie er sofort zu Ihnen eilt, wenn Sie ihn anschauen. Sehen Sie vor Ihrem inneren Auge welche Kleidung sie tragen. Hören Sie die Geräusche die im Restaurant häufig vorhanden sind.

Möchten Sie am Samstag ganz sicher einen Parkplatz vor der Haustür, obwohl dort noch nie der Parkplatz frei war. Obwohl bisher immer ein anderes Auto dort stand. Visionieren Sie sich, wie Sie in diese Parklücke fahren, glücklich und zufrieden. Stellen Sie sich ganz bildlich vor, wie Sie am Steuer sitzen und Ihr Auto in diese Parklücke lenken. Leicht und sicher.

Überlegen Sie sich, welche Vision sie erschaffen wollen. Schreiben Sie sich diese auch auf, wenn es für Sie hilfreich ist. Um diese dann intensiv auszubauen, in Farben und Taten. Erschaffen Sie Ihren Film. So exklusiv wie Sie nur können. Alles ist möglich. Es ist Ihr Film, es ist Ihr Traum, der Wirklichkeit wird.

Egoismus

Dieses Wort wird manchen von Ihnen beim Lesen dieses Buches durch den Kopf gehen.

Egoismus, also die eigene Haltung zum Eigenen Ich. Die eigenen Wünsche in den Vordergrund stellen. Sie haben also Interesse an sich selbst, an Ihrem Wohlergehen.

Ich beglückwünsche Sie dazu. Sie sind sich wichtig, Sie achten auf sich. Sie erschaffen für sich selbst eine neue Zukunft. Sie senden sich selbst Wohlstand, Liebe, Gesundheit, Glück, Frieden, Erfolg, Heilung,

Zufriedenheit und vieles mehr. Und nun darf ich ihnen trotzdem sagen, dass Sie mit Ihren, für sich selbst gewählten Ritualen und Energiestraßen und deren Erschaffung, keineswegs „nur" ein Egoist sind. Denn Sie tun dies in einem symbiotischen Energieaufbau für alle Lebewesen. Alles, was aus Ihnen heraus strömt an erschaffener Energie, fließt in die Welt und in jedes Lebewesen. Und aus diesen Lebewesen sprudelt genau diese Energie, die Sie gesendet haben, auch zu Ihnen zurück. Ein Geben und Nehmen im Einklang. Ohne Ihre Energiestraße die Sie erschaffen, würde unendlich viel fehlen auf der Erde. Denn Ihre Liebe, Ihr positives Denken, Ihre Selbstachtung und Selbstliebe, Ihre Energien sind es, die in der Kette der Energiefelder einen wichtigen Platz einnehmen. Der Flügelschlag eines Schmetterlings verändert die Welt, ein einziger Stein ins Wasser geworfen verursacht auf der anderen Seite der Erde noch immer Wellen. Ein Funken Ihrer einzigartigen Liebe und Energie verbreitet sich auf der ganzen Welt. Sie gehen stets in ein eigenes Echo dieser Energie. Kein anderer kann genau diese intensive mannigfaltige Energie für Sie erzeugen. Nur Sie selbst können für sich selbst zunächst diese Energiewelle aktivieren. Die sie dann beim hinaus strömen aus sich selbst anderen schenken. Sie sind das Glas, das Ihr unverwechselbares Licht beinhaltet, das der Welt Frieden und Heilung bringt. Nähren Sie ihr eigenes Licht, Ihre eigene Liebe, Ihre Wünsche. Denn wenn Sie sich selbst Frieden, Heilung, Glück, Liebe und alle wunderbaren Dinge für sich wünschen, dann wünschen und senden Sie gleichfalls Frieden und Liebe und all das wunderbare in die Welt. Seien Sie also ein Egoist. Achten Sie auf sich, achten Sie sich selbst, und wünschen und erschaffen Sie für sich selbst.

Ritualdurchführung für Freunde und Familie?

Oft wurde ich gebeten ein Ritual nicht nur zusammen zustellen, sondern auch für den Betreffenden durchzuführen, und lehnte letzteres häufig ab. Da Sie sich sicher fragen werden weshalb, möchte ich Ihnen die Gründe dafür erklären.

Zunächst unterscheide ich sehr wohl, ob ein Ritual Frieden bringen soll, Glück, Wohlstand usw., oder ob es sich um ein Loslösen von Vergangenem handelt, oder dem Lösen von Beziehungsstrukturen. Ebenso bei gewünschten Liebesritualen, die den Sinn und Zweck haben einen neuen Partner zu finden. Zum einen sollten wir kein anderes Lebewesen manipulieren, es gilt immer die Selbstbestimmung. Doch meine Ablehnung hatte einen noch anderen Grund.

Stellen Sie sich einmal vor, Sie haben alles für ihre beste Freundin oder Bekannte vorbereitet, ein wundervolles Ritual damit ihre Freundin oder Bekannte eine neue Beziehung eingehen kann.

Sie stehen nun vor Ihren Utensilien und Hilfsmitteln und führen dieses Ritual durch, das heißt Sie erschaffen diese Energiewelle, und Sie gehen damit auch in Resonanz. Wollten Sie auch eine neue Beziehung? Nein? Sie würden trotzdem in diese Resonanzenergie gehen. Sie würden sich nach kurzer Zeit wundern, warum es in Ihrer Beziehung Disharmonie gibt. Denn mit dem Erschaffen einer Energiebahn des neuen Partners haben Sie eventuell Tore für die jetzige Partnerschaft geschlossen.

Wenn Sie sich jetzt dazu noch vorstellen, dass Ihre Freundin womöglich den Zeitpunkt vergessen hatte, wann das Ritual stattfinden sollte. Diese also gerade mit anderen Dingen beschäftigt war, wird die von Ihnen erzeugte Energie auch nur bei Ihnen selbst zurückkommen. Denn Ihre Freundin hat sich für diese Energie nicht geöffnet.

So ist mein Rat stets an alle Licht und Ritualarbeiter, schauen Sie bitte zunächst ganz auf sich. Möchten Sie diese Energiestraße für sich bekommen? Völlig unabhängig ob Ihre Freundin oder Bekannte sich dieser Energien auch öffnen wird. Bei den Themen Liebe und Frieden, Glück und Harmonie werden Sie vielleicht ja sagen. Doch schon bei Themen wie Erfolg und Wohlstand dürften Sie genauesten schauen. Sie sind vielleicht längst sehr Erfolgreich, zufrieden mit Ihrem Beruf und Ihrem Leben. Was also würde geschehen, wenn plötzlich ein anderer Erfolg, nämlich der, den Sie ihrer Freundin zukommen lassen wollten, auf Sie zurückkommt. Stellen Sie sich stets vorab diese Fragen und entscheiden Sie für sich selbst. So wie ich für mich immer wieder abwäge, wo ich mich mit einem durchgeführten Ritual einbringe. Möchten Sie trotzdem helfen, dann leiten Sie ihre Freundin oder Ihr Familienmitglied an, das Ritual selber durchzuführen. Seien Sie unterstützend bei der Auswahl an Hilfsmitteln.

Stehen Sie ihr zur Seite, wenn es erwünscht ist. Doch lassen Sie Ihre Freundin das Ritual durchführen. Bleiben Sie je nach Thema im Hintergrund oder an Ihrer Seite. Sollte es ein Thema sein, das sie beide für sich wünschen, können Sie selbstverständlich gemeinsam dieses Ritual durchführen. Um dann gemeinsam Energien zu erschaffen, mit denen sie auch gemeinsam in Resonanz gehen.

Ritualbeispiele

Sie sind es, der die Zeitspanne bestimmt. Ob 5, 10 oder 30 Minuten. Eine Stunde oder noch länger. Denn es wird Ihre Energiestraße, die Sie erschaffen.

Ich möchte ihnen hier für verschiedene Zeitlängen einige Rituale als Beispiel vorstellen. Doch vorab ein paar Zeilen aus dem Herzen.

Rituale sollen Ihnen immer Freude machen, Sie sollen sich absolut wohl dabei fühlen. Ein bisschen Herzklopfen darf schon sein, wenn sie aufgeregt sind. Doch sobald Sie spüren, das tut Ihnen nicht gut, dann beenden Sie das Ritual. Räumen sie auf und unternehmen Sie etwas, wovon Sie wissen, dass es Ihnen Freude bereitet. Erspüren Sie etwas später in sich die Gründe des Unbehagens. Manchmal passt die Farbe nicht zur Stimmung, das Kraut nicht zum eigentlichen Energieaufbau, der vorgesehen war.

Vielleicht ist der Tag nicht stimmig gewesen? Wir sind keine Marionetten, wir sind feinfühlige Menschen, und jeder Tag ist nicht gleich.

Fühlen Sie sich niemals verpflichtet ein Ritual durchzuführen. Auch wenn Sie sich vielleicht gestern fest vorgenommen haben, gerade heute ein Ritual zu begehen. Es sich jedoch heute absolut nicht stimmig anfühlt. Sie eventuell doch heute nicht die Zeit dafür finden. Dann hat auch dies seinen Sinn. Lassen sie sich bitte nicht in eine Zwangslage von Ihrem Ego bringen, oder ein Gefühl entwickeln, das sie nun täglich eine Kerze anzünden müssten.

Ich möchte Ihnen wirklich ans Herz legen, niemals ein schlechtes Gewissen oder ähnliches zu haben, weil Sie es vergessen haben, andere Dinge Vorrang hatten, Sie einfach keine Lust verspürten.

Rituale sind eine wundervolle Hilfe um Energien aufzubauen. Doch sie bleiben immer ein: „Ich kann diese Hilfe nutzen. Selbst bestimmend habe ich die Möglichkeit."

5 bis 10 Minuten konzentrierte Aktivierung.

Kerzenkräfte

Für die Aktivierung einer Erfolgsstraße aus Energie zünden Sie sich eine grüne Kerze an, setzen sich davor und sprechen oder denken:" **Erfolg fließt zu mir und ich sende es hinaus. Meine Straße ist erbaut.**"

Wiederholen Sie diesen Satz 5-10 Minuten lang. Dann löschen Sie die Kerze und kehren in ihren Alltag zurück. Dieses kleine Ritual können Sie so oft sie möchten wiederholen.

Für die Aktivierung einer Energiestraße aus Kraft und Vitalität zünden Sie sich eine rote Kerze an.

Blicken sie einen Moment in die Flamme um dann laut zu sagen:

„Jetzt fließt eine Straße der Kraft aus mir in die Welt, Resonanz entsteht. Hell leuchtende Vitalität erstrahlt."

Bleiben Sie 5-10 Minuten sitzen und wiederholen Sie so oft se mögen diese beiden Sätze. Dann löschen Sie die Kerze oder lassen sie auch weiter brennen, wenn sie diese im Blickfeld haben.

Setzen Sie sich vor einer angezündeten blauen Kerze entspannt hin. Atmen Sie mehrmals tief und ruhig ein und aus. Legen sie ihre Handflächen vorsichtig um die blaue Kerze, ohne diese zu berühren.

Nun sagen oder denken Sie:

Frieden Glück und Gleichgewicht, diese Ziele sind für mich.

Baumallee erschaffen hier; diese Energien kommen zu mir.

Liebevoller Resonanz erlebe ich hier.

Verweilen Sie 5-10 Minuten vor Ihrer Kerze und sprechen Sie de Sätze so oft Sie mögen.

Eine gelbe angezündete Kerze vermag Ihnen Klärung und Klarheit im Verstand und Geiste zu geben. Bleiben Sie zunächst für 1-2 Minuten vor der brennenden gelben Kerze sitzen, schauen Sie zu, wie sich der feine Rauch nach oben kräuselt.

Dann schließen sie die Augen und sprechen laut: „**Gedanken Blitz Geisteskraft, klare Wellen in mir erschafft. Universelles Verstehen erfüllt mich.**

Wiederholen Sie den Satz so oft sie wollen und verweilen Sie vor der Kerze eine Ihnen angemessen anfühlende Zeit.

Das kräftige Orange einer Kerzenfarbe baut herrliche energetische Ausdauer und Powerstraßen. Setzen Sie sich vor Ihre orangefarbene angezündete Kerze, legen Sie ihre Hände auf ihren Bauch.

Sprechen oder denken Sie dann:

Kerzenmacht hier und jetzt, Ausdauer und Power heut unbegrenzt. Meine Energie leuchtet hell, von hier bis in die Welt. Verbundene Energien fließen.

Sie können diesen Satz 9-mal hintereinander denken oder sprechen. Das erhöht die Energien noch etwas. Löschen sie dann, wenn Sie möchten, die Kerze. Oder verweilen Sie so lange davor, wie es ihr Wunsch ist.

Oder nehmen Sie zum Beispiel eine rosa gefärbte Kerze, setzen Sie sich entspannt davor. Dann entzünden Sie die Kerze. Schauen Sie nun auf das Licht, wie es mal kleiner und wieder größer wird. Sie können dazu laut oder mental sagen:

Das Licht der Welt erhellt mein Herz.
Schenkt Frieden meiner Seele,
wohin ich auch gehe.

Diesen Satz können Sie so oft Sie möchten wiederholen. Energetisch am stärksten ist das neunmalige Wiederholen des Satzes. Bleiben Sie noch eine Weile vor ihrer Kerze sitzen, erspüren sie, wie durch die Resonanz Frieden zu ihnen kehrt.

Löschen Sie nun die Kerze, und wenn Sie möchten, dann zünden Sie sich die Kerze auch die nächsten Tage an. Sprechen Sie erneut 1-9-mal den Satz Sie können dieses Ritual beliebig fortsetzen, z.B. bis die Kerze herunter gebrannt ist. Lassen Sie es ruhig zu, dass die Worte dieses Satzes auch am Tage in ihnen nachhallen.

Mit der Kraft von Pflanzen

Rosenstrasse

Halten Sie eine Rose in Ihren beiden Händen, betrachten Sie liebevoll diese Schönheit der Natur.

Je nach dem, welche Farbe Sie gewählt haben und welche Bezugspunkte es dazu gibt, formulieren Sie einen positiven Satz für sich. Ist es zum Beispiel eine orangefarbene Rose, könnte der Satz lauten:

„Heute fließt die Fröhlichkeit zu mir", oder, **„Heute erlebe ich Wohlbefinden"**

Denken oder sprechen Sie diesen Satz mehrere male. Öffnen Sie dabei ihr Herzchakra und Ihre Liebe strömt zu Ihren Händen und von dort hinein in die Rose. Stellen Sie sich dann vor, wie der Strom der Energie aus der Rose zurück in Ihre Hände sprudelt. Um dann weiter in ihr Herzchakra zu fließen.

Die Rose können Sie danach gut sichtbar in eine Vase stellen. Die erzeugten Energien werden weiter strömen,

und sich im Raum und in Ihrer Aura verteilen.

Blütenherz

Suchen Sie sich aus dem Garten, Park oder Wegesrand ca. 10 bis 15 farbige Blüten, je nach deren Größe. Legen Sie sich diese Blüten zu einem Herz, oder einem Kreis. Schauen Sie sich die Blüten an. Betrachten Sie und versuchen Sie zu spüren, welche Energiekraft daraus erströmt. Überlegen Sie eventuell vorher schon welches Thema Sie wählen, und welche Blütenfarbe dazu stimmig ist.

(Siehe Kapitel III Blüten und deren energetische Kraft)

Während Sie nun mit dem linken Zeigefinger im Uhrzeigersinn den Kreis oder das Herz aus Blüten nachzeichnen, also zart berühren ohne die Form des Herzens oder des Kreises zu verändern, denken oder sprechen Sie den von Ihnen gewählten positiven Satz 9 mal. Jedes Nachzeichnen der Blüten beinhaltet also einen gesprochenen Satz. Sie zeichnen also 9-mal die Blüten nach und sprechen 9-mal den Satz.

Wählten Sie gelbe Blüten, dann könnte Ihr Satz folgender sein: **„Vital und kräftig erlebe ich den Tag"**, oder: **„Freude und Wärme sind heute in mir"** oder, **„Heute wird mir das Lernen leicht fallen"**.

Wählten Sie orange Blüten könnte ihr Satz in dieser Art lauten: **„ Heute bin ich optimistisch und fröhlich"** oder, **„ selbstbewusst bestimme ich heute meinen Tag"**.

Bleiben Sie für 5 oder 10 Minuten mit ihren Blüten im Kontakt. Sie können diese danach in eine Schale legen, bis sie verwelkt sind. Oder der Natur dankbar zurückgeben, in dem sie die Blüten unter einen Baum, einen Strauch oder anderen Pflanzen legen.

Wohltuend für Körper und Energiestrasse

Miniauszeit

Nehmen Sie sich 2 Watte oder Augenpads, tränken sie diese mit kühlem Wasser und träufeln sie darauf z. B. einen Tropfen Rosenöl. Legen Sie sich die Wattepads auf die geschlossenen Augen, während sie es sich im Liegen gemütlich gemacht haben.

Nun denken Sie dabei nur einen Satz. Zum Beispiel: „**Ich bin gesund**".

Oder „ **Ich bin glücklich**".

Oder „**Liebe fließt in mir**".

Überlegen Sie vorher, welchen Satz sie heute denken möchten. Es muss nicht immer der gleiche sein.

Bleiben sie für ca. 5 bis 10 Minuten liegen und denken sie immer wieder diesen einen Satz.

Auf diese Weise erschaffen sie eine wahre Rosenenergiestraße und ihre Augenlider danken es ihnen ebenfalls.

Alternativ zum Rosenöl können Sie auch andere Kräuter oder Duftöle nutzen. Welche Sie am liebsten mögen, oder welche Ihnen am besten wohl tun.

Sie können auch eine Gesichtskompresse verwenden, diese z.B. mit 2 Tropfen anregendem Wacholderbeerenöl beträufeln. Lassen sie dann bitte die Augenpartie frei. Schneiden Sie sich also bitte die Gesichtskompresse zurecht.

Entspannen Sie sich. Denken Sie Ihren Satz so lange wiederholend, bis Sie die Gesichtskompresse wieder entfernen. Auch hier einige Beispiele dazu.

„**Ich bitte um Frieden und Licht in mir**".

„**Dankbar nehme ich kraftvolle Energien an**".

„**Heute bin ich glücklich**".

„**Engelkraft ich bitte euch, begleitet mich und meinen Tag**".

„**Schutzengel mein, sei bitte bei mir**".

„**Fließende Energien, neue frohe Wege begleiten mich**".

Liebe für Ihre Hände

Wie oft cremen Sie sich am Tage die Hände ein, damit sie zart und weich bleiben. Nutzen Sie diese Zeit etwas intensiver, und verbinden Sie energetische liebevolle Kraft für ihre Hände mit der Pflege.

Ob eine selbst hergestellte Rosencreme, eine zart duftende und pflegende Ringelblumencreme, Ihre persönliche Handcreme die sie schon seit Jahren erfolgreich verwenden. Bei jedem berühren mit der Creme und Ihren Händen fließt Energie. Werden Sie sich dessen für 5 Minuten bewusster. Massieren Sie Ihre Hände zart mit der gewählten Creme ein. Erleben Sie bewusst, welche hochenergetischen Kräfte Ihre Hände besitzen. Ihre Hände sind Ihr Tor zur Liebe und zu Ihrem Herzen. Was Sie ihren Händen an Gutem zuführen, führen Sie auch Ihrem Herzen zu. Bedanken Sie sich bei Ihren Händen für die tägliche Hilfe, für jedes berühren und fühlen, das Sie mit ihnen erleben. Für jeden Handgriff, den diese tätigen. Lassen Sie 5 Minuten intensive Liebe und Güte zu Ihren Händen fließen. Sie werden erleben, wie leicht Ihnen danach vieles von der Hand geht.

Kraft für die Stimme

Wenn Sie noch weitere 5 Minuten für sich erübrigen können, dann legen Sie danach ihre Hände sanft auf ihre Kehle. Werden Sie sich auch hier bewusst, was Ihre Hände hier für Sie tun. Sie leiten Liebe und Kraft in Ihr Sprachzentrum. Ihre Selbstbestimmung wird hier geformt. Ihre Stimme, mit der Sie der Welt mitteilen, welches Ihre Wünsche und Bedürfnisse sind. Danken Sie diesem Chakra, danken Sie Ihrer Stimme, die Sie den ganzen Tag begleitet. Ihr Ton der hier heraus fließt um sich mit der Energie des Herzens zu verbinden. Bilden Sie eine Dreieinigkeit von Herz-Händen und Stimme.

Haben Sie das Bedürfnis Ihrem Kehlchakra etwas mitzuteilen, dann tun Sie es. Bitten Sie es gerade heute kräftig zu sein, gerade heute klar und deutlich die Töne und Worte herauszubringen.

Stärke und Achtung für die Welt

Mindestens 50-mal am Tag stützt sich der Mensch mit seinen Ellenbogen ab oder auf. Die Haut jedoch, die dort sehr zart vorhanden ist, leidet ebenso, wie der Energiefluss der Ellenbogenchakren. Auch wenn wir längst genug von unserer sogenannten Ellbogengesellschaft haben, sind diese in ihrer Funktion ein wichtiger Bestandteil unseres Durchsetzungsvermögens. So können wir uns ebenso liebevoll und stark für andere durch- und einsetzen.

Verwöhnen Sie die Haut Ihrer Ellenbogen mit Fliederöl oder einer selbst hergestellten Fliedercreme. Reiben Sie sachte mit Ihren Händen den äußeren Ellenbogen sowie die Armbeuge ein. Lassen Sie auch hier Ihre Liebe durch die Hände fließen. Doch zugleich aktivieren Sie gedanklich Ihr Solarplexus Chakra. Werden Sie sich Ihrer gelborangefarbigen Ellenbogenchakren bewusst.

Streicheln Sie mit Ihrer Handinnenfläche im Uhrzeigersinn ihre äußeren Ellenbogen. Und streichen Sie mit Ihrem Zeigefinger sanft im Uhrzeigersinn ihre Armbeugen. Die energetische Verbindung vom Solarplexuschakra zum Herzen und von dort zu Ihren Händen stärkt Sie in Ihrer Selbstbehauptung ebenso gleichgewichtig, wie in Ihrer liebevollen Aufmerksamkeit und Achtsamkeit der Umwelt gegenüber.

Kleine Krone

Das Haar ist bei den meisten Menschen etwas Besonderes für sie. Da soll die Frisur sitzen, die Haare glänzen, geschmeidig sein, sich lockend oder wellend darstellend. Das Haar ist ein Attribut unserer Vitalität und auch bei vielen der Schönheit. Während Sie sich ihr Haar waschen, können Sie weder telefonieren, noch etwas anders tun. Ihre Hände sind auf Ihrem Kopf und an Ihrem Haar. Lassen Sie auch ihre Gedanken und Ihr Herz dort sein. Ganz bewusst. Spüren Sie Ihre Haare, reden Sie mit Ihnen. Sagen Sie ihren Haaren dass diese kräftig sind, gesund, wohlgeformt, wunderschön. Affirmieren Sie einen Satz für Ihre Haare. Zum Beispiel:" Danke, dass ihr so kräftig im Wuchs seid" oder „Danke, dass Ihr gerade heute so schön glänzt."
Mit dem Dank an Ihre Haare, egal wie diese sich zurzeit tatsächlich darstellen, eröffnen Sie eine sehr tiefe Energiestrasse. Dadurch dass Sie gleichzeitig mit Ihren Händen direkt Energien an Ihre Haare fließen lassen, wirkt diese Energie schnell und stark. Mit diesem Fließen lassen in Ihre Haare, aktivieren Sie gleichzeitig Ihr Kronenchakra. Dieses Ihre erzeugte liebevolle Energie für Ihre Haare und Ihren Kopf weiter gibt an das Universum, wo es aufgefangen und weiter geleitet wird. Das Universum wie Sie wissen sendet diese Energien nun weiter an alle gleich schwingenden Energien, somit auch an Sie selbst zurück. Ein himmlischer Kreislauf, den Sie da in Gang bringen, alleine dadurch ,dass Sie ihre Haare bewusst mit Herz-Händen und Gedanken waschen. Ein wenig Shampoo

darf selbstverständlich dabei sein. Vielleicht auch hier ein Blumenshampoo oder Fruchtshampoo, das energetisch zusätzlich unterstützt? Spüren Sie in sich hinein. Sie erschaffen, Sie verbinden, Sie bauen diesen kosmischen Kreislauf auf.

Ritualbeispiele mit Kraut, Papier und Stift

Dreieckskraft

Nehmen Sie sich einen farbigen oder weißen Zettel und einen Bleistift, Filzstift oder Buntstift.

Zeichnen Sie sich ein Dreieck auf und schrieben sie in die jeweiligen Ecken a) Ihren Namen, b) den Namen einer Pflanze oder Kraut, c) das, was sie sich aufbauen möchten(Mut, Erfolg, Glück).

Siehe auch Kapitel V Symbolarbeit Seite 249

Beginnen Sie nun dort, wo Ihr Name steht, mit dem Stift zu zeichnen.

Ziehen sie die Linien des Dreiecks im Uhrzeigersinn nach. Denken oder sagen Sie dabei: „Diese Energie fließt jetzt zu mir".

Zeichnen sie so lange sie möchten, immer wieder die Linien dieses Dreieckes nach.

Erspüren Sie, wann es für Sie stimmig ist, mit dem Zeichnen aufzuhören.

Tragen Sie diesen Zettel nun entweder eine Weile bei sich am Körper, oder befestigen Sie diesen für sich gut sichtbar dort, wo sie die meiste Zeit des Tages verweilen.

Anstatt einer Pflanze oder eines Krautes besteht ebenso die Möglichkeit, einen Engelnamen oder das Wort Schutzengel aufzuschreiben. Bitten Sie den Engel dann genau diese Energien, die sie sich wünschen, zu ihnen zu senden.

„Lieber (Schutz) Engel (Name des Engels), sende mir bitte die Energien von Mut, Kraft, Glück, Erfolg.

Eine weitere Alternative ist es, einen Kreis zu zeichnen. Auf den Linien des Kreises schreiben Sie ebenfalls ihren Namen, ein Kraut, Pflanze oder Engelnamen. Des Weiteren ihren Wunsch in Form eines Wortes wie Frieden, Glück, Gesundheit usw. Nun beginnen Sie ebenso bei ihrem Namen und im Uhrzeigersinn, diesen Kreis nachzuzeichnen. Denken oder sprechen dabei:

"Mit dieser Energie gehe ich in Resonanz",
oder „Danke für diese Energie, die zu mir fließt."
So wie auch: „In mir fließt jetzt diese Energie".

Kurz geerdet

Ein wundervolles leichtes sowie schönes "Ritual" um sich zu Erden. Streuen Sie vor Ihre Füße, dort wo Sie es danach auffegen können, einige zerriebene Lorbeerblätter. Zeichnen Sie jetzt mit Ihrer Hand direkt über den Lorbeerblättern in die Luft einen riesigen großen Pfeil, der nach unten zeigt. Visualisieren Sie sich den Pfeil in goldener oder brauner Farbe. Gehen Sie mit einem Schritt nach vorn in diesen Pfeil. Stellen Sie sich direkt auf die Lorbeerblätter. Verweilen Sie dort ca. 5 Minuten und verbinden Sie sich dabei über Ihre Füße imaginär und gedanklich mit der

Erde. Treten Sie dann wieder einen Schritt zurück und fegen oder nehmen

Sie die Lorbeerblätter auf. Vergraben Sie diese anschließend bis auf ein Stückchen, das Sie bei sich tragen, in der Erde. Sie geben Mutter Erde damit etwas zurück und sagen auf diese Weise Danke. Für einige Tage werden Sie nun spüren, dass Sie etwas mehr geerdet sind, sowie ruhiger und konzentrierter durch den Alltag kommen. Bei einigen Menschen verändert sich in dieser Zeit das Hungergefühl. Es wird weniger.

Feeling zu zweit

Erlebten Energiefluß

Dieses energetische wunderschöne Erleben können Sie mit Ihrem Partner, Freundin oder Freund durchführen. Es geht zunächst um das erspüren des Energieflußes beim anderen. Später kann hier auch ein Austausch von Energien hervorgerufen werden.

Setzen Sie sich beide gegenüber, auf einem Stuhl oder auch auf dem Boden. Einer von Ihnen streckt nun die Hände mit den Handflächen nach oben zeigend aus, möglichst locker ohne Anstrengung. Nehmen Sie sich jeweils eventuell ein Kissen zu Hilfe, auf dem Sie ihre Unterarme lagern können. Der Partner legt nun seine Hände mit den Handflächen nach unten auf die anderen ausgestreckten Hände. Ebenfalls ganz locker. Zunächst lassen Sie nun ihre Hände so berührend ruhen. Schließen Sie die Augen, fühlen Sie die Haut des anderen, die Wärme oder auch die Kühle der Hände. Was spüren Sie dabei? Sie können es sich erzählen, wenn Sie möchten. Ruhen Sie so für 3 Minuten, dann drehen Sie beide die Hände um 180 Grad, und spüren Sie erneut hinein. Fühlt es sich anders an? Nach weiteren ca. 3 Minuten versuchen Sie beide Ihre Hände ein klein wenig anzuheben, sodass sie nicht mehr direkten Hautkontakt haben. Sie spüren nun eventuell ein leichtes Kribbeln oder einen Sog, der von den anderen Händen ausgeht. Fühlen Sie in die Hände des anderen hinein. Öffnen Sie ihr Herzchakra, lassen Sie ihre Liebe in Ihre Hände fließen. Wird das kribbeln stärker?

Auch wenn Sie die ersten Male nichts spüren, die Energie fließt zwischen Ihren Händen.

Doch je öfter sie beide diese Übung erleben, desto mehr werden sie beide auch wahrnehmen.

Ihre Sinne ergründen den Strom der Energie, der aus den Handchakren fließt.

Nach einiger Zeit des Übens und Erspürens, können Sie beginnen, bewusst den Strom der Energie zu lenken. Konzentrieren Sie sich beide jeweils auf Ihren eigenen Energiestrom. Stellen Sie sich vor, wie er kreisend fließt, oder auf und ab wandert. Sich vielleicht weich, wie ein Grashalm im Wind wiegt. Auch dabei können sie sich untereinander mitteilen, was sie gerade erleben. Doch, auch wenn Ihr Partner spürt das der Strom hin und her wiegt, obwohl Sie gerade gedacht haben, Ihr Strom soll auf und ab fließen, hören Sie nicht auf. Es gehört einiges an Übung dazu, den Energiestrom exakt zu spüren. Viel wichtiger ist bei dieser Übung, dass Sie den Energiestrom fühlen und spüren. So wie es hier auch ein sehr intensives Miteinander gibt, das sie beide verbindet, so stäken sie beide ihr Herzchakra und ihre Handchakren damit.

Wenn sie beide daran viel Freude haben, dass ihre Herzen zueinander fließen, dann können sie diese Übung so oft sie möchten wiederholen. Lassen Sie es vielleicht ein liebevolles Ritual für den Freitagabend werden. Lösen Sie beide dabei den Stress der Woche, begegnen Sie sich beide in Harmonie und Liebe. Und lernen dabei Energieströme zu spüren, und gleichzeitig einander ganz neu zu fühlen. Es ist zunächst unerheblich, ob sie diese Übung mit Ihrem Lebenspartner oder Ehepartner durchführen. Auch ob es die Freundin oder der Freund, die Schwester oder der Bruder ist, das Erspuren lernen des Energiestroms ist ein Geschenk.

Natur Energiefluß

Nicht jeder von Ihnen hat einen Partner und möchte vielleicht auch nicht mit einer Freundin oder einem Freund diese Energien gemeinsam erspüren.

Dennoch können Sie dieses Erspüren und Erleben des Energiestroms lernen.

Nehmen Sie sich dazu eine Grünpflanze ohne Blüten. Stellen Sie sich diese auf einen Tisch, auf dem Sie bequem Ihre Hände um die Pflanze legen können. Berühren Sie zunächst die Pflanze direkt an Ihren Blättern. Dann versuchen Sie zart eines der Blätter zwischen Ihre Hände zu halten. Schließen Sie die Augen, atmet Sie ruhig ein und aus. Entspannen Sie sich. Versuchen Sie nun zu erfühlen. Welche Empfindungen verursacht das Blatt in Ihren Händen. Ist es kalt, feucht, warm, samtig, weich oder hart? Sagen Sie der Pflanze welche Dinge Sie gewahr werden. Auch wenn die Pflanze ihnen nicht mit menschlicher Stimme antworten wird, so jedoch vielleicht auf andere Weise. Es kann sein das Sie ein leichtes

Knistern spüren, ein Kribbeln in Ihren Händen. Doch erinnern Sie sich, auch wenn sie zunächst nichts spüren, die Energie aus Ihren Händen fließt gleichwohl in die Pflanze. Schenken Sie ihr alle Liebe, die sie im Herzen erzeugen können. Teilen Sie ihr mit, mit wie viel Liebe Sie diese umhüllen möchten. Werden Ihre Hände vielleicht warm, spüren sie etwas? Ihre Energie, die Sie erzeugt haben, strömt aus ihren Handinnenflächen in das Blatt sowie in die Pflanze. Halten Sie sie weiter zart umfasst.

Versuchen Sie jetzt Ihre Hände etwas vom Blatt zurück zunehmen, sodass es, ohne Ihre Haut zu berühren, noch immer zwischen ihren Händen ruht. Und jetzt erhalten Sie Liebe zurück, die Ihre Pflanze Ihnen als Energie zukommen lässt. Jetzt kann es sein, dass Sie den Energiestrom der Pflanze spüren. Es wird sich anders anfühlen. Anders, als Ihr eigener Energiestrom. Es kann sein, dass es stoßwellenartig in Ihre Hände fließt, dass es sich wie das Wasser von Ebbe und Flut anfühlt. Hin und her bewegend. Atmen sie dabei ruhig weiter. Nehmen sie alles auf, was die Pflanze ihnen schenkt.

Wenn es nicht beim ersten Mal gelingt, bleiben sie zuversichtlich. Üben Sie einfach weiter.

Von Mal zu Mal wird es intensiver werden. Bleiben Sie zunächst bei dieser einen Pflanze, bis Sie den Energiestrom dieser Pflanze tief erleben und innig fühlen können.

Im späteren Verlauf verbinden Sie sich, so Sie möchten, dann mit einer anderen Grün- oder Blühpflanze. Erleben Sie, wie unterschiedlich die Energien eines jeden Naturgewächses sind. Selbst wenn diese von der gleichen Gattung stammen. Jedes Lebewesen, somit auch jedwede Natur ist einzigartig in seinem Sein.

Wenn es ihr Wunsch ist, können Sie später auch den Energiestrom von anderen Gegenständen, wie zum Beispiel den Kerzen gewahr werden. Auch hier erleben Sie, welchen Unterschied es macht, ob die Kerze gelb, braun, weiß, grün oder anders farbig ist. Ebenso ob sie brennt oder erloschen ist sowie die Unterschiede in ihren Materialien.

Im weiteren Verlauf ermöglicht Ihnen das, Ihre Chakren und deren Energieströme zu spuren. Auch hier werden Sie dann die Unterschiede von friedlicher Energie oder harmonischer Energie, im Gegensatz zu Stressenergie erfühlen. Sowie bei Letzterem dann auch den Unterschied, wenn Sie ihren Chakren Liebe aus dem Herzchakra zukommen lassen. Wie sehr sich dann der Energiestrom verändert. Sie werden nicht nur wissen, dass sie lieben, sie werden ihre eigene Liebesenergie fühlen können. Unmittelbar aus sich selbst heraus und in sich selbst hinein. Ein Kreislauf der höchsten und stärksten Energien, die Sie sich gerade schenken.

Intensive 30 Minuten

Ob Sie tatsächlich jeweils exakt 30 Minuten für diese Rituale benötigen, möchte ich nicht festlegen. Es sind circa Richtwerte der Zeit. Jeder Mensch hat seine eigene Dynamik, und so kann das gleiche Ritual zwischen 30 -45 Minuten dauern, Lassen Sie sich davon nicht beirren. Bleiben Sie achtsam und konzentriert, liebevoll im Herzen ruhend.

Schutzritual

Stellen Sie sich einen Tisch auf, an den sie mindestens von einer Seite her gut herankommen.

Wenn dies auch mit ihrem Esstisch oder Wohnzimmertisch gegeben ist, können Sie auch diesen nutzen.

Stellen Sie sich auf diesen Tisch 4 Kerzen in den Farben blau, rot, grün und braun, oder alternativ 4 weiße Kerzen in einen festen Kerzenhalter.

Diesen Kerzenhalten stellen Sie sich wie ein Viereck auf.

Nutzen Sie weiße Kerzen spielt die Anordnung der Kerzen keine Rolle, haben Sie sich jedoch für farbige Kerzen entschieden, beginnen Sie bitte mit der ersten Kerze in der Farbe blau, und stellen diese nach oben mittig in ihr gedachtes Viereck, für den Erzengel Raphael. Danach stellen Sie die rote Kerze nach rechts in die Mitte ihres Vierecks für den Erzengel Michael. Die grüne Kerze gehört nach unten in die Mitte Ihres Vierecks für den Erzengel Gabriel. Zum Schluss wird die braune Kerze links in die Mitte des Vierecks für den Erzengel Uriel gestellt. Um Ihre vier Kerzen herum können Sie nun einen Kreis aus Nadeln des Rosmarins streuen. Entzünden Sie jetzt die Kerzen in der gleichen Reihenfolge, wie Sie diese aufgestellt haben. Beginnend bei der blauen Kerze im Uhrzeigersinn. Sind alle Kerzen entzündet, konzentrieren Sie sich auf den Grund Ihres Rituales. Möchten Sie Schutzenergie über die Erzengel an Sie geleitet bekommen, sollten Sie dies nun den Erzengeln auch mitteilen.

In welcher Weise ein Spruch oder eine Anrufung an die Erzengel aussehen könnte, zeige ich Ihnen hier als Beispiel. Sprechen Sie jeden Satz 4 -Mal hintereinander, um die kosmische Ordnung hinzu zu bitten.

Ich bitte Dich Erzengel Raphael um deine Kraft, Stärke und deinen Schutz. Lass jetzt bitte deine Energien in mich hinein fließen.
Ich bitte Dich Erzengel Michael um deine Kraft, Stärke und deinen Schutz. Lass jetzt bitte deine Energien in mich hinein fließen.
Ich bitte Dich Erzengel Gabriel um deine Kraft, Stärke und deinen Schutz. Lass jetzt bitte deine Energien in mich hinein fließen.
Ich bitte Dich Erzengel Uriel um deine Kraft, Stärke und deinen Schutz. Lass jetzt bitte deine Energien in mich hinein fließen.

Sie haben nun 16 Mal einen Satz gesprochen, halten Sie nun für einen Moment inne. Strecken Sie ihre Hände in Richtung der Kerzen ohne diese zu berühren. Spüren Sie die Energien der Kerzen und der Erzengel, die Sie gerade gerufen haben. Spüren Sie wie die Energien zu Ihren Händen fließen und in Ihr Herzchakra. Spüren Sie wie es sich von dort verteilt in ihren ganzen Körper. Sie belebt und stärkt, wärmt und tiefe Freude schenkt. Spüren Sie ihr Herz klopfen, wild und stürmisch ob der Energien, die in Ihnen nun fließen. Holen Sie tief Luft, und dann in der Sekunde der größten Emotion, bedanken Sie sich bei den Erzengeln für deren Energien und deren Schutz.

Liebe Erzengel Raphael, Michael, Gabriel und Uriel ich danke euch für euren Schutz und eure Energien.
Sie können auch jeden Erzengel einzeln ansprechen und ihm danken.

Meine Wortwahl ist hier lediglich ein Beispiel. Es ist gut möglich, dass Sie selbst wunderschöne Worte finden, besondere Sätze, die Sie persönlich mehr ansprechen. Dann nutzen Sie diese.

Lassen Sie ihr Herz in Ihren Worten sprechen, wenn Sie möchten. Oder beschreiben Sie kurz und knapp, was Ihnen wichtig ist. Doch bitte bleiben Sie stets freundlich. Auch wenn die Engel uns alles nachsehen und ihre Liebe unendlich ist, denken Sie an die Resonanz Ihrer Worte. Je freundlicher es ist den Wald hinein schallt, desto freundlicher schallt es wieder heraus. Je liebevoller Sie die Worte an die Engel und das Universum richten, desto liebevoller wird die Energie sein, die Sie zurück erhalten.

Schreiben Sie sich Ihre Sätze auf, denn oft liest es sich leichter von einem Blatt Papier ab.

In dieser Art und Weise können Sie die Erzengel auch um andere Dinge bitten, die Ihnen wichtig sind. Wohlstand, Erfolg, Glück, Liebe, Freundschaft, Erkenntnis, Vertrauen und so vieles mehr.

Beschreiben Sie den Erzengeln Ihre Wünsche. Das Bedanken bei den Erzengeln nach jeder energetischen Arbeit erzeugt noch einmal eine hohe Welle an Licht und erleuchtender Liebe, die Sie senden und zurück erhalten. Es wäre schön, wenn Sie stets daran denken.

Frieden in Ihnen und der Welt

Dieses Ritual klingt zunächst etwas aufwendig, doch auch hier benötigen Sie lediglich ca. 30 Minuten. Einzig die „Zutaten" müssten vorher besorgt werden, falls Sie diese nicht im Hause haben.

Sie benötigen für das Element Luft entweder 4 Brombeeren oder 4 Nüsse, alternativ sind auch 4 Löwenzahnblüten oder 4 Kümmelkörner möglich.

Für das Element Feuer entweder 4 Kaffeebohnen oder 4 Oliven, alternativ 4 Gänseblümchenblüten oder 4 Pfefferkörner.

Für das Element Wasser entweder 4 Stücken Apfel oder 4 Stücken grüne Gurke, alternativ 4 Veilchenblüten oder 4 Stückchen Vanilleschote.

Für das Element Erde entweder 4 Stücken Kartoffel oder 4 Stücken Möhre, alternativ 4 Graser-
halme oder 4 Wacholderbeeren.

Es wäre schön wenn Sie zu diesem Ritual ins Freie gehen könnten.

Suchen Sie sich eine ruhige Ecke in Ihrem Garten oder in einem Park.

Setzen Sie sich auf die Erde ins Gras, oder in den Sand, wenn Sie mögen.

Legen Sie sich nun ihre Zutaten wie folgt aus.

Die 4 Brombeeren oder 4 Nüsse, oder die 4 Löwenzahnblüten, bzw. die 4 Kümmelkörner legen Sie nach oben für das Element Luft.

Die 4 Kaffeebohnen oder 4 Oliven, oder die 4 Gänseblümchenblüten, oder die 4 Pfefferkörner legen Sie nach rechts für das Element Feuer.

Die 4 Stückchen Apfel oder 4 Stückchen grüne Gurke, oder die 4 Veilchenblüten, oder die 4 Stückchen Vanilleschote legen Sie nach unten für das Element Wasser.

Die 4 Stückchen Kartoffel oder 4 Stückchen Möhre, bzw. die 4 Gräserhalme, oder die 4 Wacholderbeeren legen sie nach links für das Element Erde.

Nehmen Sie nun ihre Hände und halten Sie diese nach oben, über die Utensilien die für das Element Luft benutzt wurden.

Sagen oder denken Sie dabei: "Frieden fließt in mir."

Dann halten Sie Ihre Hände über die Utensilien, die sie für das Element Feuer ausgelegt haben und denken oder sagen erneut: „Frieden fließt in mir."

Nun halten Sie ihre Hände über die Utensilien des Wasserelements und sagen oder denken erneut: "Frieden fließt in mir."

Auch über die Utensilien des Elementes Erde halten Sie bitte Ihre Hände und sagen ebenfalls: „Frieden fließt in mir."

Legen Sie Ihre Hände nun auf ihr Herzchakra und atmen Sie tief ein und aus.

Dann beginnen Sie wieder bei dem Element Luft. Nehmen Sie eine Brombeere oder Blüte bzw. das Utensil, für das Sie sich entschieden haben, und legen es zu dem Element Feuer. Dazu sagen Sie: „Frieden umkreist die Welt." Nehmen Sie dann ein Utensil aus dem Feuerelement und legen es zu dem Wasserelement und sagen dabei erneut „Frieden umkreist die Welt."

Dann folgt ein Teil aus dem Wasserelement, das Sie zum Erdelement legen, genau mit den gleichen Worten begleitend: „Frieden umkreist die Welt."

Ebenfalls auch aus dem Erdelement wird ein Utensil zu dem Luftelement gelegt, mit den Worten: „Frieden umkreist die Welt." Sie legen also im Uhrzeigersinn die Zutaten im Kreis herum von einem Element zum anderen. Verfahren sie mit allen 4 Brombeeren bzw. Blüten oder Gewürzen in dieser Weise. Solange bis alle Utensilien wieder an ihrem Ursprungselement liegen.

Wiederholen Sie den Satz bei jedem Weiterreichen eines Utensils.

Haben Sie alle Dinge wieder an ihren Platz gereicht, legen Sie Ihre Hände erneut auf Ihr Herzchakra. Bedanken Sie sich bei allen anwesenden Energien für den Frieden in Ihnen und dem Frieden für die Welt.

Sie können nun, ganz nach Ihrem Gefühl, hier noch verweilen, solange Sie möchten.

Wenn sie jedoch irgendwann gehen möchten, legen Sie die Utensilien aller 4 Elemente unter einen Baum oder einen Strauch. Möchten Sie die Tierwelt schonen, weil sie z. B. Pfefferkörner benutzt haben, vergraben sie die Utensilien an einem für Sie stimmigen Ort.

Haben Sie nicht die Möglichkeit dieses Ritual im Freien durchzuführen, setzen Sie sich in Ihrer Wohnung auf den Fußboden. Eventuell auch mit einer Decke darunter. Der Ablauf des Rituals erfolgt auf die gleiche Weise. Ist es beendet und Sie können die Utensilien nicht nach draußen bringen, legen oder vergraben Sie diese in einem Blumentopf oder Blumenkasten. Übergeben Sie die Utensilien auf jeden Fall der Natur. Werfen Sie sie bitte nicht in den Müll.

Danke, dass Sie sich für den Frieden auf der Welt einsetzen.

Auch dieses Ritual ist abänderbar. Sie können für das Wort Frieden auch das Wort Licht oder Liebe, Glück oder Zuversicht, Reichtum oder Wohlstand, Wachstum oder Erkenntnis einsetzen.

Was wünschen Sie sich selbst und der Welt. Für welchen Bereich möchten Sie diese tief wirkende, dynamische und schnelle Energie aus Ihren Händen und dem Herzen aufbauen?

Dieses Ritual lässt sich ebenfalls in einer Gruppe durchführen. Sehr schön und stimmig sind hier zweier oder vierer Gruppen. Bei größeren Gruppen empfehle ich mehrere Friedenskreise gleichzeitig aufzubauen.

Aurareinigung und Auraheilung

Unsere Aura ist unser energetischer Mantel, der zunächst alle Energien auffängt, die zu uns gesendet werden. Doch auch beim täglichen Kontakt mit anderen Lebewesen, deren Gedankenenergie und Emotionsenergien, nimmt unsere eigene Aura einen Teil davon auf. Nicht immer sind dies von uns gewünschte Energien, und manche davon können uns sogar belasten. Es gibt sicher verschiedene Arten der Aurareinigung. Ich möchte Ihnen hier zwei davon vorstellen, die ich aus eigener Erfahrung und Praxis guten Herzens weiterempfehlen kann.

Sie benötigen als Zutaten 1 gelbe Kerze, 1 blaue Kerze und 1 weiße Kerze. Zusätzlich 9 Lorbeerblätter, 1 bis 2 Teelöffel Zimtpulver und 3 Tropfen Zitronellaöl.

Nehmen Sie nun jeweils einen Tropfen Zitronellaöl und reiben Sie Ihre Kerzen von unten beginnend spiralförmig nach oben führend ein. Ihre eingeölten Kerzen gehören sodann jeweils in einen festen sicheren Kerzenhalter.

Stellen Sie die sich die drei Kerzenhalter nun in Form eines Dreieckes auf. Die weiße Kerze bitte nach oben an die obere Spitze des Dreieckes, die gelbe Kerze auf die linke Seite und die blaue Kerze auf die reche Seite. Mit dem Zimtpulver streuen Sie nun von der weißen Kerze beginnend eine

Linie zur blauen Kerze, von der blauen Kerze dann weiter zur gelben Kerze und von dieser dann zurück zur weißen Kerze. Sie haben Ihr Dreieck nun sichtbarer gestaltet. Um dieses Dreieck legen Sie nun die 9 Lorbeerblätter im Sinne eines Kreises. Beginnen Sie auch hier bitte bei der weißen Kerze, legen im Uhrzeigersinn die 9 Lorbeerblätter als Kreis so aus, dass Sie mit ihnen an der weißen Kerze wieder enden. Entzünden Sie nun Ihre drei Kerzen. Auch hier bitte bei der weißen Kerze beginnend, folgend von der blauen Kerze sowie zuletzt die gelbe Kerze.

Schauen Sie nun auf Ihre drei Kerzen, entspannen Sie sich. Legen Sie, wenn Sie möchten, Ihre beiden Hände auf das Herzchakra, oder eine Hand auf das Kronenchakra (Kopf) und die andere auf Ihr Herzchakra. Sprechen Sie nun mit fester Stimme folgenden Text 9-mal hintereinander. Bleiben Sie ruhig, friedlich und sanft.

Sie haben so viel Zeit, wie sie benötigen.

„Das Licht des Universums durchdringt die Zeit,
vereint sich."
„Die Kraft der Gedanken fließt herbei,
vereint sich."

„Der Schutz aus dem Herzen bleibt dabei,
 vereint sich. „
Verbundene konzentrierte Energien.
Reinigung und Schutz fließen in mir.

Nachdem Sie diesen Text 9-mal gesprochen haben, verweilen Sie noch so lange Sie mögen vor den Kerzen. Versuchen Sie nach zu spüren, welcher Energiestrom Sie erreichte. Welche wundervolle Energiestraße der Reinigung Sie aufgebaut haben.

Wenn Sie das Ritual beenden möchten, löschen Sie die Kerzen. Stimmig ist es, erneut bei der weißen Kerze zu beginnen und im Uhrzeigersinn fortzufahren.

Übergeben Sie die Lorbeerblätter und den Zimt der Natur, denn beides enthält nun Ihre losgelösten Energieschlacken. Sehr schön ist es, diese Naturutensilien unter einem Baum oder Strauch zu vergraben. Mutter Natur wird sich ihrer in Liebe annehmen.

Die Kerzen können Sie für weitere andere Rituale aufheben.

Erdungsritual

Sich zu erden ist und bleibt ein wichtiges Thema in aller Energiearbeit. Siehe auch Kapitel II Seite 34.

Es macht wenig Sinn stets nur mit den höheren Chakren zu arbeiten, so gerne wir alle dem himmlischen auch besonders nahe sind. Doch Mutter Erde mit ihrer liebenden Erdenergie gleicht für uns auch unsere Chakren aus. Da alles in uns und um uns in Harmonie schwingen soll, versteht es sich von selbst, dem Erden besondere Beachtung zu kommen zu lassen. Für dieses Ritual benötigen Sie eine etwas dickere braune Kerze, alternativ eine weiße oder cremefarbene etwas dickere Kerze. Einen entsprechend großen Kerzenhalter oder eine entsprechend feststehende und feuerfeste Schale.

Dazu 7 Haselnüsse oder alternativ 7 Eicheln sowie 7 Teelöffel Salz und 7 Wacholderbeeren bzw. Pimentkörner.

Stellen Sie Ihre Kerze gut erreichbar auf einen Tisch. Legen Sie nun die 7 Nüsse im Kreis um Ihre Kerze. Dann geben Sie vor oder neben die Nüsse jeweils einen Teelöffel Salz als kleines Häufchen.

In dieses Häufchen Salz stecken Sie nun jeweils eine Wacholderbeere.

Ziehen Sie sich nun, wenn Sie mögen Schuhe und Strümpfe aus, damit Sie barfuß die Erde (Ihren Fußboden) spüren. Sie können jedoch auch die Strümpfe anbehalten und eben so Ihre Schuhe. Fühlen Sie wie bei jedem Ritual in sich hinein. Was möchten SIE?

Entzünden Sie nun die Kerze und sehen Sie ihr zu, wie sie beginnt zu brennen. Schauen Sie, wie ihre Flamme aufrecht flackert, sich neigt mal nach links mal nach rechts. Betrachten Sie in aller Ruhe diese Kerze.

Spüren Sie die Energien, die das Salz abgibt sowie die Energien der Beeren und der Nüsse. All dies sind Naturhilfsmittel, die der Erde sehr nahe sind.

Sie entfalten Kräfte, die es Ihnen ermöglichen leichter über Ihre Füße Energien in die Erde fließen zu lassen. Energien, die Sie nicht mehr benötigen. Stellen Sie sich einen Strom von brauner Energie vor, der aus Ihren Füßen tief in die Erde fließt.

Sie können nun Ihre Hände vorsichtig sachte um die brennende Kerze legen. Bitten Sie gedanklich die Kerze und die Naturhilfsmittel um Unterstützung bei Ihrer Erdung. Oder sagen Sie laut:

„Mit dieser Kraft bin ich geerdet.

Ich danke der Natur, ich danke der Erde."

Bleiben Sie hier stehen, so lange Sie es möchten. Bis Ihr Bedürfnis sich zu erden gestillt ist.

Nehmen Sie dann Ihre Hände von der Kerze weg, treten Sie ein paar Schritte vom Tisch zurück und hüpfen Sie 5-mal auf der Stelle. Dieses Hüpfen lässt Sie noch einmal kräftig erden. Doch zugleich ein eventuelles Zuviel an Erdenergie wieder abgeben.

Beenden Sie das Ritual in dem Sie erst die Kerze löschen, danach die Nüsse, Beeren und Salz aufsammeln. Bedanken Sie sich währenddessen mental bei ihren Naturhelfern. Überreichen Sie alles der Natur in dem Sie es entweder unter einen Baum oder Strauch legen, vergraben, oder auf einer Wiese verstreuen. Die Kerze können Sie aufheben und für weitere Rituale nutzen.

Baum Energie Ritual

Suchen Sie sich einen ungestörten Raum, in dem Sie genug Platz haben Ihre Arme auszubreiten, ohne an die Wand zu stoßen. Finden Sie in der Natur eine solche Stelle, und das Wetter ermöglicht es draußen zu sein, sollten Sie dies bevorzugen.

Stellen Sie sich ohne Schuhe und möglichst barfuß fest auf den Boden. Strecken Sie Ihre Arme nach rechts und links von Ihrem Körper aus. Schließen Sie nun die Augen und atmen Sie tief ein und aus. Atmen Sie einige Male ganz ruhig ein und aus. Stellen Sie sich jetzt imaginär sprießende Wurzeln aus Ihren Füßen vor. Wie die Wurzeln eines Baumes, die tief in der Erde verankert sind. Bilden Sie vor Ihrem inneren Auge diese Wurzeln, aufsteigend in Ihre Waden, Unterschenkel und

Oberschenkel. Stellen Sie sich bildlich vor, wie die Wurzeln nun bis in Ihren Oberschenkeln vorhanden sind.

Atmen Sie ruhig ein und aus, ein und aus, ein und aus.

Lassen Sie die Wurzeln aus Ihren Oberschenkeln nun weiter nach oben wachsen in Ihre Hüften, Ihren Po, in Ihren Bauch und in Ihre Brust.

Bleiben Sie mit ihrer Atmung ruhig, lassen Sie sich Zeit beim Visualisieren dieser Wurzeln. Sind Sie in der Lage sich diese Wurzeln gut vorzustellen, lassen Sie diese erneut weiter wachsen, in ihre Arme und auch in Ihren Hals und in den Kopf.

Atmen Sie einfach ruhig weiter, ein und aus, ein und aus. Die imaginären Wurzeln füllen nun Ihren gesamten Körper aus und sind in der tiefen Erde verankert.

Versuchen Sie den Strom der Energie aus der Erde in sich zu spüren. Dieser Strom fließt durch ihre Wurzeln. Erspüren Sie die Kraft, die Sie durchdringt. Mit jedem einatmen nehmen Sie die Kraft der Erde in sich auf. Mit jedem Ausatmen strömt etwas Energie wieder zurück zur Erde.

Erspüren Sie wann es für heute genug ist. Lassen Sie dann die Wurzeln aus ihrem Körper wieder langsam zurück wachsen, bis sie in Ihren Fußsohlen angekommen sind. Von dort lassen Sie ebenfalls imaginär die Wurzeln aus der Erde zurück in Ihre Fußsohlen aufsteigen.

Hüpfen Sie ruhig zum Schluss ein wenig auf der Stelle, das macht Ihnen bewusst, dass sie die Erdung und Energiearbeit nun beendet haben.

Haben Sie bei dieser Baum Energie Arbeit ein gutes Gefühl, dann üben Sie diese täglich, wenn Sie möchten. Bis es Ihnen ein Leichtes ist die Wurzeln wachsen zu lassen, und wieder zurück zu bilden.

Fällt es Ihnen zu Beginn schwer die Wurzeln gleich im ganzen Körper bilden zu lassen, dann bleiben Sie dort mit den Wurzeln, wo es Ihnen leicht fällt. Das können die Waden sein, die Unter- oder Oberschenkel. Ebenfalls nur bis zum Bauch oder nur bis zur Brust. Erspüren Sie sich selbst. Bis wohin ist es Ihnen ein Leichtes. Bemerken Sie Anspannungen bei der Visualisierung, beenden Sie die Arbeit, in dem Sie die Wurzeln wieder zurückfließen lassen. Und sich die Wurzeln auch aus der Erde wieder in Ihren Fußsohlen befinden. Hüpfen Sie auf jeden Fall stets danach ein paar Mal. Dies bringt Ihnen einen Energieausgleich, sollten Sie einmal zu viel Energien aufgenommen haben.

Irgendwann werden Sie erleben, dass Sie mit Leichtigkeit diese Wurzeln aufbauen können. Ohne Anstrengung, ruhig, sicher und mit einem guten Gefühl.

Dann können Sie, wenn Sie es möchten, diese Energiearbeit weiter ausbauen.

Sind Sie mit ihren Wurzeln in Ihrem Kopf angekommen, lassen Sie diese noch etwas weiter wachsen. Ähnlich einer bildschönen Krone eines

239

Baumes, weit in den Himmel hinein. Stellen Sie sich vor, Sie sind ein Baum. Mit all seinen Wurzeln aus der Erde und seiner großen Krone bis in den Himmel.

Durch diese Wurzeln fließt Kraft und Energie. Aus der Erde in Ihre Beine, Oberschenkel, Hüfte, Po, Bauch, Brust, Arme und Hals. Weiter in den Kopf wie auch weiter nach oben aus dem Kopf in den Himmel hinein. Sie sind die Brücke zwischen Erde und Himmel.

Atmen Sie ruhig ein und spüren Sie den Strom der Energie die bis in den Himmel fließt.

Atmen Sie wieder aus und spüren Sie dabei wie aus dem Himmel die Energie zurück in die Erde fließt

Und jedes Mal fließt alles auch in Sie hinein, durch Sie hindurch. Sie nehmen Energien auf, und Sie geben Energien wieder ab.

Nach einigen Minuten, wenn Sie spüren das es für heute genug ist, lassen Sie auch hier wieder die Wurzeln zurück kommen, in Ihren Kopf, von dort in Ihren Hals, Ihre Brust, Ihren Bauch. Zurück in Ihren Po, Ihre Hüften, Ihre Oberschenkel. Hinab in Ihre Waden und Fußsohlen. Sind Sie dort gedanklich imaginär angekommen, holen Sie die Wurzeln aus der Erde ebenfalls zurück in Ihre Fußsohlen und hüpfen einige Male auf der Stelle. Sie haben nun diese Baum Energie Arbeit beendet. Danken Sie der Erde und dem Himmel für die Kraft und Energie. Spüren Sie am Tage ein zuviel an Energie in sich, können Sie die Energie über Ihre Hände ausleiten, indem Sie die Hände in die Erde stecken, weitere Male hüpfen oder einer kreativen Arbeit nach gehen. Ich selbst nutze diese Energien gerne, um im Anschluss ein Ritual durchzuführen.

Große Rituale

Manche Menschen mögen ein großes Ritual außerordentlich gerne. Ob in der Gruppe oder für sich alleine, sie lieben die vielen energetischen Hilfsmittel mit denen sie arbeiten können.
Es ist Ihnen dann eine besondere Freude, eine enorme Energiewelle aufzubauen, um diese dann in die Welt oder das Universum zu leiten. Daher möchte ich auch dazu einige Anregungen und Beispiele beschreiben.

Das große Tor
Sie benötigen dazu 4 weiße Kerzen, 5 weiße Blüten, 6 Gewürznelken, 7 Lorbeerblätter, 8 Rosmarinnadeln und ein gelbes oder goldenes Band aus Stoff oder Wolle, das mindestens 1 Meter lang ist. Außerdem einen Tisch, an den Sie bequem herankommen und der groß genug ist.
Legen Sie sich zunächst das Band oder die Wolle als einen Kreis auf den Tisch. In diesen Kreis stellen sie mittig die 4 Kerzen, die sie bitte vorher in einen Kerzenhalter getan haben.
Die weißen Blüten legen Sie nun als kleinen Kreis um die Kerzen, die Gewürznelken als Kreis um die Blüten, die Lorbeerblätter als Kreis um die Gewürznelken und die Rosmarinnadeln zum Schluss als Kreis um die

Lorbeerblätter. Sie haben also um die Kerzen herum 4 Kreise gelegt, und um diese 4 Kreise einen großen Kreis mit dem Band.

Entzünden Sie nun bitte die Kerzen, möglichst auch hier im Kreis und Uhrzeigersinn.

Atmen Sie nun 9 -mal tief durch. Schauen Sie auf die Kreise die Sie gelegt haben, versuchen Sie sich vorzustellen, wie diese einen jeweiligen Energiestrom bilden. Dann schauen sie konzentriert auf das gelbe oder goldene Band und versuche sich auch hier vorzustellen wie diese hell zu leuchten beginnt.

Atmen Sie wieder 9-mal tief ein und aus.

Heben Sie nun ihre Hände und führen Sie diese an Ihr imaginäres leuchtendes Band heran, als wollten sie das Band von links und recht mit Ihren Händen stützen.

Erfühlen Sie den Strom der Energien die gegen Ihre Hände fließen.

Atmen Sie erneut 9-mal tief ein und aus.

Nun können Sie die folgenden Worte laut und deutlich aussprechen. Heben Sie dabei Ihren Kopf und sprechen Sie direkt in Richtung der Kerzen. Reden Sie ruhig aber mit fester Stimme. Wiederholen Sie die Worte dann noch dreimal, sodass sie diese insgesamt 4-mal ausgesprochen haben.

Strom von Kraft ist erwacht.

Tor geöffnet voller Macht.

Fließend weich, fließend schnell,

Energien in mich hinein, golden und hell.

Nachdem sie die Worte 4-mal wiederholt haben, atmen Sie wieder 9-mal tief ein und aus.

Um erneut die Worte viermal hintereinander laut und deutlich zu sprechen.

Werden Sie sich bewusst, Sie haben gerade ein Lichttor geöffnet, das Ihnen eine mannigfaltige Kraft und Energie zur Verfügung stellt und direkt in Ihr 2. Chakra kurz unter Ihrem Bauchnabel hineinfließt. Ihr Körper, Ihre Chakren, Ihre Seele, alles wird neu belebt. Spüren Sie, wie die Energien weiter fließen, über Ihren an der Wirbelsäule entlang sitzenden Hauptenergiekanal bis in Ihr Kronenchakra. Sie sind erfüllt von Energie und Kraft.

Nutzen Sie diese Kraft entweder für den Berufsalltag oder aber für eine Energiestraße, die Sie für sich aufbauen möchten. Sie können auch in den Garten oder auf den Balkon gehen, um dort Ihren Pflanzen einen Teil dieser Energien zukommen zu lassen. Stecken Sie draußen Ihre Hände in die Erde und geben Sie dorthin etwas von der erhaltenen Energie. Oder verschenken Sie einen Teil dieser Energie an andere Lebewesen. Im Kreislauf des Lebens werden Sie von dort ebenfalls Energien zurück erhalten.

Liebe und Heilung für Mutter Erde

Suchen Sie sich dir in der Natur 7 kleine Steine. Nehmen Sie diese zunächst mit nach Hause und reinigen Sie diese unter fließendem Wasser.

Begeben Sie sich danach entweder in einen ruhigen Raum zu Hause, oder an einem ruhigen ungestörten Platz in der Natur. Nehmen Sie zu den 7 Steinen eine braune Kerze hinzu.

Stellen Sie die Kerze in die Mitte auf einen Tisch oder an die Erde, wenn sie sich in der Natur aufhalten. Legen Sie die 7 Steine als Kreis um die Kerze. Nun zünden Sie die Kerze an. Werden Sie sich bewusst, dass Sie etwas Heiliges tun, während Sie die Kerze entzünden.

Versuchen Sie Ihren Geist und Ihre Gedanken zur Ruhe zu bringen und Ihr Herzchakra weit zu öffnen. Erheben Sie ihre Hände etwas in die Höhe und halten Sie sie mit den Handflächen in Richtung Kerze und Steine.

Dann sprechen Sie laut oder in Gedanken die folgenden Worte:

„Liebe Erdenmutter. ich stehe hier
mit festen Füßen auf dir.
Ich bin bereit, mit wachem Geist,
mit geöffnetem Herz entzündete ich die Kerze.
Ich sende Dir jetzt Kraft, Heilung und Frieden
mögen diese Energien in dich hinein fließen.“

Lassen Sie Ihre Liebe aus Ihrem Herzen in Ihre Hände und von dort in die Erde und die Steine fließen. Nehmen Sie sich Zeit. Bleiben Sie konzentriert in Ihrem Herzgefühl und Ihren Händen. Sprechen Sie die Sätze erneut, wenn Sie möchten. Denken Sie dabei an Ihre Absicht,

Mutter Erde zu unterstützen, in all dem, was diese für uns tut. Fühlen Sie sich in den Kern der Erdenmutter, und senden Sie Liebe, Kraft und Frieden, solange Sie können.

Haben Sie das Gefühl, das es jetzt genug ist, löschen Sie die Kerze und nehmen diese, falls Sie das Ritual im Freien durchgeführt haben, mit zu sich nach Hause. Sie können die Kerze für weitere und andere Rituale erneut nutzen. Bitte lassen Sie die brennende Kerze nicht unbeaufsichtigt in der Natur oder auf dem Tisch stehen.

Überlegen Sie, welche Orte Ihrer Meinung oder Ihrem Empfinden nach liebevolle Energie und Kraft benötigen. Bringen Sie dann die Steine dort hin und legen Sie diese sanft an diese Orte. Dies kann Ihr garten sein, aber auch ein Park in dem ein Baum steht, ein Fluss ganz in Ihrer Nähe, ein Kornfeld, ein Waldstück. Jedoch auch Ihr Balkonkasten, oder die Pflanze im Arbeitsbereich können solche Orte sein. Sie können diese Steine nach 3-4 Wochen wieder einsammeln, um diese für ein neues Liebe und Heilungsritual für Mutter Erde zu nutzen. Doch bitte reinigen Sie die Steine dann erneut unter fließendem Wasser, bevor Sie diese für das Ritual verwenden.

Energieballon

Dies ist eine relativ leichte Energiearbeit, die es ermöglicht, sich selbst sowie anderen Energien zu senden. Möchten Sie es anderen zukommen lassen, denken Sie bitte daran diese vorher um Erlaubnis zu bitten. Denn jeder Mensch sollte für sich selbst entscheiden können, welche Energien er annehmen möchte. Der freie Wille, den Sie sich selbst zugestehen, sollte immer auch jedem anderen Lebewesen zugestanden werden.

Sie benötigen ein wenig Vorstellungskraft und 20 bis 30 kleine Rosenblütenblätter. Einen größeren Rosenquarz oder Bergkristall Edelstein. Und ihre Liebe aus dem Herzen.

Suchen Sie sich einen Ort, an dem Sie für mindestens 20 Minuten ungestört sein werden. Halten Sie die Rosenblätter, egal ob Sie frische oder getrocknete nutzen, in der linken Hand und streuen diese um sich herum als geschlossenen Kreis. Setzen Sie sich mit dem Bergkristallstein oder Rosenquarzstein, den Sie nach dem Kreis ziehen in Ihren Händen festhalten, in die Mitte des Kreises. Halten Sie jetzt Ihre etwas geöffneten Hände mit dem Stein darin vor Ihr Herzchakra. Bilden Sie mit ihren Händen eine Art Schale, die nach oben geöffnet ist. Schließen Sie die Augen und versuchen Sie sich vorzustellen, wie um den Rosenquarz bzw. Bergkristall eine Lichtkugel entsteht. Beginnen Sie die Kugel in weißem Licht zu visualisieren. Später können Sie die Farbgebung auch imaginär verändern. Versuchen Sie diese Kugel längere Zeit aufrecht zu erhalten.

Wenn es Ihnen möglich ist können Sie dabei liebevolle Gedanken in die Kugel senden. Zum Beispiel: **„Liebe fließe in diese Kugel"**, oder **„Heilung fülle diese Kugel", „Glück fülle oder fließe in diese Kugel"**.

Welche liebevollen Gedanken Sie auch senden möchten, lassen Sie diese aus Ihrem Geist und aus Ihrem Herzen über Ihre Hände in die Kugel fließen.

Sie werden nach einiger Zeit spüren, dass die Kugel kräftig gefüllt ist. Eventuell können Sie aber auch die Visualisierung nicht länger aufrecht halten. Denken Sie nun an denjenigen, dem Sie den Inhalt der Kugel senden möchten. Das können Sie selbst sein, aber auch, wie eingangs angeführt, eine andere Person bzw. ein anderes Lebewesen.

Sprechen oder denken Sie 4 Mal den Namen des Empfängers. **„Für Max Müller"** könnte es zum Beispiel lautet. Oder **„für Anna, meine Kollegin", „für Steffi meine Freundin"**. Kennen Sie Vor und Nachnamen ist es sinnvoll beides auszusprechen, ansonsten versuchen Sie die Person anders zu definieren, wie im Beispiel meine Kollegin, Freundin, Nachbarin, Bekannte usw.
Pusten Sie dabei kräftig in Ihre noch immer geöffneten Hände in Richtung der Fingerkuppen. In diesem Moment schicken Sie die Energien, die sie in der Kugel aufgebaut haben, auf die Reise. Sie haben eine intensive wunderbare Energiearbeit geleistet. Ruhen Sie sich für 5 Minuten oder mehr in dem Kreis aus.
Sammeln Sie dann Ihre Rosenblätter auf und übergeben Sie diese der Natur. Befindet sich ein Bach in der Nähe, können Sie die Rosenblütenblätter dort hineingeben, oder direkt am Bachufer vergraben. Auch unter einem Baum oder Busch sowie jedem anderen Ort, den Sie für stimmig empfinden, können Sie die Blütenblätter der Natur übergeben. Von einem Hochhaus rieselnd, werden sich vielleicht einige Menschen wundern, dass es Blüten regnet, sich jedoch mit einem Lächeln darüber freuen. Das wäre dann zweifache Energiearbeit, die Sie verschenken.

Den Bergkristall oder Rosenquarz halten Sie bitte für 10 min unter fließendes Wasser und gönnen ihm danach ein ausgiebiges Sonnenbad von mindest 2 Stunden.

Auf diese Weise reinigen Sie energetisch Ihren Bergkristall oder Rosenquarzkristall und über die Kraft der Sonne werden ihm neue Energien zugeführt.

Der Lichtkreis

Der Lichtkreis ist ein mentales Zusammentreffen von oftmals Tausenden von Menschen gleichzeitig. Jeder kann daran teilnehmen. Wo immer Sie sich auch gerade befinden. Zünden Sie sich eine Kerze an, setzen Sie sich entspannt davor, und lassen Sie Ihre liebevollen Gedanken einfach fließen. Denken oder sagen Sie zum Beispiel:

Licht und Kraft für die Welt oder *Licht und Liebe für die Welt* oder *Licht und Frieden für alle Lebewesen* oder *Heilung und Kraft für alles Existierende in diesem Universum.*

Öffnen Sie Ihr Herz so weit Sie können, aktivieren Sie ihr Herzchakra, und lasen Sie Ihre Liebe fließen. Fühlen Sie, wie sich die Energien aus Ihnen und den Tausenden anderer Menschen vereinen. *Er*spüren Sie für sich selbst, wie lange Sie am Lichtkreis teilnehmen möchten. Meist sind es 15 Minuten, doch auch hier entscheiden Sie ganz allein. Haben Sie Ihren Lichtkreis mental beendet, löschen Sie entweder ihre Kerze, und kehren in Ihren Alltag zurück, oder verweilen vor der brennenden Kerze, bis diese herunter gebrannt ist. Ich danke Ihnen im Namen aller Lebewesen für Ihre Liebe sowie für Ihre Unterstützung.

Eine mental entzündete Kerze vermag ebenfalls licht- und kraftvolle Energien in die Welt zu senden. Denn wir entzünden dieses Licht in unseren Herzen und geben es in Liebe weiter. Vielleicht mögen Sie auch dies irgendwann einmal visionär erproben.

Ein aktueller Lichtkreis findet jeden Montag zwischen 20 Uhr und 22 Uhr statt.

Jedoch können Sie selbstverständlich an jedem Tag sowie zu jeder Tageszeit einen Lichtkreis begehen.

Vielleicht möchten Sie selbst eine kleine Gruppe eröffnen, eventuell ein bestimmtes, Ihnen wichtiges, Thema ansprechen.

Jeder liebe Gedanke, hinaus gesendet in die Welt, vermag unendlich viel Positives zu bewirken.

Visionsreisen

Visionsreisen sind, anders als Meditationen die mehr die Stille hervorrufen, ein aktives Erleben aus der Bilderwelt und Ihrer Vorstellungskraft. Dies wiederum hilft Ihnen, ihr inneres Auge und ihr bildhaftes Vorstellungs- vermögen zu schulen. Eine sehr wichtige und förderliche, erlernbare Fähigkeit, die Sie für Ihren Aufbau der Energiestraßen nutzen können.

Um Ihnen ein besseres Verständnis dafür zu geben, und gleichzeitig ein paar Übungsprojekte vorzustellen, beschreibe ich Ihnen hier vier Visionsreisen, die hilfreich für jedwede Energiearbeit sind.

Die erste Reise führt Sie zu Ihren Gedanken, mit denen Sie selbst kommunizieren können. Jedoch ist diese Reise auch dazu gedacht, Sie innerlich ruhig und frei, sowie glücklich und heiter zu stimmen.

Die zweite Reise bringt Sie zu Ihrem Willen. Ebenfalls ein wichtiger Aspekt in der Energiearbeit und Erschaffung Ihrer Lebensstraßen. Diese Übung führt Sie direkt zu Ihrem inneren Feuer, ihrem Temperament und vor allem zu Ihrem persönlichen Kraftball.

Die dritte Reise begleitet Sie zum Fluss Ihrer Emotionen. Zu ihrem verspielten Sein, Ihrer Kreativität und Gefühlsebene.

Zu guter Letzt bringt Sie die vierte Visionsreise zu Ihrer Schaffenskraft. Ihrer Aktivität, Ihrer Ausdauer, jedoch auch zu Ihrem inneren Ruhepol.

Suchen Sie sich für jede Visionsreise einen ungestörten Raum in dem Sie für ca. 30 Minuten wirkliche Ruhe haben. Weder Telefon noch Hausklingel sollten Sie währenddessen stören können.

Kleben Sie von außen ein Schild an die Tür:

„Bitte nicht stören.“

Finden Sie in der freien Natur einen solchen Ort, ist dieser wenn es das Wetter zulässt, zu bevorzugen.

Nehmen Sie sich ein Kissen und evtl. eine Decke mit in den Raum oder an Ihren gewählten Ort. Einen Schreibblock und einen Stift empfehle ich ebenfalls, um sich später Dinge gleich notieren zu können.

Sie können Sich diese vier Visionsreisen selbstverständlich auf einen geeigneten Tonträger sprechen. Sicherlich auch von jemanden sprechen lassen, wenn Sie nicht ihre eigenen Stimme lauschen möchten.

Vielen fällt eine Visionsreise leichter, bei der Sie sprachlich geführt und direkt angesprochen werden.

Aus diesem Grund schreibe ich ab jetzt in der Anrede „Du“, und verfasse diese Visionsreisen in einem Text, als hätte ich diese zu Dir gesprochen. So brauchst Du die jeweiligen Texte lediglich ablesen, wenn Du dir diese aufnehmen möchten. Lies Dir vorab die jeweilige Visionsreise einige male durch. So fällt das ablesen später leichter, falls du es Dir aufnehmen möchtest.

Dort wo das Wort *kleine Pause* steht, ist es sinnvoll eine Pause von ca. 1-2 Minuten zu lassen, während dessen lediglich die Hintergrundmusik oder Geräusche zu hören sind. Dort wo das Wort *längere Pause* zu lesen ist, empfiehlt sich eine Pause von 3-5 Minuten, in denen ebenfalls nur die Hintergrundgeräusche zu hören sind.

Visionsreise zu Deinen Gedanken

Wenn Du möchtest, höre Dir zu dieser Visionsreise Vogelgesang an.
Auch ein zartes Flötenspiel, das leise Klingen von Klangspielen bringen
Dich mit dem Element Luft gut in Verbindung. Als Hilfsmittel kann Dir
ein Chalcedon Edelstein dienen, doch ebenso eine hellblaue Murmel, ein
einfacher hellblauer Stein, ein schönes hellblaues Tuch.
Während der Visionsreise kannst Du diese helfenden Begleiter in der
Hand halten. Erzengel Raphael begleitet Dich ebenso gerne auf dieser
Gedankenreise, wenn Du ihn bittest.

Lege dich entspannt auf den Boden, Couch oder Bett.
Auch in der freien Natur findet sich vielleicht ein ruhiger Ort, den du
aufsuchen kannst.
 Mache es Dir so bequem wie möglich.
Atme nun ruhig ein und aus, versuche zur Ruhe zu kommen. Achte auf
Deinen Atmen, er ist ruhig und gleichmäßig. Du atmest ein und aus, ein
und aus. Fühle wie dein Atmen wie bei Ebbe und Flut kommt und geht.
Atme ein und aus.(kleine Pause)
Schließe nun die Augen und atme weiter ganz entspannt ein und aus.
Vor Dir siehst du nun eine bunte Blumenwiese. Du lächelst über die
vielen Schmetterlinge, die dort herumflattern. Du gehst einen Schritt
vorwärts, und dann noch einen und noch einen.

Du stehst nun mitten auf einer Blumenwiese.

Beuge deinen Kopf nach unten und rieche den Duft der Blumen. Du hörst die Vögel zwitschern und singen.

Glücksgefühle durchströmen Dich.(kleine Pause)

Ein leichter Wind weht Dir in dein Gesicht. Frische streichelt deine Wangen.

Du legst dich sanft ins Gras.

Fühlst dich beschwingt und heiter.

Der Duft des Grases steigt dir in deine Nase.

Du lächelst.(kleine Pause)

Feiner Blütengeruch vermischt sich mit dem Grasduft.

Du fühlst dich frei und leicht.

Leicht wie die Wolken, die oben am Himmel ziehen.

Ein Lachen steigt in dir auf.

Die Wolke dort oben sieht aus wie ein Schmetterling.

Und die nächste ähnelt einer Möwe.

Deine Gedanken wandern weiter mit den Wolken.

Alles ist so unendlich leicht in diesem Moment.

Du bleibst bei den Wolkengebilden.

Schaust wie sie sich verändern.(kleine Pause)

Aus deinem inneren steigt eine Frage auf, die dich beschäftigt.

Die Form der nächsten Wolke gibt dir Antwort darauf.

Alles ist leicht.

Du bist offen für deine Gedanken die aufsteigen.

Ganz natürlich empfängst du Bilder.

Du siehst diese Bilder zum greifen nahe.

Anmutige wunderschöne Bilder.

Du bleibst bei diesen Bildern.

Erkennst Ihren Sinn für dich. (längere Pause)

Ruhig liegst Du hier im Gras.

Sanfter Wind streichelt dein Haar.

Verweile etwas. (kleine Pause)

Genieße dieses federleichte Gefühl.

Nun nimmst du wieder den Hauch des Blütendufts wahr.

Zart und fein.

Dein Herz fühlt sich beschwingt.

Klar und heiter sind deine Gedanken.

Du siehst erneut die Wolken, wie sie vorbei ziehen.

Ein Schmetterling fliegt an dir vorbei.

Du lächelst und setzt dich auf.

Betrachtest die bunte Blumenwiese in ihrer Schönheit.

Nun erhebst du dich ganz und stehst auf deinen Füßen.

Dein Blick schweift über die Wiese.

Dankbar schickst du Gedanken in den Himmel.

(kleine Pause)

Für heute verabschiedest du dich von diesem zauberhaften Ort.

Atme nun tief ein und aus, ein uns aus,

ganz leicht,

ein und aus, ein und aus.

Öffne nun deine Augen.

Du siehst deinen Raum, in den du dich zur Visionsreise begeben hattest.

Bewege jetzt deine Hände und Füße.

Noch immer ist ein Lächeln auf deinem Gesicht.

Du stehst nun auf, sicher und fest ist dein Stand.

Schüttele dich ein wenig wie ein Vogel, der sein Gefieder glättet.

Klatsche mit deinen Händen 3 -mal ineinander.

Eins-Zwei-Drei.

Du bist nun im Hier und Jetzt, klar und bewusst.

Schreibe Dir auf deinen Block welche Frage du hattest. Vor allem welche Antwort du erhalten hast. Auch welche Bilder du gesehen hast, wie die Wolken aussahen, welche Gedanken dir durch den Kopf gingen.

All dies ist hilfreich für dich ganz persönlich. Nicht alles muss sich auf die Frage beziehen Vielleicht hattest du auch gar keine Frage. Dann hatte Dir dein Unterbewusstsein eventuell trotzdem etwas mitgeteilt.

Später kannst du noch einmal in die Bilder fühlen und herausfinden, welche Bedeutungen sie haben. Doch ebenso kannst Du diese Reise einfach als eine Reise zu dir und deiner inneren Kraft sehen. Dann gehe beschwingt durch den Tag, wissend, dass der heilige Wind mit dir sein wird, wo immer du auch bist.

Hast du ein Tuch, Murmel, oder Stein als Hilfsmittel benutzt, so kannst du diese Utensilien immer wieder in den nächsten Tagen einfach in die Hand nehmen, um dich so mit deinen Kraftgedanken erneut zu verbinden.

Visionsreise zu Deinem Willen

Wenn Du möchtest, lausche zu dieser Visionsreise einem knisterndes Lagerfeuer oder Kaminfeuer. Auch Musik mit schnellen Rhythmen kann dich gut in Verbindung mit deinem inneren Feuer bringen. Als Hilfsmittel ist ein Feueropal Edelstein dienlich, jedoch ebenso ein roter Stein oder Lava Gestein, ein einfaches rotes Tuch, oder auch ein Stück Leder.

Während der Visionsreise kannst Du diese helfenden Begleiter in der Hand halten.

Erzengel Michael stärkt Dich gerne bei dieser Reise, bitte ihn zu Dir.

Setze Dich entspannt an den Ort, den Du für Dich gewählt hast. Lehne Dich an etwas an, oder lege Dich entspannt hin.

Schließe nun deine Augen.

Höre deinem Herzschlag zu.

Atme dabei bewusst tief ein und aus.

Du hörst dein Herz kräftig und gleichmäßig schlagen.

Dir ist angenehm warm. Du fühlst Dich wohl.

Dein Atem ist ruhig, atme ein und aus, ein und aus. Ganz in deinem eigenen Atemrhythmus. (kleine Pause)

Noch immer hörst du dein Herz kräftig schlagen.

Doch nun steigt ein Bild vor deinem inneren Auge auf. Ein erdiger roter Weg liegt vor dir.

Die Sonne brennt vom Himmel herab.

Du folgst dem Weg mit deinen Augen.

Ein wenig weiter entfernt siehst Du ein erloschenes Lagerfeuer.

Folge dem Weg Schritt für Schritt, bis zu diesem alten Lagerfeuer. (kleine Pause)

Es sind nur einige Schritte zu gehen und du bist angekommen.

Dein Herz klopft freudig, dieser Ort hier ist dir sehr vertraut.

Du legst auf die Asche ein wenig frisches neues Holz. Ein Gedanke genügt und schon ist das Feuer neu entfacht.

Sofort brennt das Feuer und knistert.

Setze Dich nun nieder, an das Feuer und genieße seine verströmende Wärme.

Deine Nase nimmt den Geruch von verbranntem Holz wahr.

Du fühlst dich wohl. (kleine Pause)

Kleine Rauchwolken steigen auf.

Die Holzscheite glühen und versprühen wunderbare Funken.

Du schaust den Funken zu, wie sie auf dem Holz tanzen.

Ein lächeln breitet sich auf deinem Gesicht aus.

Du kennst diese Funken, die dort Tanzen.

Es sind deine Funken.

Deine Willenskraft, dein Temperament, deine Lebensfreude.

Dein Herz klopft noch freudiger.

Du beobachtest nun die tanzenden Funken.

Sie springen hoch und leuchten in einem herrlichen rot.

Du fühlst in dir das Echo dieses Tanzes.

Spürst die starke Kraft jedes einzelnen Funken.

Spüre diese Kraft auch in Dir.

In deinem Bauch beginnen Deine Funken zu hüpfen.

Sie tanzen nun im Gleichklang mit den Funken des Feuers.

Bleibe hier, im Tanz deiner Kraft.(längere Pause)

Entdecke dein Temperament.

Alles ist möglich.

Du erkennst deinen neu erwachten Willen.

Die tanzenden Funken in dir vereinen sich.

Ein wärmender roter Ball bildet sich in Dir.

Beobachte ihn. Schau ihn dir lange an. (kleine Pause)

Zu diesem roten Ball hast du jederzeit Zugang.

Er ist angefüllt mit all Deiner Kraft und Willensstärke.

Wann immer du möchtest, kannst du ihn wahrnehmen.

Du kannst seine Energien in dich fließen lassen.

Dein Herzschlag beruhigt sich nun.

Du schaust wieder zu den Funken im Lagerfeuer.

Lächelst.(kleine Pause)

Freude durchströmt dich.

Die Holzscheite sind beinahe verbrannt.

Letzte Funken tanzen noch einmal auf.

Du löscht nun das Lagerfeuer mit ein wenig rotem Sand.

Noch immer ist diese Wärme und Kraft in dir.

Du erhebst dich, drehst dich in Richtung des Weges, den du gekommen bist.

Du folgst dem Weg zurück, Schritt für Schritt.

Schritt für Schritt.

Nun sind es nur noch 3 Schritte. (kleine Pause)

Du hörst deinen Herzschlag ruhig und gleichmäßig.

Du spürst deine Hände und deine Füße.

Du spürst deinen Körper im Hier und Jetzt.

Öffne nun bitte die Augen.

Schau dich um, du bist an dem Ort, den Du für deine Visionsreise gewählt hattest.

Stelle Dich wieder auf deine Füße, bewege deinen Körper.

Schüttele deine Hände aus.

Nun klatsche mit deinen Händen ganz bewusst wach und frisch drei Mal hintereinander.

Eins, zwei, drei.

Gehe nun kraftvoll durch den Tag, wissend, dass dein Kraftball ewig in dir ist und dich begleitet.

Visionsreise zu Deinen Gefühlen

Zu dieser Visionsreise ist ein leichtes Meeresrauschen, das sanfte Geräusch eines Baches oder einer Bergquelle sehr stimmig. Auch die ganz sanften Geigentöne, die unser Emotionsfeld besonders schwingen lassen und uns so in tiefe Verbundenheit mit unseren Gefühlen bringen, sind eine hervorragende Hintergrundkulisse. Als Hilfsmittel kann Dir ein Aquamarin Edelstein dienen. Ebenso eine Muschel oder eine Perle. sowie ein weichfließendes blaugrünes Tuch.

Während der Visionsreise kannst Du diese helfenden Begleiter in der Hand halten.

Erzengel Gabriel wird dich sicher leiten, bitte Ihn gerne zu dir.

Setze oder lege Dich an deinen gewählten Ort. Dies kann Dein ruhiges ungestörtes Zimmer sein, oder direkt ein Ort in der Natur. Zum Beispiel an einem Bach, Meeresstrand oder wie in dieser vorgestellten Reise eine traumhafte Lagune. Auch die grüne stille Wiese, sowie der eigene friedliche Garten eignen sich dafür. Erspüre, wo Du dich wohl fühlst.

Schließe nun deine Augen und atme tief ein und dann wieder aus.

Konzentriere Dich auf deine Atmung.

Du spürst wie sich deine Brust hebt und senkt beim ein und ausatmen.

Du wirst ganz ruhig, atmest gleichmäßig ein und aus.

Ein und aus.

Mit jedem Atemzug fühlst Du dich entspannter und wirst ruhig. (kleine Pause)

Sanftes Plätschern dringt an dein Ohr.

Du schaust dich in deiner Visionswelt um.

Da erblickst Du einen kleinen Sandstrand der vom zarten Vollmond beschienen wird.

Wenn es dein Wunsch ist, gehe zu diesem Strand.

Du kannst ihn mit wenigen Schritten erreichen.

Feiner warmer Sand , den Du unter deinen nackten Füssen spüren kannst. (kleine Pause)

Dein Blick hebt sich und du schaust auf eine einzigartige Bucht mit türkisem klarem Wasser.

Du fühlst dich sofort verzaubert von diesem Anblick.

Schaust auf den Grund des kristallklaren Wassers.

Dort erblickst Du feinen hellen Sand.

Das Mondlicht spiegelt sich, taucht alles in silbernes Licht.(kleine Pause)

Gerne möchtest du in dieses klare Nass eintauchen.

Lässt deine Kleidung einfach am Strand fallen.

Deine Füße berühren das Wasser.

Es ist warm und weich.

Sanft umspült es deine Knöchel.

Du gehst weiter hinein.

Fühlst, wie dieses unvergleichliche Gefühl der Liebe und Freiheit in dir aufsteigen.

Noch ein Schritt und du lässt dich ins Wasser gleiten.

(kleine Pause)

Samtweich schmiegt sich das Wasser an deinen Körper.

Sanfte Schwimmbewegungen bringen dich in die Mitte der Bucht.

Das Mondlicht scheint nun direkt auf dich.

Du hebst den Kopf und schaust auf den nächtlichen Himmelsbegleiter.

Sein einzigartiges Licht fließt ganz tief in Dich hinein.

Du spürst diese Verbundenheit mit dem Wasser und dem Mond. (kleine Pause)

Du empfindest eine tiefe glückliche Zärtlichkeit in dir.

Dein Herz wird weit bei diesem intensiven Sein.

Du fühlst dich ganz und lebendig.

Angefüllt mit kraftvoller Energie.

Du entdeckst tief in deinem Inneren

Deinen eigenen heiligen Gral.

Eine Quelle von vollkommener Liebe.

Verweile hier in dir. (längere Pause)

Nähre dich von deinem Quell.

Alles in dir wird klar und rein.

Dankbar schaust du zum Mond.

Fühlst das samtige Wasser auf deiner Haut.

Langsam streckst du deine Hände nach vorne

und beginnst wieder zu schwimmen.

Mit sanften Bewegungen gleitest du im Wasser dahin,

glückliche Zufriedenheit ist in Dir. (kleine Pause)

Es ist deine Bucht, dein Quell der Lebensfreude und tiefen Liebe.

Du fühlst nun, dass es für heute genug ist.

Schwimme zurück an den feinen warmen Sandstrand.

(kleine Pause)

Steige aus dem Wasser.

Gehe die wenigen Schritte bis zu deiner Kleidung.

Ein warmer weicher sanfter Wind trocknet dich.

Du streifst nun deine Kleidung über.

Schaust noch einmal dankbar auf das Wasser und zum Mond hinauf.

Drehe Dich nun langsam um

und gehe zurück. (kleine Pause)

Du spürst deinen sanften Atem.

Atmest ein und aus,

ein und aus, ein und aus.

Spüre jetzt deine Hände, die sich langsam bewegen.

Und nun fühlst du auch wieder bewusst deine Füße.

Wippe ein wenig mit den Füßen.

Öffne nun bitte deine Augen.

Du siehst den Ort, den du vor deiner Reise für dich ausgewählt hast.

Werde Dir bewusst, dass du im Hier und Jetzt angekommen bist.

Bewege dich noch ein wenig. Dann stelle Dich fest auf deine Füße.

Nimm nun deine Hände und klatsche dreimal hintereinander damit.

Eins, Zwei, Drei.

Du bist jetzt ganz bei dir, wach und gestärkt.

Gehe nun durch deinen Tag, stets fühlend, dass deine innere heilige
Quelle aus Liebe und Gefühl in dir ewiglich strömt.

Visionsreise zu Deinem Handeln

Für diese Visionsreise ist es hilfreich sich einen Baum zu suchen in der Natur, an dem Du ungestört sein kannst. Ist dies nicht möglich, dann suche einen ungestörten Raum zu Hause. Schaue dir vorab ein schönes Bild mit einem Baum an. Hast Du einen Lieblingsbaum? Versuche dementsprechend ein Bild zu finden. Als Hilfsmittel kannst Du dir ein wenig Farn oder Moos in die Wohnung holen, so auch Erde in einem Blumentopf, Baumrinde, Wurzeln oder einen Moosachat Edelstein. Ein dunkelbraunes Tuch kann ebenfalls als Hilfsmittel dienen. Manche mögen zu dieser Visionsreise die absolute Stille, andere eher sanften Trommelschlag, den sie über einen CD Spieler und ähnlichem hören. Fühle in dich hinein, was möchtest Du tun?

Bist Du nun draußen in der Natur, dann versamme die Hilfsmittel um dich herum oder halte sie in den Händen. Hast Du einen Raum zu Hause gewählt, dann suche dir etwas, wo du Dich bequem hinsetzen kannst. Hilfreich ist es sich zugleich gut mit dem Rücken gegen etwas anzulehnen. Nimm auch hier deine Hilfsmittel entweder in die Hand oder lege sie um dich herum.

Bitte Erzengel Uriel zu Dir, wenn du magst. Er wird dich zentrieren und Dir Ruhe vermitteln.

Setze Dich nun entspannt hin und lehne Dich an.
Schließe nun die Augen und komme zur Ruhe.
Dein Herzschlag beginnt sich zu beruhigen,
dein Atem wird langsamer und tiefer.

Du atmest ein und aus, ein und aus, ein und aus.

Du findest deinen Atemrhythmus

gleichmäßig, entspannt, ruhig.

(kleine Pause)

Höre nun dem Rhythmus deines Herzens zu.

Wie eine sanft geschlagene Trommel klopft es

kräftig, gleichmäßig, ruhig.

(kleine Pause)

Du befindest Dich nun an deinem Lieblingsbaum.

Betrachte Ihn genau mit deinen inneren Augen.

Gleite mit deinem Blick zunächst hinauf bis zur Krone

und wieder hinab zu seinen Wurzeln.

Er ist fest in der Erde verwurzelt.

An seinem Fuße hat sich weiches grünes Moos gebildet.

Ein weiches Kissen aus Moos.

Dort setzt Du Dich hin,

lehnst dich an seinen starken Stamm. (kleine Pause)

Der Duft von Farn und Moos dringt in deine Nase.

Du atmest diesen würzigen Geruch tief ein.

Dein Rücken lehnt sich noch stärker an.

Deine Füße stehen angewinkelt auf der Erde.

Dein Hinterkopf ruht an der Rinde deines Baumes.

Lege nun deine Handflächen auf die Moosbedeckte Erde. (kleine Pause)

Feuchte Kühle dringt in deine Handflächen.

Weich spürst du den Boden unter Deinen Händen.

Deine Gedanken wandern nun zur Mutter Erde.

Über deine Hände und Füße spürst du ihre Anwesenheit.

Fühlst Du ihrer Liebe und ihren Schutz.

Die Erdeenergie fließt in deine Hände und Füße.

Ganz in deiner eigenen Empfindsamkeit,

füllen sich die Zellen deines Körpers.

(kleine Pause)

Du fühlst dich geborgen.

Spürst, dass du gehalten wirst.

Deine innere Stärke wird dir bewusst.

Wissen und Begabungen sind in dir verankert.

Du erkennst die grenzenlosen Möglichkeiten

deiner eigenen Fähigkeiten.

Deiner Macht, alles zu vollbringen.

Denn du bist eins mit der Erde.

(längere Pause)

Freudiges Klopfen deines Herzens begleitet dich.

Du spürst Wärme in dir.

Dein Herz ist weit geöffnet.

Deine Hände fühlen den Pulsschlag der Erde.

Das Moos unter deinen Händen ist wärmer geworden.

Dein Baum stützt noch immer sanft deinen Rücken.

(kleine Pause)

Deine Füße bewegen sich sachte, strecken sich lang aus.

Der Geruch von Farn und Moos dringt wieder in deine Nase.

Du atmest tief ein und aus, ein und aus.

Deine Hände lösen sich sanft von dem Mooskissen.

Ganz entspannt hörst du deinen Herzschlag.

Du fühlst dich belebt und gekräftigt.

Spürst wundervollen Frieden in dir. (kleine Pause)

Deine Gedanken sind klar und wach.

Öffne jetzt bitte deine Augen.

Du siehst den Ort, den du vor deiner Reise für dich ausgewählt hast.

Werde Dir bewusst, dass du im Hier und Jetzt angekommen bist.

Bewege dich noch ein wenig. Dann stelle Dich fest auf deine Füße.

Nimm nun deine Hände und klatsche dreimal hintereinander damit.

Eins, Zwei, Drei.

Du bist ganz bei dir, wach und gestärkt.

Begehe nun deinen Tag lebenskräftig und beschwingt, in dem Wissen und Bewusstsein, dass deine Begabungen und Fähigkeiten in dir jederzeit greifbar sind. Du bist eins mit der Erde, mit Ihrer Liebe und ihrem Schutz.

Es kann Hilfreich sein, die genutzten Utensilien immer wieder einmal in die Hand zu nehmen, oder auch für einige Zeit bei sich zu tragen. Schön bei der Berührung derer, wird die Erinnerung an die Kraft der Erde und deiner eigenen innewohnenden Kraft aktiviert.

~~~Ende der vier Visionsreisen~~~

Nachwort

Am Ende dieser gemeinsamen Reise durch die einzigartigen Energiekräfte der Natur bedanke ich mich nun bei Ihnen für Ihre Zeit und Geduld. Danke, dass Sie dieses Buch bis zum Ende gelesen haben.

So blicke ich hoffnungsvoll in die Zukunft, dass Millionen von Menschen ihre Energiestraßen erbauen. In Frieden und Liebe, Achtung und Glück. Damit all dies der Erde und allen Lebewesen zugute kommt. Jeder von Ihnen ist der Stein, der Wellen für das Gleichgewicht des Universums erzeugt.

Jeder von Ihnen vermag Licht und Heilung zu senden, für unsere Erde. Somit sind Sie es, die so unendlich wichtig auf dieser Welt sind.

Zitat

Die Natur ist die große Ruhe gegenüber unserer Beweglichkeit. Darum wird sie der Mensch immer mehr lieben, je feiner und beweglicher er werden wird. Sie gibt ihm die großen Züge, die weiten Perspektiven und zugleich das Bild einer bei aller unermüdlichen Entwicklung erhabenen Gelassenheit.

Christian Morgenstern (1871 - 1914), deutscher Schriftsteller, Dramaturg, Journalist und Übersetzer

*

Kapitel VI

Glossar

Ätherische Ebene: Das spirituelle Abbild der materiellen physischen Ebene, in die Energien fließt.

Ätherisches Öl: lösliche Stoffe aus Pflanzenteilen

Affirmation: Positive Worte und Satzgebung zur Selbstbejahung.

Akasha Ebene: Der Ort, an dem alles Wissen des Universums in einem Buch existiert.

Akasha Chronik: Das universelle göttliche Buch des All Wissens.

Astralebene: unsere Traumwelt, sowie die Energieebene der Seele, Liebe und des Lichts im esoterischen Sinne

Aura: Die energetische Ausstrahlung aller Lebewesen, die als leuchtende Lichtfarbe sichtbar ist.

Basis: Das Fundament auf dem wir stehen, der unterste Bauteil, die Grundlage.

Chakra: Ein Lichtrad das sich dreht und dadurch den Körper mit einem elektromagnetischen Feld umgibt.

- Wurzelchakra: Basis und das erste der 7 Hauptchakren, sitzt am Steißbein, öffnet sich nach unten und verbindet mit der Erde und dem irdischen. Es nimmt Energie auf. Themen u.a. Lebenskraft, Urvertrauen, Stabilität. Farbe rot. Element Erde. Symbol vierblättrige Lotusblüte. Erzengel Uriel.

- **Sakralchakra**: das zweite Chakra der 7 Hauptchakren. Sitzt eine Handbreit unter dem Bauchnabel. Öffnet sich nach vorne und ist das Sexualzentrum. Es gibt Energie ab. Themen u. a. Sexualität, Gefühle im Ursprung, schöpferische Kräfte empfangen. Farbe orange. Element Wasser. Symbol sechsblättrige Lotusblüte. Erzengel Michael.

- **Solarplexuschakra**: das dritte Chakra der 7 Hauptchakren. Sitzt etwa eine Handbreit über dem Bauchnabel in Höhe des Magens. Öffnet sich nach vorne und steht für die Entwicklung des „Ich". Es gibt Energien ab. Themen u.a. Persönlichkeit, Macht, Wünsche, Antrieb. Farbe gelb. Element Feuer. Symbol zehnblättrige Lotusblüte. Erzengel Uriel.

- **Herzchakra**: das vierte Chakra der 7 Hauptchakren. Sitzt in Höhe des Herzens, öffnet sich nach vorne und ergibt den Mittelpunkt des Chakren Systems. Es nimmt Energie auf. Themen u.a. Liebe, Mitgefühl, Heilung, Hingabe und die Natur. Farbe grün. Element Luft. Symbol zwölfblättrige Lotusblüte. Erzengel Raphael.

- **Kehlchakra**: (Auch Halschakra) das fünfte Chakra der 7 Hauptchakren. Sitzt in Höhe des Kehlkopfes, öffnet sich nach vorne und nach unten. Es steht für die Kommunikation und gibt Energien ab. Themen u.a. Selbstbestimmung, Kreativität, Sprache, Unabhängigkeit. Farbe blau. Element Äther(Akasha). Symbol sechzehnblättrige Lotusblüte. Erzengel Gabriel.

- **Stirnchakra**: (Auch drittes Auge) das sechste Chakra der 7 Hauptchakren. Sitzt zwischen den Augenbrauen mittig der Stirn und steht für die Erlangung von Weisheit. Es öffnet sich nach vorne und gibt Energien ab. Themen u.a. Intuition, Visualisierungsfähigkeit, Erkenntnis, gedankliche Manifestation. Farbe indigo. Element „das Geistliche" als Sinnbild. Symbol sechsundneunzigblättrige Lotusblüte. Erzengel Michael.

- **Kronenchakra:** (Auch Scheitelchakra) das siebente Chakra der 7 Hauptchakren steht für die Erleuchtung und Spiritualität. Es sitzt wenige Zentimeter oberhalb des Scheitels und öffnet sich nach oben. Es nimmt Energien auf, die es nach unten in den Körper leitet. Themen u.a. Einheitsbewusstsein, Vollendung und persönliches Sein. Farbe weiß, violett und gold. Element „das Universum" als Sinnbild. Symbol tausendblättrige Lotusblüte. Erzengel Metatron.

Nebenchakren: Sind ebenfalls Lichträder, die jedoch meist eher als Energiezentren bezeichnet werden. Diese Nebenchakren sind zumeist für die Verteilung der Lebensenergie im materiellen Körper verantwortlich

- **Handchakren:** Gelten als Nebenchakren. Die Hände besitzen zu allen 7 Hauptchakren Energiepunkte, die sanft aktiviert werden können. Im Besonderen haben sie eine Verbindung zur Aktivität des Herzchakra. Die Handchakren sitzen in der Mitte der Handflächen und geben heilende Kräfte nach außen ab. Sie werden als blaugrüne Wirbel wahrgenommen. Themen u.a. sind künstlerisches Gestalten in Form von Malen, Stricken, Sticken, Musizieren und handwerkliches Arbeiten. Alle Elemente und Erzengel haben einen Bezug zu den Handchakren.

Ellenbogenchakren: sind beidseits in der Armbeuge vorhanden. Ihre gelborangen Farben erklären den Bezug zum Solarplexus und Hara, sowie Sakralchakra. So fördern sie unser Durchsetzungsvermögen ebenso, als auch die Streit- und Diskussionsfähigkeit. Wie vertrete ich meine

Meinung? Wie stehe ich zu mir selbst? Wie verhalte ich mich den Mitmenschen gegenüber?

- **Fußchakren:** Gelten ebenfalls als Nebenchakren. Sie sind mit der Erdenergie und dem Wurzelchakra tief verbunden. So genannte Reflexzonen an den Füßen, die ein Spiegelbild des Körpers darstellen, können durch die Verbindung zu allen Chakren im Körper aktiviert werden.

Der dunkelrote Lichtwirbel der Chakren befindet sich in der Mitte der Fußsohle.

-**Erdchakra:** wird meist als unser **Erdstern** bezeichnet. Seine Farbe ist dunkelbraun und befindet sich ca. 20 cm unterhalb der materiellen Fußsohle. Somit wird deutlich, dass dieses Energiechakra in der Aura liegt, seine Ausstrahlung jedoch bis 2 Meter tief in die Erde reichen kann.

-**Kniechakren oder Knie Energiezentren:** Sie liegen mittig auf der Knien und schwingen in einem kräftigen rot. Die Beweglichkeit im Sinne von Flexibilität und Anpassung wird hier gefördert. Das kniende Gebet, doch auch die Tatsache sich von nichts abbringen zulassen wird hier energetisch aktiviert.

-**Das Hara oder auch Nabelchakra.** Sein Sitz ist direkt auf bzw. unter dem Bauchnabel. Die leuchtenden gelborangen Farben dieses Energiezentrums besitzen Energiebahnen zu dem Solarplexus und Sakralchakra.

Ebenfalls über diesem Wege ist es mit den Ellenbogen Energiezentren verbunden. So erklärt sich die Zuordnung zu den Themen Selbstsicherheit und inneres Gleichgewicht. Ebenso die eigene Kraftlenkung.

Kalpa Taru Chakra: Hat seinen Sitz mittig zwischen dem Solarplexuschakra und dem Herzchakra. Durch die jeweiligen energetischen Anteile dieser Chakren leuchtet das Kalpa Taru Chakra auch in einem sehr hellen grün. Es fördert unser Vertrauen in uns selbst und unsere Fähigkeiten. Gleichfalls auch unsere Großzügigkeit im Verzeihen.

-Thymus Chakra: es befindet sich ebenso mittig zwischen dem Herzchakra und dem Kehlchakra. Auch hier bedingt sich seine Farbstrahlung in blaugrün durch die jeweiligen Anteile der anderen beiden Chakren.

So fördert diese Chakra auch die Themen des inneren Friedens, des Selbstwertgefühls. Wie sehr schätze ich das Leben?

-Kinnchakra: Dieses Chakra liegt in der Mitte auf dem Kinn. Da es dem Willen, der Durchsetzungskraft und dem Mut zugeordnet wird, bezeichnet man es auch oft als Willenschakra. Es strahlt in blauem Farblicht

-Wangenchakra: Die Wangen Chakren liegen jeweils in der Mitte der Wangen kurz unterhalb der Wangenknochen und zählen zu den Nebenchakren. Sie harmonisieren die Abwehr- und Annahmebereitschaft. Ebenso gibt es einen Bezug zur eigenen Widerstandsfähigkeit. Sie strahlen in dunkelblauem Farblicht

-Gaumenchakra (auch als Talu Chakra, sowie Lalana und Kala Chakra bekannt). Dieses Chakra liegt am inneren oberen Gaumen. Bei Berührung mit der Zungenspitze wird es aktiviert. Zudem hat es jeweils eine Energiebahn zum Nasenwurzelchakra, zum Stirnchakra sowie zum Kehlchakra. Es strahlt in der Lichtfarbe dunkelblau

-Nasenwurzelchakra: Dieses dunkelblau strahlende Neben Chakra liegt an der Nasenwurzel zwischen den Augen, ca. 1.5 cm unter dem dritten Auge(Stirnchakra). Über dieses kleine Lichtrad werden Informationen von Lebensenergien aufgenommen. Ebenso unterstützt es das dritte Auge um sich im mentalen Raum der Dimensionen ohne feste Form zu orientieren. Hier erfahren wir die sinnlose Selbst Begrenzung von Zeit und Raum. Denn bei jeder astralen reise wird bewusst das es im Grunde weder Zeit och Raum gibt

-Augenchakra: Diese liegen direkt hinter den Augen. es sind Nebenchakren, die uns die Welt bunter und schöner, friedlicher und glücklicher „Sehen" lassen. Da sie mit dem Stirnchakra also dem dritten Auge über eine Energiebahn verbunden sind, beeinflussen sie auch die Intensität der Hellsichtigkeit.

-Ohrenchakra: Diese Nebenchakren befinden sich wie der Name schon sagt an den Ohren. Sie erlauben uns die Hellhörigkeit zu intensivieren. Zudem ermögliche sie es im energetischen Sinne die Menschen besser zu verstehen. Hier geht es jedoch nicht um die Lautstärke oder tatsächlich Akustik, sondern um das hineinfühlen der Worte. Um das Lesen zwischen den einzelnen Zeilen wie es so schön heißt. Diese Ohrchakren haben eine Energiebahn sowohl zum Herzchakra als auch zum Kronenchakra. So versteht es sich, dass sie aktivierend und begleitend bei dem mentalen Hören anderer feinstofflicher Wesen sind. Diese Chakren leuchten in blau und violett mit einem Hauch grün das oftmals mehr als türkis zu sehen ist.

Edelsteine: Mineralien der Erde, denen zum Teil körperliche positive Wirkungen durch den Mineralanteil zugesprochen werden, sowie auch energetischer wohltuender Wirkung durch Farbschwingung, Seit der Steinzeit werden Edelsteine gerne als Schmucksteine verwendet und getragen. Die Lehre von Edelsteinen wird Gemmologie(Wissenschaft der Edelsteinkunde) genannt.

Elektromagnetisches Feld: Ist der umgebende Raum eines elektrisch aufgeladenen Objekts.

Energie: Ist eine natürliche Kraft um Arbeit zu verrichten, sowie eine kinetische Kraft um Objekte in Bewegung zu versetzen,

Energiefelder: Sind energetische Ausstrahlung jedes Lebewesens, das alle Energieinformationen von Gedanken, Gefühlen und Taten speichert. Über dieses Energiefeld gehen wir in Resonanz mit gleichen Energieschwingungen. In diesen Energiefeldern findet ein stetiger Informationsaustausch statt.

Engel: Sind überirdische immaterielle Wesen aus reiner Energie, die im direkten Kontakt zum All Einen Göttlichen, und dem heiligen Lichtfunken stehen. Sie werden auch als Vermittler zwischen Menschen und dem Göttlichen(Gott) angesehen. Zudem gelten sie als Boten und Schutzbegleiter für irdische Lebewesen

Erzengel: Sind in der Hierarchie der Engel höher angesiedelt, um ganz bestimmte Aufgabenbereiche zu überwachen. Die vier Haupterzengel sind unter den Namen Michael, Gabriel, Raphael und Uriel bekannt. Sie werden ebenfalls im Bezug zu den vier Jahreszeiten sowie vier Elementen genannt.

Essenzen: Sind eine konzentrierte Lösung aus meist pflanzlichen Stoffen. Philosophisch das Wesen und innere Sein der Natur. Auch das Wesentliche, der heilige Kern .

Frequenz: Ist eine Schwingung von Energie in einer bestimmten Wiederholungsanzahl.

Gebete: Sind sprachliche oder gedankliche Anrufungen an eine höhere Macht, mit der Bitte um Hilfe oder Zuwendung.

Gedankenkraft: Die erzeugte Energie durch einen Gedanken.

Harmonie: Gleichgewicht aller Kräfte, Übereinstimmung, Eintracht, Ausgleich

Hellhören: Die Fähigkeit mittels mentaler Kraft einen höher entwickelten Sinn des Hörens mittels sogenannter Telepathie zu nutzen. Verbaler Klang wird über Zeit und Raum hinweg aufgenommen.

Hellsehen: Bilder und filmhafte Sequenzen werden über das sechste Chakra (3. Auge) wahrgenommen.

Hellwissen: Die Fähigkeit des Wissens ohne vorherigen Lernprozess. Zugang zur Akasha-Chronik

Himmelsebene: die höchste der drei Weltenebenen, aus dem Sanskrit als Svarloka bezeichnet. Die Seele transformiert hier her ihre erlebten Sinne des Hörens, Sehens, Fühlens, Schmeckens, Riechens. (Solange wir leben befinden wir uns auf der Erdebene, können von dort in die Astralebene mental gelangen. Doch erst nach dem körperlichen Ableben gelangen wir auf diese Kausalebene die Himmelsebene genannt wird).

Intuition: inneres Gespür, Vorahnung, Eingebung, spontanes Erkennen einer Situation, die innere Stimme. das Bauchgefühl

Imaginär : Bildhafte Vorstellungs- und Einbildungskraft.

Kinesologie: Die wissenschaftliche Lehre der Bewegung, zumeist der des Menschen.

Kommunikation: Die Informationsübertragung und der Austausch mittels Sprache, Zeichen sowie Bildern. Verständigung untereinander.

Kräuterkunde: Das Wissen über die Wirkung und Anwendung von Pflanzen. Meist als Phytotherapie bekannt.

Kreativität: Die Fähigkeit Neues schöpferisch mittels Fantasie zu erschaffen. Gedanklich wie handelnd.

Kristalle (siehe Edelsteine)

Lichtrad (siehe Chakra)

Lichtwesen (siehe Engel)

Mazerate: Der Kaltauszug mittels kalt eingeweichten Substanzen, um deren leichtflüchtige oder thermische Inhaltsstoffe zu lösen.

Mental: Geistig oder auch den Verstand betreffend

Mysterien: Geheimnisvolle, mit dem Verstand nicht erklärbare Geschehnisse.

Polarität: Gegensätzliche Dinge, die dem inneren Kern nach doch zusammengehören. (Nordpol u Südpol aus dem geographischen; Eintrittswinkel u Austrittswinkel aus der Mathematik; Eintritts - und Austrittspunkt magnetischer Kraftlinien aus der Physik).
Der Polos ist griechisch und bedeutet sich drehen und bewegen.

Potenzial: eine noch nicht ausgeschöpfte Möglichkeit der z. B. Kraft, oder anderer Fähigkeiten.

Prana (auch Chi oder als Ki bekannt): Lebensatem, Lebenshauch, Lebensenergie, Lebenskraft.

Resonanz: Das Mitschwingen eines Körpers mit einem anderen Körper aus der Physik und Musik. Der Widerhall, das Echo. Die Reaktion, die durch etwas hervorgerufen wurde.

Ritual: Gesamtheit einer Zeremonie, wiederholtes gleich bleibendes oder auch regelmäßiges Vorgehen nach einem Ordnungsprinzip.

Schwingung: Durch einen Impuls veranlasste Bewegung (Gegenstand) oder auch Regung (Gemüt u Seele).

Sushumna: (Aus dem Sanskrit) Hautkanüle des Körpers.

Visionieren: Ein eigenes Bild als Zukunftsperspektive entwickeln. Mit eigener Vorstellungskraft einen Zukunftswunsch in sich hinein bildnerisch darstellen.

Welle: Eine sich räumlich ausbreitende von Zeit und Raum abhängige Bewegung. Meereswelle; Welle der Gefühle; Radiowelle.

Yin u. Yang: Chinesischer Begriff des Weiblichen und Männlichen. Entgegengesetzte, doch aufeinander bezogene Kräfte. Gegensätzliche Beziehung zweier Dinge.

Quellenangaben

- (Khalil Gibran (1883 - 1931), in Kapitel III siehe Zitat; eigentlich Djubran Chalil, christlich-libanesischer Dichter, Philosoph und Maler, emigrierte in jungen Jahren in die USA, sein Lebenswerk galt der Versöhnung der westlichen und arabischen Welt. Quelle: „Der Prophet")

- Klostermedizin 2013; Lingenverlag
- Pedanios Dioskurides

Das wohl wichtigste und einflussreichste Werk der Arzneimittellehre der Antike stammt vom Pedanios Dioskurides, oder kurz Dioskurides. Es entstand im 1. Jahrhundert nach Christi und besteht aus fünf Büchern: Die "Materia Medica". In diesem Werk hat Dioskurides über ---1000 Monographien verschiedener Pflanzen dargestellt.

- Küchen und Duftkräuter 1993; Kosmos Verlag
- Was blüht denn da? 56 Auflage; Kosmos Naturführer
- Kräutergarten 2 Auflage; Kosmos Gartenbibliothek
- Das große Buch der Heilpflanzen 2001; Weltbildverlag
- Vom richtigen Zeitpunkt 1998; Heyne Verlag
- Handbuch der Astrologie 1989; Bertelsmann Verlag
- Astrologie der Sinne 2002 ;Falkenverlag
- Sternzeichenbibliothek 1992; Bell Vista Verlag
- Sternzeichen 1987 ;Goldmann Verlag
- Chakren Handbuch 2001; Econ Ullstein Verlag
- Chakras, Tore zur Seele 2004; Aquamarin Verlag
- Das Geheimnis der Chakras 2001 ;Heine Verlag
- Die Zauberwelt der Kelten 2001; Deutscher Taschenbuch Verlag
- Keltischer Schamanismus 1991; John Mathews

- Kunst des Wollens 1992; Knaur Verlag
- Die besten Rezepte Sonderausgabe
- Unser Kochbuch 1978; Deutscher Bücherbund

Literaturempfehlungen

Katja Wolf; Kunst des Wollens; Knaur Verlag

D.Aichele; M. Golte-Bechtle; Was blüht denn da? Wildwachsende Blütenpflanzen Mitteleuropas; Kosmos Naturführer

Gisela Schreiber; Räucherwerk; Ludwig Verlag

Philip Carr-Gomm; Well, Druidische Meditationen; Arun Verlag

Walter Lübeck; Das Aura Heilbuch; Windpferd Verlag

Drunvalo Melchizedek; Schlange des Lichts; KOHA Verlag

Pierre Franckh; Das Gesetz der Resonanz; KOHA Verlag

Susanne Redmann; Tore Wege und Ziele mit Farben Worten und Zahlen; Books on Demand Norderstedt

Danksagung

Mein tiefer Dank gilt ebenso allen himmlischen und irdischen Helfern, die stets während der Entstehung dieses Buches an meiner Seite waren. Dankbar nahm ich Lob, neue Anregungen und Kritik entgegen, erfreute mich an den Diskussionen über das Für und Wider einzelner Bestandteile diese Buches. Ebenso ließ ich mich gerne zu stimmigen Lehrern und hilfreichen Büchern leiten. Insbesondere meiner Familie danke ich für die lachenden und heiteren Stunden, in denen wir gemeinsam einige Rezepte und Rituale neu kreierten.

Danke

Das Namaste
Diese indische Geste des Grußes, des Dankes und der Ehrerbietung, die viele Menschen nach jeder Energieübertragung vollziehen, indem sie ihre zusammengelegten Handflächen mit den Fingern gen Himmel richten, bedeutet.

„Ich ehre in dir den göttlichen Geist,
den ich auch in mir selbst ehre –
und ich weiß, dass wir somit eins sind."

„Ich ehre den Platz in dir,
in dem das gesamte Universum residiert.
Ich ehre den Platz des Lichts, der Liebe, der Wahrheit,
des Friedens und der Weisheit in dir.
Ich ehre den Platz in dir, wo,
wenn du dort bist und auch ich dort bin,
wir beide nur noch eins sind."

*Und so verbeuge auch ich mich vor Ihnen,
liebe Leserinnen und Leser,
sowie vor allen Lebewesen des Universums.
NAMASTE ihre Susanne Redmann/Fairytale*

Über mich, der Autorin dieses Buches

Im Frühjahr 1959 in Deutschland geboren, entdeckte ich schon in früher Kindheit eine besondere Verbindung zur Natur und allen Lebewesen. Meine Liebe zu Ritualen, Zahlen, Farben, Symbolen und den Naturenergien war stets vorhanden. Mitte der neunziger Jahre intensivierte sich dies durch Ausbildungen und weiterem Lernen. Intensiv beschäftigte ich mich mit Ritualen und deren Resonanz in mentaler Gedanken Kraft und deren Ausführung. Im Jahr 2001/2002 absolvierte ich die Ausbildung zur Phytotherapeutin und Aroma Therapeutin nach dem HP- Gesetz. Ebenso bin ich seit dem Jahr 2002 als ausgebildete Reiki Meister/Lehrerin tätig. Seit Jahren begleite ich viele Menschen auf ihrem spirituellen Weg.

Mit Liebe und Freude fungiere ich zudem als Beraterin für Rituale, Affirmationen und Energiearbeiten.

In der virtuellen Welt des Internets bin ich vielen auch als Fairytale bekannt.

Kontakt können Sie gerne über diese Homepage aufnehmen.

http://kosmos2009.jimdo.com/

http://lichterleuchten.jimdo.com/